读《论语》

DU LUN YU

文诤 田地 编著

齊鲁書社

先師孔子行教像

序 言

由文净、田地编著的《读〈论语〉》，是她们依据自己的生活经历对《论语》多年学习与思考后写成的一本书，读后使人感慨良多。感慨的不仅是《论语》魅力的永恒，而且是众多朋友对于传统文化的钟爱。

《论语》是孔子去世后，由他的弟子后学对于孔子生平与思想学说所作的记录，以及发挥。班固《汉书·艺文志》云："《论语》者，孔子应答弟子时人及弟子相与言而接闻于夫子之语也。当时弟子各有所记。夫子既卒，门人相与辑而论纂，故谓之《论语》。"这种文体蕴含着极大的哲理，体现出中国人的价值观念、人生智慧、审美趣味，所以它不仅是儒家的经典，也是文章写作的经典，从内容到文体，处处彰显出中华民族的文化智慧，穿越时空，薪火相传，既活在历史，也活在当下，成为中华民族不泯的精神火炬。

上个世纪三十年代，学贯中西的现代文学家林语堂在向外国人介绍孔子与中国文化时，写过一本《孔子的智慧》，其中有一段话发人深省："在西方读者看来，孔子只是一位智者，开口不是格言，便是警语，这种看法，自然不足以阐释孔子思想其影响之深而且大。若缺乏思想上更为深奥的统一的信念或系统，纯靠一套格言警语，而支配一个国家，像孔子思想之支配中国一样，是办不到的。孔夫子的威望与影响如此之大，对此一疑难问题之解答，必须另自他处寻求才是。若没有一套使人信而不疑的大道理，纵有格言警语，也会久而陈腐令人生厌的。《论语》这部书，是孔学上的圣经，是一套道德的教训，使西方人对于孔子之有所知，主要就是靠这部书。"林语堂提到的《论语》中的玄奥，其实就是孔子与《论语》中隐含的深层的民族文化心理与精神意蕴，这种精神意蕴是可以传承不息的，正如《中庸》所赞叹："博厚配地，高明配天，悠久无疆，如此者，不见而章，不动而变，无为而成。"《论语》中由于沉积了深厚的民族文化因素，尽管表面看来很随意散漫，但是自成体系，读后可以形成总体的印象与感觉。这也是孔子所以为先圣之所在，也就像老子所说"大巧若拙"。黑格尔在《哲学史讲演录》中，由于不了解中华文化与孔子思想的特点，说了一些讽刺孔子的话，但只能说明他对于中华文化的隔阂。

孔子的《论语》记载了中国人的一些基本价值观念，是中国人从日常生活到艰难时世的立身行事、治国平天下的思想智慧与伦理意志、思维方式。它之所以活在当下，与其中的文体又是直接相关的。这种对话体与含蓄性，使后人在阅读时有极大的感受与阐释性。朱熹曾引北宋理学家程颐的话说：

程子曰："学者须将《论语》中诸弟子问处便作自己问，圣人答处便作今日耳闻，自然有得。虽孔孟复生，不过以此教人。若能于《语》《孟》中深求玩味，将来涵养成甚生气质！"

程子曰："读《论语》，有读了全然无事者；有读了后其中得一两句喜者；有读了后知好之者；有读了后直有不知手之舞之足之蹈之者 。"

程颐提出读者不妨设位为孔门弟子，与圣人对话与交流，从中汲取营养，他并且强调读者读了后会产生各种各样的反响，有读了后全然不知晓者，有读了后得一二语者，有读了后手舞足蹈者。他自称读《论语》后意味悠长，历久弥深："程子曰：'颐自十七八读《论语》，当时已晓文义，读之愈久，但觉意味深长。'"（朱熹《论语序说》引）之所以产生这样的阅读效果，显然这是与《论语》的内容及体式有关的。

本书对于《论语》的学习与思考，显然与《论语》的这种文体与思想蕴含直接相关。作者生活在中国半个多世纪的风云变幻之中，中国人民经历了太多的沧桑巨变与文化鼎革，孔子在这世纪变迁之中，命运多变，特别是十年动乱中，孔子的命运与中国人民的命运一样，也经历了从浩劫到复兴的过程，而本书的作者也经历了这一段中华民族的苦难历史，是通过人生感悟去解读《论语》的。正如作者前言中所说："我们并非儒学研究者，也不是文、史、哲专业人员，但《论语》是一本人生启示录，教你如何做人，如何求学，如何对待长、幼、朋友，如何处世，如何从政……对其内涵理解的程度并非只与专业知识有关，而与学习者的态度、思考的深度、本人的修养、经验阅历密切相关。"其实，孔子思想与儒学的精髓，恰恰在于用心去学习与思考，用自己的个体人格去体会，缘此才能得其三昧，孔子也正是这样去教育他的弟子的，所以即使是子路这样的粗人也能修成正果。明代泰州学派的王艮倡言“百姓日用即为道”，也是说的这层意思。我们现在谈孔子，固然需要学术上的专题研究，更需要的是这种“百姓日用即为道”的精神，只有这样，孔子的思想学说才能真正得到传承，其价值才能获得新生，中华民族赖以安身、立命的精神家园才有可能建成。当然，中华民族共有的精神家园绝不是光靠孔子一家所能建成的，它需要多种文化元素的融会贯通。孔子思想是主体却是基本的事实。正如本书所说，“孔子是中华民族的伟大先师”，《论语》是中国人的圣经。对于我们这一代经历过十年浩劫的过来人，这种结论是发自内心的感受。

本书采用专题对《论语》加以解读，这种方式也是林语堂在《孔子的智慧》一书中采用过的。只是由于各自理解不同而专题分类不同，这也证明了上面所说的，《论语》具有极大的阐发解读空间，根据每人的体会与理解不同，而见仁见智。但共同之处是对于《论语》的用心学习与思考。我们不妨将本书的专题研究与林语堂的《孔子的智慧》一书来对照阅读。

我们从本书中可以看出，由于作者是用心解读与体会，充满着个体精神，因此，文风朴实，语言晓畅，从《论语》中引出的名句，结合现实的思考与议论，针对性很强又不显得牵强附会。在当前“《论语》热”中，这种学习与思考的精神与方式，令人感慨良多。毋庸讳言，在当前“《论语》热”之中，有这样几种倾向：一种是用辱骂孔子的方式来骇人听闻，不足以道；另一种则是曲学阿世，将孔子与《论语》打扮成现代“心灵鸡汤”，这本身就违背了孔子的精神。孔子说过“古之学者为己，今之学者为人”，孔子所说的“为己”也就是不阿从世俗，坚持独立之思想；而“为人”则是曲学阿世，牟取私利。当然，这本书中的一些《论语》解读篇章，如果从专业的角度来说，是值得商榷的，但是我们特别应当肯定的是这种从躬身体会去学习与思考的精神与态度，这使得本书充满着人文意识，亲切感人，又是许多专业研究者所不能及的。

最后还要特别提到的是，早在五年前人民大学国学院刚成立时，她们二位就热心找到我，让我帮助审读书稿，但我确实不是专门研究孔子的，所以无法提供具体的帮助；五年后，她们再次将历经五载写作与修改后的书稿让我写序，于是我无法再推辞，在炎炎夏日中，细细地品读，感觉如饮甘泉，沁人肺腑，这也印证了古人说的“意在言外”。好书是需要用心去写与用心去读的，而不是用快餐方式可以去对待的。

是为序。

袁济喜

2010年暑期于北京南郊

（序言作者系中国人民大学国学院副院长）

前言

幼年时接受过私塾的启蒙教育，对儒学初有感知。由于当时以背诵为主，缺少讲解，所以并不能深解其意，这样很易人云亦云。以后，长久的舆论导向，使头脑中接受了：孔孟之道系维护封建礼教，为统治阶级教化顺民服务的工具，扼杀了中华民族的创造精神，因此中国才落后挨打。

随着国情的变化，有了反思过去的大环境，孔子及其学说也渐为人们所称道，孔子学院遍布世界各地。因此想到，作为一个中国人，对中国的古老文化知之甚少，在没有深入学习和钻研的情况下即接受"批判"的观点，内心深感愧疚。因此，退休后产生了重读经书的愿望。遂与志趣相投的老同学田地一起，制订了学习计划，就从学习《论语》开始。逐字逐句研读了《论语》全文，查阅了能够得到的相关辅助资料，对于孔子学说的博大精深有了真实的体会。孔子犹如一位和蔼可亲、感情丰富、循循善诱的导师，以他智慧的语言为我们指点迷津，每每有茅塞顿开之感。孔子与弟子的问答，为我们展现了一幅幅生动的孔子行教图、师生游学图。孔子开"有教无类"之先河，提倡因材施教，温故知新，学思结合。孔子的教学方法是："不愤不启，不悱不发。举一隅不以三隅反，则不复也。"孔子施教于弟子孝悌、仁爱之大道，教导他们如何修身养性，如何识人交友，如何分辨君子与小人。对弟子之问政，孔子从君、臣、民三个层面精辟作答，主张积极入世。孔子热爱生活，讲究生活情趣，爱唱歌，喜欢弹琴、鼓瑟、击磬，更对礼仪规范、服饰搭配、饮食起居等无不有精当的见解。

孔门弟子中人才济济，个性鲜明，各有所长。杰出的弟子们甘愿追随孔子周游列国，历时十数年，途中曾风餐露宿，也曾被困绝粮，如果没有师生间的深信、深知、深爱，没有共同的崇高信念，没有共同背负的社会责任感，如何能肩负起这样的重任。爱徒早逝，孔子为之哀叹恸哭。夫子死，众弟子为之守孝三年，并在墓地周围聚居，竟相连成里巷。这前无古人，后可能也很难有来者吧。

梁漱溟先生说："现时除极少数专治古籍的学者外，一般知识分子的精力要用于学外语和各科常识，其中少数或且进修某一专科学问，固皆不暇一读古书，但我以为其它古书尽可置之不读，而作为一个中国知识分子却于《论语》决不可不读。”认真读过《论语》之后才感受到，梁漱溟先生的话实在是金玉良言。我们并非儒学研究者，也不是文、史、哲专业人员，但《论语》是一本人生启示录，教你如何做人，如何求学，如何对待长、幼、朋友，如何处世，如何从政……对其内涵理解的程度并非只与专业知识有关，而与学习者的态度、思考的深度、本人的修养、经验阅历密切相关。所以，对于《论语》，只要真心用功去读，即使是普通人，也一定能从中受到教益，只是理解的角度或深度不同而已。

仅以言语应对、待人处事为例，浅谈受教过程。过去一直以率真为美德，尤为尊崇“知无不言，言无不尽”、“言者无罪，闻者足戒”的古训。今读《论语》，孔子说：“质胜文则野，文胜质则史，文质彬彬，然后君子。”意思是说，质朴超过文采，就会显得粗野，文采胜过质朴，就会显得刻板。质朴和文采配合得当，才称得上君子。又说“直而无礼则绞”。意思是说，直率而缺乏礼度就会出语尖刻。文明与粗野，坦诚与尖刻，几字之差，却失之毫厘差之千里。其核心反映的是，个人修养与对他人尊重的程度。知则言，言则尽，固然不错，但是，要分场合，讲分寸，要尊重他人，讲求礼貌，并适当留有余地。弟子们赞誉孔子说：“子绝四：毋意，毋必，毋固，毋我。”就是说，孔子绝不会凭空臆测、绝对肯定或绝对否定、固执己见、唯我独尊。这就是孔子修养的高度。孔子还说：“众恶之，必察焉；众好之，必察焉。”“君子不以言举人，不以人废言。”在大家都反对或都赞成时，我们应做些调查研究，保持自己的独立见解，不能总是随大流人云亦云。能言者未必有德，罪犯也未必言之无善，更何况尚有冤、假、错案之可能。一旦人处劣势，乘人之危，落井下石，更是做人的耻辱。我们正是要以孔子“己欲立而立人，己欲达而达人”、“己所不欲，勿施于人”的教诲，对人、处事、发表言论，以达到团结同志、共同进步的目的。

《论语》中有很多名言警句，自古传承至今，已成为口头习语，并融入了我们日常的思维和行动中，但人们并不都知道那是孔子的教诲，即使知道也未深解其意。轻易得到的东西往往并不珍惜。通过深入学习与思考，今日悟到，是孔子的思想、道德、情操，哺育了中华民族的精神，赋予了中国历代知识分子的使命感，以及“先天下之忧而忧，后天下之乐而乐”、“天下兴亡，匹夫有责”的高尚情怀，致使中国历史上涌现出那么多前赴后继为追求真理而献身的志士仁人，这可能也是世界上其他国家所少有的。

至于“君为臣纲，父为子纲，夫为妻纲”这种绝对专制，绝对服从的“三纲”理论系西汉董仲舒提出的，与孔子无关。孔子倡导仁政，渴望的是“老者安之，朋友信之，少者怀之”的大同世界。孔子说过“君君臣臣，父父子子”，那是针对齐景公的施政弊端而言，告诫他，君主首先要做得像君主，其他人与人的关系才能各就各位。孔子之后三百多年，汉武帝时“独尊儒术”的提出，不应笼统算在“孔家店”或孔夫子的账上。更不能因噎废食，因此就想斩断中华文化传承的脉络甚至根系。1912年，民国第一任教育总长蔡元培先后提出，中小学废止读经科，各级学校不再祭孔，学校祭孔之风从此断绝，学生从此失去了系统读经的机会，《论语》也渐渐被尘封起来。提倡一切以西方人为师，有人甚至主张“全盘西化”。学生只偏重学习各科知识，中国传统教育首先强调的人的品德教育被淡化了。虽然也有过《修身》、《政治》或《思想品德》一类的课本，但与历经千百年锤炼的经书相比，的确不能同日而语。

近些年，人们好问，为什么现在培养不出大师级的学者，分析的原因很多，其中有一项谈论的却不多，即，过去的大师皆受过中国传统教育，几乎全是学贯中西的饱学之士，他们首先有大师的人品、学品、气节、气质，而后有非凡的业绩，人们才尊称他们为大师。即使我们的革命先驱，不也是熟读诗书的一代吗？他们品德高尚，忧国忧民，学养深厚，能引经据典，能诗能文，并且能写一流的书法。在国难当头时，他们能先知先觉，身先士卒，不惜生命，甘洒热血。这些事实应引起我们的深思。历史总是循环往复,螺旋上升式发展的,经过无数革命先贤一个世纪艰苦卓绝的探索与实践,人们终于收获了认知的回归。历史的传统不能中断,因为传统就是民族之魂,立国之本,是绝不能丢弃的真正的金石。笔者认为,《论语》应作为学生的必修课,学校祭孔应该延续,因为孔子是中华民族的伟大先师。

感悟到这些,就像一个孩子在广阔的海滩上,拾到了最珍贵的宝贝,急于与人分享快乐。基于此,我们就不揣冒昧,将学习笔记不断补充、订正,最后编辑、整理成册,呈现给大家,以便一起学习,共同探讨。完稿前,曾多方征求意见,反复修改,历时五年有余。学习《论语》主要是以下四个方面:一是孔子从自己的人生感悟中提炼出的至理名言, 二是孔子的优秀弟子对人生真谛的探求与孔子的解疑释惑,三是孔子与一般弟子或时人的问答,四是孔子门人的不俗见解。因此,学习《论语》全书不一定平均用力,对前两部分宜给予更多的关注与更深入的思考。所以,我们在编写力度上,对有关章节也是有所侧重的。

《论语》囊括了孔子的思想精髓,涉及教育、修身、伦理、哲学、政治等诸多方面。为了便于就某一方面的问题进行查找, 根据我们学习的感悟及体会,将《论语》全文以不同专题的形式作了初步归纳和分类,共十一个专题,即:一、治学与执教;二、君子与修身;三、孝悌;四、仁;五、言、行、信;六、诗、礼、乐;七、识人与交友;八、积极入世;九、论政;十、颜回与其他弟子;十一、师赞。这十一个专题初读似觉无序或互不相关,实则涵盖了四方面的内容,即:(一)治学与执教;(二)品德与修身:包括第二章至第七章共六章的内容;(三)入世与论政;(四)师生情。每个条目均按[注释]、[试译]、[浅析]三个层次编写。文中序号参考杨伯峻《论语译注》(中华书局 1982 年版)。附录部分包括:一、孔子生平简介。二、《论语》产生的历史背景。三、《论语》中出现的孔子弟子简介。正文部分由文诤撰写。附录部分由田地撰写。本书因依据个人学习体会整理编写成册，故定名为《读〈论语〉》。我们是《论语》的初学者，见解之浅陋、理解之错误在所难免，敬请读者不吝赐教，并欢迎交流探讨。

书稿编写初期即得到中国人民大学国学院副院长袁济喜教授的热情帮助与支持，历经数年书稿完成后，袁教授又在百忙中抽出时间为本书作序，对于袁教授这种热心倡导国学和鼓励后学的精神深深表示敬意和感谢。本书初稿曾请北京邮电大学人文学院梁刚博士审阅，梁博士提出了宝贵的修改意见，在此深致谢忱。更要特别感谢的是北京大学哲学系甘祥满老师。甘老师是北京大学哲学博士，主要研究方向是儒家经典与儒家思想、《论语》学史。他对我们的修改稿进行了细致的审校，从对原著的译释理解到文字或标点的疏漏，无不给予一一校正。对甘博士这种严谨求实的治学态度，真诚无私的助人精神，感动之情难以言表，只能铭记于心了。本书能顺利编写完成，更得益于我们的家人和朋友的鼎力相助。文净的儿子钱松屹，好友周云、黄文耀夫妇，田地的女儿汪洁和女婿李向阳等年轻的朋友们，帮我们收集提供了重要的参考资料，并协助部分文稿的编辑整理工作，深深地感谢他们，祝福他们。

主要参考文献

1. 杨伯峻：《论语译注》，中华书局 1982 年版。
2. ［宋］朱熹：《论语集注》，齐鲁书社 1992 年版。
3. 钱穆：《论语新解》，生活·读书·新知三联书店 2005 年第二版。
4. 李泽厚：《论语今读》，生活·读书·新知三联书店 2004 年版。
5. 南怀瑾：《论语别裁》，复旦大学出版社 2003 年版。
6. 傅佩荣：《傅佩荣〈论语〉心得》，国际文化出版公司 2007 年版。
7. 钱穆：《孔子传》，生活·读书·新知三联书店 2005 年第二版。
8. ［汉］司马迁：《史记》，中华书局 1959 年版。
9. 同道：《国学大师之死》，当代中国出版社 2010 年版。

除上述著作外，还参考了有关《论语》和孔子的其它著述，恕不一一列举，在此一并致谢。

文　诤

2010年秋于北京

目 录

第一章 治学与执教

孔子一生主要致力于文化教育事业，首创私人办学，从而打破了春秋以前教育被贵族垄断的局面，成为中国历史上影响最大的教育家。孔子在教育上的贡献，不仅在于他的教育实践，而且还表现在教育理论上的建树。他认为，人的本性是可以教育的，而且不应受出身等级、地域、民族等的限制，不应剥夺人们受教育的权力。为此，孔子提出了"有教无类"的主张。他还提出循循善诱、因材施教、学思结合、诲人不倦、教学相长、愤启悱发等一系列教学原则和教学方法。司马迁《史记·孔子世家》尊孔子为"至圣"，康熙皇帝称颂孔子为"万世师表"。对于这些赞誉，孔子受之无愧。

孔子之为人，自述为："学而不厌，诲人不倦。"学则不舍昼夜，教则博大精深。在治学上孔子主张：知学、好学、乐学；"学而时习之"；"不耻下问"、"三人行必有我师"；"学而思"、"思而学"；做君子儒，不做小人儒等。在执教上孔子主张："不愤不启，不悱不发"，"举一反三"；教"文、行、忠、信"；不语"怪、力、乱、神"，退者使进之，过勇使退之等。孔子一生培养了数千名弟子、数十名贤人，为后学者树立了最为光辉的榜样。因此，建议我国儿童，在接受启蒙教育之初，应举行追念孔子之礼。凡教育工作者，应将《论语》作为必修课本，以使孔子学与教的精神加以传承，且能历久弥新。基于上述认知，故本书将"治学与执教"作为《论语》分专题选释之首，内容按"治学"与"执教"两部分分选于后。

1. 治学

子曰："学而时习之，不亦说乎？有朋自远方来，不亦乐乎？人不知而不愠，不亦君子乎？"（1-1）

［**注释**］时：在适当的（或一定的）时候。　习：除温习外，古时还有"实习"、"演习"的意思。　说（yuè）：通"悦"，高兴，快乐。　朋：志同道合者，知音。　愠（yùn）：气愤，恼怒。　乐（lè）：悦在心，乐则见于外。

［**试译**］孔子说："学习之后又能在适当的时候加以印证，不是很快乐吗？有朋友自远道而来，不是更欣喜吗？别人不了解自己而不怨怒，不就是君子风度吗？"

[浅析] 寓意深刻的文章、书籍,非初读即可完全领会其内涵,当反复阅读渐进佳境,并通过实践有所感悟时,方有得于心并与作者产生共鸣,才能发出会心的微笑。人生一知己难求,若有志同道合者会聚一堂,切磋学问,畅谈古今,将是何等的乐事。自己为探求真理而做学问,不被人理解是常见之事,为事业而坚持不懈,不怨天不尤人且自得其乐,具有这种思想境界的人,常能事业有成。

子夏曰:"贤贤易色。事父母,能竭其力;事君,能致其身;与朋友交,言而有信。虽曰未学,吾必谓之学矣。"(1–7)

[注释] 子夏:孔子晚年弟子。 贤贤:前一个贤字是动词,表示尊敬。后一个贤字是名词,指贤人。贤贤,尊敬贤人。 易色:神色态度转变,或译为轻女色。易,改变;轻视。色,神色;女色。 事:侍奉。 致:献出。

[试译] 子夏说:"看到贤德的人就肃然起敬。(或译为:尊重贤人,看轻女色。)侍奉父母能尽心竭力,侍奉君主可以献身,结交朋友诚实守信。这样的人,即使自谦说没有学问,我也一定要说他已经有学问了。"

[浅析] 对"学"的概念,目前多指课本知识或科学技能,但孔学重视品德的修养和实际的行为表现。也就是"德行优于知识,行为先于语言"。一个人德才兼备才算真的有学问。

子曰:"君子不重则不威,学则不固。主忠信。无友不如己者。过则勿惮改。"(1–8)

[注释] 惮(dàn):怕,畏惧。

[试译] 孔子说:"君子不自尊自重就没有威严,所学知识也不会稳固。行事以诚信为本。所交朋友没有完全不如自己的。有了过错,不要怕改正。"

[浅析] 孔子讲"君子不重则不威",并非指君子都要板起面孔,装出道貌岸然的样子。而是指自信和自重。以严肃认真的态度对待学习,并能深入思考升华为自己的心得,才能获得牢固的知识,关键时刻就能表达出真知灼见。"学则不固"的另

一种解释是，要博学多闻而不固陋。“无友不如己者”有人译为：“不要与不如自己的人交朋友。”这是不现实的，也不符合孔子的一贯思想，孔子主张：三人行，必有我师。告诫人们在朋友面前要谦虚谨慎，多看别人的长处。这是孔子对待自我学习与向人学习两方面的劝勉之词。对于“无友不如己者”还有一种解释，“如”是相似的意思，全句译为：“不与和自己志趣（指忠信）不相投的人交朋友。”可以在相同的目标下相互砥砺，也可参考。

子曰：“君子食无求饱，居无求安，敏于事而慎于言，就有道而正焉，可谓好学也已。”(1–14)

［**试译**］孔子说：“君子追求的不是饮食的饱足，居住的安逸，做事勤勉，说话慎重，接近道德高尚的人而纠正不足之处，这样可以算是好学了。”

［**浅析**］从上述几节均可看出儒家对“学”的要求。所谓“学”，着重道德修养，培养对人生的崇高责任感，非只为个人温饱与安逸而学。学习要重视思考，要学以致用。这些对于今人仍有很深刻的指导意义。

子曰：“吾十有五而志于学，三十而立，四十而不惑，五十而知天命，六十而耳顺，七十而从心所欲，不逾矩。”(2–4)

［**注释**］知天命：人生的自我觉醒，能把握住自我命运的主宰权。此处指明确了应尽的道义和责任。

［**试译**］孔子说：“我十五岁立志做学问，三十岁确立了处世及做人、做事的准则，四十岁不再疑惑，五十岁知道了主宰自己的命运，六十岁听得进去各方面的意见且心态平和，七十岁可以按照心之所思所想去做而不超越法度。”

［**浅析**］孔子以年龄分段，描述出个人在不同阶段的体会和状态，从而告诫后人，为学、做人、做事有其成长、成熟过程，需要人生经验的积累，只有循序渐进才能渐入佳境，急于求成、揠苗助长则违反了客观规律，反而可能毁掉前程。此段话已成千古名言，沿用至今，不可不学不思。

子曰:“温故而知新,可以为师矣。”(2-11)

[**试译**] 孔子说:“温习过去学过的知识并能从中悟出新的见解,这样就可以做老师了。”

[**浅析**] 一切事物的发展,都有一个过程,它的前后、上下之间是互相联系的,前面是后面的基础。熟知过去,是判断未来新事物发展的基础,也就是“读史可以使人明智”的道理。

子曰:“学而不思则罔,思而不学则殆。”(2-15)

[**注释**]罔:通“惘”,迷惑不解。　殆:危险。

[**试译**]孔子说:“只学不思考,就会迷惑不解其义。只思考不学,就会有危险。”

[**浅析**] 填鸭式的学习,没有经过头脑思考,不能掌握知识的全部含义,不能将所学知识变成自己的智慧加以应用,还可能有错误的理解,这样虽已学过,但必迷惘无所得。只凭主观想象,缺乏深入学习、比较、判断,行动必带有盲目性,这同样是危险的。

子曰:“攻乎异端,斯害也已。”(2-16)

[**注释**] 攻:①专攻、钻研、致力于某学业。②攻击。　异端:“端”指事物的两头,异端即偏道,非中道。　斯:“这就”之意。　也已:语气词。

[**试译**] ①孔子说:“攻读偏离中道的学问学说,这就有害了。”②孔子说:“专攻击不同于你的言论、学说,这就有害了。”

[**浅析**] 第一种译法,对初学者而言,当慎思之,一旦在学术上误入歧途,则会贻误青春。

第二种译法,从儒学的历来观点看,主张“兼听则明,偏听则暗”,“兼容并包”,所以对学术争鸣十分有利。且《论语》中出现几次“攻”字,皆为“攻击”之意,如《先进篇》:“小子鸣鼓而攻之。”《颜渊篇》:“攻其恶,无攻人之恶。”故这里也可用以表示“攻击”之意。

子曰："由，诲女知之乎！知之为知之，不知为不知，是知也。"（2-17）

［**注释**］诲（huì）：教导。　女：通"汝"，你。

［**试译**］孔子说："由呀！我教你怎样求知吧！知道就是知道，不知道就是不知道，这才是真正的求知之道。"

［**浅析**］人非生而知之，承认自我知识的永远有限性，才能活到老学到老，才能不断进取获得新的知识。这是在做学问上，老实人所持的老实态度。那些故弄玄虚、强不知以为知的人是幼稚可笑的。这应是孔子针对子路在求知上暴露出来的问题所给予的忠告。

宰予昼寝。子曰："朽木不可雕也，粪土之墙不可杇也。于予与何诛？"子曰："始吾于人也，听其言而信其行；今吾于人也，听其言而观其行。于予与改是。"（5-10）

［**注释**］杇（wū）：瓦工用的抹子；抹灰，粉刷。　诛（zhū）：责备。

［**试译**］宰予白天睡觉，孔子说："腐烂的木头不能再雕刻，粪土似的墙壁不能再粉刷。我对宰予还能责备什么？"孔子又说："以前我对人，听了他的话就相信他的行为，现在我对人，听了他的话，还要看他的行动，是宰予使我改变了。"

［**浅析**］宰予是孔子的优秀弟子之一，善言语，见解独到，但常好大言，并有志大行疏的表现，故孔子在此以严词告诫，使之惊醒自持。"听其言，观其行"已成名言警句，源于此。

子贡问曰："孔文子，何以谓之'文'也？"子曰："敏而好学，不耻下问，是以谓之'文'也。"（5-15）

［**注释**］孔文子：姓孔，名圉，谥号文。生前是卫国大夫。　是以：因此，所以。

［**试译**］子贡问道："孔文子凭什么谥号为'文'。"孔子说："他聪敏而又善于学习，不以向不如自己的人学习为耻，所以谥号为'文'。"

［**浅析**］孔文子名圉，文子的"文"是死后封的谥号。我国古代官吏死后按其生

前业绩，评定褒贬，授予谥号，以一二字评之，皇帝也不例外，可算是盖棺定论。民国之后终止。这种谥法对官吏为免留骂名，对后世负责，有督导作用。

子曰："十室之邑，必有忠信如丘者焉，不如丘之好学也。"(5–28)

[试译] 孔子说："十户人家的小地方，其中必然有像我一样忠信的人，只是不如我这样好学呀！"

[浅析] 孔子在此说明他不同于一般人之处在于"发愤忘食"，在于"学而不厌"，在于"朝闻道，夕死可也"的学习精神。告诉人们，人非生而知之，皆学而知之。天资加勤奋才能获得不同于一般人的感悟与收获，才能提出不同于一般人的独到见解。

冉求曰："非不说子之道，力不足也。"子曰："力不足者，中道而废。今女画。"(6–12)

[注释] 说：通"悦"。 女：通"汝"，你。 画：通"划"，划线为界，不愿前进。

[试译] 冉求说："我不是不喜欢您的学说，只是我的力量不够。"孔子说："如果是力量不足，走到半路走不动了可以歇息，现在是你先给自己划定界限，否定了自己。"

[浅析] 一个人能力有大小，只要持之以恒，总会学有所得。如果知难而退，则一事无成。孔子在此劝勉弟子，不要给懒惰找托词。只要立志，一步一个脚印走下去，才能从入门到深造，从知之不多，到知之甚多。做成什么事都要有一个努力奋斗的过程。

子谓子夏曰："女为君子儒。无为小人儒。"(6–13)

[试译] 孔子对子夏说："你要做道德修养好，志趣高远的学者。不要做只埋头读书却学而无用的儒者。"

[浅析] 子夏是孔子优秀弟子之一，对孔学的传承有独到贡献。孔子的教育注重有的放矢，因材施教。此处可能针对当时子夏谨密有余宏大不足提出告诫。"小人

儒”并不一定指品德低下的儒学者。

子曰：“知之者不如好之者，好之者不如乐之者。”（6-20）

［试译］孔子说：“知道求学的人，不如爱好求学的人。爱好求学的人，不如在求学中获得乐趣的人。”

［浅析］孔子所说可从两方面理解：其一，学习有渐进的层次，由少到多，由表及里，由浅入深，随着学习的渐入佳境，获得了真知，有了茅塞顿开的体会，自然乐在其中。其二，人们常说：“兴趣是最好的老师。”对有兴趣的事乐于去做，对有兴趣的知识乐于学习和钻研，因此往往成其大事。对此，家长和老师要注意观察孩子之所长、所好，加以适度引领。不可处处替孩子做决定，勉强孩子按照家长或老师划定的框框去做，那样可能适得其反。

子曰：“加我数年，五十以学《易》，可以无大过矣。”（7-17）

［试译］孔子说：“再给我几年时间，到五十岁时学好《易经》，就可以不犯大的过错了。”

［浅析］《史记·孔子世家》记述：“孔子晚而喜《易》……读《易》韦编三绝。”意思是说，由于孔子对《易经》的勤奋苦读，将编连竹简的皮绳磨断了多次。

传说《易传》系孔子所作，使《易经》由专门的占筮书转变为讲天人之道的哲学书，流传至今，仍放射着光芒。

子曰：“我非生而知之者，好古，敏以求之者也。”（7-20）

［试译］孔子说：“我不是生下来就有知识，我是喜好古文化，勤勉学习探求得来的呀！”

［浅析］孔子鼓励好学、多问，强调后天的努力与勤奋。从不炫耀自己的聪明多才，处处表现出谦虚谨慎的美德。十分重视古文化，从历史的经验中汲取营养，温故而知新的道理就在其中。

子曰："盖有不知而作之者，我无是也。多闻，择其善者而从之，多见而识之，知之次也。"（7-28）

［**注释**］盖：发语词。　作：创作立说。　识（zhì）：记住。　次：次序（有解为：次一等的）。

［**试译**］孔子说："有那种本来没有真知而妄自造作的人，我不干这样的事。多听，选择其中好的而遵从。多看多见识并铭记在心。这就是认知的次序和过程。（有人译为：比较'生而知之'而言，这是次一等的知。）"

［**浅析**］与前文孔子所说"我非生而知之者"同出一个道理，孔子反对空谈，反对强不知以为知。他凭借学而思、思而学，凭借三人行必有我师，凭借入太庙每事问，凭借发愤忘食等求学若渴的精神，才达到了"至圣先师"的境界。

子曰："三年学，不至于穀，不易得也。"（8-12）

［**注释**］至：指意念之所至，想法。　穀：指俸禄。

［**试译**］孔子说："学习了三年，还没有想去做官，这很难得。"

［**浅析**］一般人读书的目的，为了求取功名，接受俸禄，改换门庭。真正为了做学问、为了探求真理而苦读的为数极少，所以孔子在此发出感叹。

子曰："学如不及，犹恐失之。"（8-17）

［**试译**］孔子说："学习总好像跟不上，又怕丢失掉。"

［**浅析**］习语说："学而后知不足。"一方面要用新知识不断充实自己，一方面要巩固已学到的知识。在当前纷繁复杂的形势下，更要跟上时代前进的步伐。所以提倡活到老学到老，提倡接受终生教育是十分正确和必要的。

子畏于匡，曰："文王既没，文不在兹乎？天之将丧斯文也，后死者不得与于斯文也；天之未丧斯文也，匡人其如予何？"（9-5）

［**注释**］子畏于匡：畏是拘囚的意思。孔子离开卫国到陈国，路经宋国的匡地，被匡地的人围困了几日。因匡人曾被鲁国的阳货暴掠，孔子貌似阳货故误囚之。与：掌握。　如予何：奈我何？能把我怎么样？

［**试译**］孔子被围困在匡地，他说："周文王死了以后，文化传统不是在我这里吗？上天如果要废弃这种文化，那么后人就不会掌握这些文化了，上天不想废弃这些文化，匡人又能把我怎么样呢？"

［**浅析**］孔子周游列国，几次遇难，都化险为夷。这次在匡被困，形势十分危急。对此孔子不但自己毫无畏惧，还劝勉弟子，说明他们的所作所为是顺乎天意的，传承古代文化遗产具有教育后代的伟大意义，所以可以感召天地。当然这与祈祷上苍佑护是完全不同的两回事。

太宰问于子贡曰："夫子圣者与？何其多能也！"子贡曰："固天纵之将圣，又多能也。"子闻之，曰："太宰知我乎！吾少也贱，故多能鄙事。君子多乎哉？不多也。"

牢曰："子云：'吾不试，故艺。'"(9-6、7)

［**注释**］太宰：官名。　固：本来，原本。　牢：孔子的学生。

［**试译**］太宰问子贡说："你们老师是圣人吧！怎么会这么多才多艺。"子贡说："这本是天意使他成为圣人，又使他多才多艺。"孔子听到后说："太宰了解我吗？我年少时贫苦，所以学会了很多技能。君子需要这么多吗？不需要吧！"

牢说："孔子说过：'我没有入仕途，所以学了很多才艺。'"

［**浅析**］孔子在此不自比圣人，只谈君子，并谈到自己之所以多才艺，是由于少年时代家境清苦，曾从事过很多职业，因此学会了很多技能，仍强调学而知之，也印证了孟子所说："故天将降大任于是人也，必先苦其心志，劳其筋骨，饿其体肤，空乏其身，行拂乱其所为，所以动心忍性，曾益其所不能。"从书本到书本的学习方法，养尊处优的学习环境，不可能造就出如孔子这样的圣人。

"唐棣之华，偏其反而。岂不尔思？室是远而。"子曰："未之思也，夫何远之有？"(9-31)

[**注释**]唐棣：植物名。　华：花。　偏、反："偏"通"翩"，"反"有说通"翻"。翩翻，花枝摇动的样子。　岂不尔思：岂不思尔。　室：居处。

[**试译**]"唐棣树的花枝，翩翻摇动着。难道我不思念你吗？只是因为彼此离得太远。"孔子说："恐怕没有真的思念吧？否则怎么会谈得上遥远呢？"

[**浅析**]对唐棣这种古代植物的花叶特点解释颇多，但总觉不甚贴切，故今只从字面直译。所引四句古诗出处不详，前两句不一定有什么意义，因为《诗经》的民歌体裁多这样的句子，用一种植物或动物引出下文。孔子主要借后两句诗发挥，认为真正思念和追求的东西，是不受距离阻隔的。求学、求道、求贤、求所爱的人均可指，意义确实很深远。

樊迟请学稼。子曰："吾不如老农。"请学为圃。曰："吾不如老圃。"樊迟出。子曰："小人哉，樊须也！上好礼，则民莫敢不敬；上好义，则民莫敢不服；上好信，则民莫敢不用情。夫如是，则四方之民襁负其子而至矣，焉用稼？"(13-4)

[**注释**]樊迟：孔子弟子，姓樊，名须，字子迟。　稼：种植五谷庄稼。　圃：种植蔬菜、花木的园地。此处指菜农。　襁：背负小孩的布带。

[**试译**]樊迟请教怎么种庄稼。孔子说："我不如老农。"又请教怎么种菜。孔子说："我不如有经验的菜农。"樊迟离开房间后，孔子说："没有什么作为呀！樊须(迟)。上位者讲礼制，老百姓就不敢不尊敬；上位者讲道义，老百姓就不敢不服从；上位者讲诚信，老百姓就不敢不实在。如果能做到这样，四面八方的百姓就会背着孩子投奔过来，怎么还用得着自己学习种田？"

[**浅析**]学习孔子这段话，不能脱离当时的时代背景。春秋战国时，"士"阶层崛起。"学而优则仕"，已成为社会共识。君子与小人区分，较早时也是针对上位者(官员)及下位者(百姓)而言。读书人，有了学问，就要走齐家、治国、平天下之路，以担

当国家重任为奋斗目标，不必学习具体的如何种田和种菜。现在当然不能同意上述观点，因为稼与圃是农业科学的一部分，有着系统理论体系，当然是要学习、研究的专业知识之一。

子路问曰："何如斯可谓之士矣？"子曰："切切，偲偲，怡怡如也，可谓士矣。朋友切切、偲偲，兄弟怡怡。"（13–28）

［**注释**］切切：恳切。　偲偲（sī）：相互切磋、督促。　怡怡：愉快，和顺。

［**试译**］子路问道："怎样才可以称作知识分子？"孔子说："相互真诚地切磋与督促，又能和睦相处，可以称得上知识分子了。朋友之间要相互诚恳地切磋督促，兄弟之间要亲切和气。"

［**浅析**］孔学十分重视士的品德修养，除去掌握书本知识外，在为人处世中要有体现，这在多段文字中均可见。此处特指朋友之间要真诚相交，有批评有督促，既非酒肉朋友，更不能只讲哥儿们义气，忘记原则。兄弟之间要和睦相处，不要因家庭琐事反目成仇。此处是回答子路的提问，自然有针对子路性格弱点之处。

子曰："士而怀居，不足以为士矣。"（14–2）

［**试译**］孔子说："知识分子如果只留恋安逸的家庭生活，那就不足以称为知识分子了。"

［**浅析**］中国的知识分子历来提倡心存报国之志，对只贪恋小家庭温暖者有所不屑。大禹为治水三过家门而不入，几千年来被人们传颂，看来此传统由来久矣。

子曰："古之学者为己，今之学者为人。"（14–24）

［**试译**］孔子说："古时的学者为提高个人的德才修养而学，现在的学者为使别人承认自己而学。"

［**浅析**］这是孔子对当时文化发展趋势的看法。对此解读方式颇多，一种为：为己而学，是为了求知、探道、解惑，心中充满了兴趣与渴求；为人而学是被动的，是为

了得到别人的承认，或为了求职、谋生。另一种是从字面上解释：为己学是为自己研究学问，即为私；为人学是为了别人研究学问，即为公。在《论语》中孔子曾多次谈到“好古”，孔子尚古是显而易见的，所以作者从前种说法。自隋唐有了科举考试制度以后，为人学之风愈演愈烈。如今，孩子从上幼儿园起就要求“不要输在起跑线上”，在应试教育中，自小学至大学，学生一直受着分数的束缚，考不出好成绩会遭受老师的歧视、父母的责骂，有多少学生曾享受过“为己学”的快乐？！长此下去，自然限制了人才的自由发展。当然为人学也并非错事或坏事，被动学到的本领依然可以用于求职、就业。只是孔子想提倡的是好学、乐学的崇高学习境界而已。

至于在文字上的趋炎附势，在学术上的弄虚作假，这牵涉人品及学品的问题，应另当别论，不在此讨论范畴。

子曰：“莫我知也夫！”子贡曰：“何为其莫知子也？”子曰：“不怨天，不尤人。下学而上达。知我者其天乎！”(14-35)

[**注释**] 莫我知：莫知我，不了解我。　尤：怨恨。

[**试译**] 孔子感叹道：“没有人了解我呵！” 子贡说：“为什么说没有人了解您呢？”孔子说：“不埋怨上天，也不怨恨别人，扎扎实实地做学问而上达真理。知道我的，只有天了。”

[**浅析**] 此章表达了孔子对自己不被人理解和重视的感叹，乃人之常情。我们要学习的正是孔子发奋忘食、乐以忘忧、不怨天、不尤人的伟大精神。“怨天尤人”成语源于此。

子曰：“赐也，女以予为多学而识之者与？”对曰：“然，非与？”曰：“非也。予一以贯之。”(15-3)

[**试译**] 孔子说：“子贡，你以为我是多学多记的人吗？”子贡对答：“是呀！难道不是吗？”孔子说：“不是的，我是用一个基本观念来贯穿的。”

[**浅析**] 孔子当然是要多学多记的，但这不是目的，博览群书，多学强记仅是积

累资料，是手段，其“一以贯之”的目的是：实现自己的抱负，创立自己的学说，完善自己的思想、观点、主张。因此我们后人对待学习，也绝不能只学皮毛，而要学以致用，为一个明确的目的而学，才能学有所成。

子曰：“不曰‘如之何，如之何’者，吾末如之何也已矣。”（15-16）

［试译］孔子说：“不说‘怎么办，怎么办’的学生，我真不知道该怎么办了。”

［浅析］孔子的语调幽默风趣，对那些不爱动脑筋，不问“为什么”、“怎么办”的学生，孔子表示“头痛”，他喜欢勤奋的、“学而思”的学生。

子曰：“吾犹及史之阙文也，有马者借人乘之，今亡矣夫！”（15-26）

［注释］阙：通“缺”。“阙文”即空缺的字。古史官记事，有疑点就留出空缺存疑。亡：通“无”，没有。

［试译］孔子说：“我还能看到史书里有存疑的空缺，就像有马的人，将马借给别人骑，现在看不到了！”

［浅析］这里孔子以“有马者”借给别人骑，比喻撰写史书的人，宁可存疑，留出文字空白，也不妄加猜测，待有识之士进一步考证后填写，孔子赞赏这种精神。

子曰：“吾尝终日不食，终夜不寝，以思，无益，不如学也。”（15-31）

［试译］孔子说：“我曾经整天不吃，彻夜不眠，用来思考，结果没有好处，不如学习。”

［浅析］孔子此处在述说自己的体会。为了研究一个问题，曾独立冥思苦想，达到不吃饭、不睡觉的程度。但他总结说，这样并没有好处，不如再去学一学。所谓学，并非仅指书本，可与相知、好友共同切磋探讨。当然，更可博览文献资料，从中知道前人、同行、国外对类似问题的观点看法，可能使疑惑的问题很快会获得豁然开朗的答案。正是，学而不思不可，思而不学亦不可。

子曰:“辞,达而已矣。”(15-41)

[**试译**]孔子说:“用辞,能表达清楚意思就可以了。”

[**浅析**]写文章最重要的是言简意赅,不要过多修饰与雕琢,最怕辞不达意,言之无物又连篇累牍。

子曰:“由也,女闻六言六蔽矣乎?”对曰:“未也。”“居!吾语女。好仁不好学,其蔽也愚;好知不好学,其蔽也荡;好信不好学,其蔽也贼;好直不好学,其蔽也绞;好勇不好学,其蔽也乱;好刚不好学,其蔽也狂。”(17-8)

[**注释**]六言:指仁、知(智)、信、直、勇、刚六种品德。 蔽:弊端、弊病。此处指愚、荡、贼、绞、乱、狂。 居:坐。古代礼节,回答长者的问题要站起来,所以孔子让子路坐下。 荡:好高骛远根基不牢。 贼:伤害。指伤害自己和亲人。 绞:急切。说话尖刻。

[**试译**]孔子说:“由呀!你听说过六种美德与六种弊病吗?”子路回答说:“没有。”“坐吧!我告诉你,重仁爱不好学,其弊病是愚蠢。重聪智而不好学,其弊病是放纵。重信实而不好学,其弊病是造成伤害。重直率而不好学,其弊病是急切不通情达理。重勇猛不好学,其弊病是犯上作乱。重刚强而不好学,其弊病是狂妄自大。”

[**浅析**]此处孔子谓之“六言”皆为好的品德,如果只重视其表面形式却不明其理,也就不能恰如其分地掌握其度。对任何人都讲仁爱当然会办成蠢事。只凭聪明不重学习可能一事无成。诚信过度可能遭受欺诈。只讲直率可能出语伤人或焦躁难安。勇猛而无正确指导思想就成鲁莽。刚强过度即会变成刚愎自用。孔子所讲自然是针对子路之不足,有的放矢。

通过正反两方面的举例,孔子教给了弟子做人的大道理,如能认真理解与遵循,将终生受用无穷。把握好做人之道的根本。孔子所提醒我们的就是一个“学”字,要终生勤奋向学,学以致用。

子曰："饱食终日，无所用心，难矣哉！不有博弈者乎？为之犹贤乎已。"（17-22）

［**注释**］博弈（yì）：下棋。 贤：胜过。

［**试译**］孔子说："整天吃饱饭什么心思也不用，这真难办呀！不是有下棋的吗？干干这些也胜过没事做呀！"

［**浅析**］饱食终日无所用心者，首先要有不用心而可以饱食的条件，同时要有不劳而获并能心安理得的心态。没有理想、不思进取、得过且过，家庭培养这样的子弟，社会多了这样无用之人，实在是"难矣哉"。

子夏曰："日知其所亡，月无忘其所能，可谓好学也已矣。"（19-5）

［**试译**］子夏说："每天能学到一些所不知道的知识，每月不忘记学过的旧知识，这就可以说是好学了。"

［**浅析**］"日知其所亡"，"亡"即"无"，指不知道的东西，即求取新知识。"月无忘其所能"，"所能"指已经学会的东西，即温故。通过日积月累，锲而不舍，才能达到融会贯通学到真知，才能有新的顿悟或可终成一家。这与孔子所言"学如不及，犹恐失之"一脉相承。

子夏曰："博学而笃志，切问而近思，仁在其中矣。"（19-6）

［**试译**］子夏说："广泛学习而且志向坚定，恳切地提出疑问，联系当前实际情况而思考，仁就在其中了。"

［**浅析**］只有博学而没有明确坚定的志向，不能联系自身及当前存在的实际问题解疑释惑，非孔学所主张。如能博学、笃志、切问、近思当然就是遵循了孔学所提倡的"仁"。

子夏曰："百工居肆以成其事，君子学以致其道。"（19-7）

［**注释**］百工：各行各业的工匠。 肆：古代制造器物的场所，作坊。 致：达

到，掌握。

［试译］各种工匠在作坊里完成他们的制作，君子通过治学以完成他们的事业。

［浅析］这里是说明社会各有分工。工匠们在作坊里日日劳作，制造各种产品器物，以满足社会需要。“君子”也应该努力学习钻研，以实现其理想和抱负。

子夏曰：“仕而优则学，学而优则仕。”（19-13）

［试译］子夏说：“做官有余力就去学习，学习有余力就去做官。”

［浅析］“学而优则仕”已成名言，系子夏所云，非孔子所言。值得思考的是，子夏将“仕而优则学”放在了前面，世人却知之甚少。更应注意的是，为求取功名而苦学者已成惯例，一旦学成，取得官职，“仕而优则学”却很少强调。如果坐上官位即停滞不前，如何能将事情管好？仕与学，虽属两个范畴，但目的应是一样的：都是为了将事情做好。仕与学若都能以此心态努力之，勤政、廉政也就不难实现了。

2. 执教

子曰：“射不主皮，为力不同科，古之道也。”（3-16）

［注释］皮：箭靶。　科：等级。

［试译］孔子说：“射艺，不以箭穿透靶的深度为标准，因为每个人力量的大小不同，这是自古以来的规矩。”

［浅析］射箭比赛，主要看是否射中目标，并不主张以穿透靶子的深度为判断标准。此处孔子不主张炫耀力量，而且根据个人力所能及以及办事是否达到目的为衡量标准。这对从教人员发挥每位学员的专长，因材施教应有所启迪。

子曰：“参乎！吾道一以贯之。”曾子曰：“唯。”子出，门人问曰：“何谓也？”曾子曰：“夫子之道，忠恕而已矣。”（4-15）

［试译］孔子说：“曾参呀！我的学说是贯穿着一个基本观点的。”曾子说：“是

的。”孔子离开后，其他弟子问曾子说：“老师说的是什么意思呀！”曾子说：“老师所讲的就是忠恕二字罢了。”

［浅析］此处孔子未说出“一以贯之”的具体内涵，只能由弟子依其学识修养的深浅各自领悟。小师弟向曾子讨教孔子说的是什么意思，曾子根据他的理解告诉他们唯“忠恕”二字，即诚恳待人，设身处地为别人着想。

孔子“一以贯之”之道应是实现他的理想与抱负的学说，这已贯穿于孔子对弟子们不断的教诲之中，不必设想在此处仍留有什么玄机。曾子在此截断了孔子的话，没有给孔子诠释他“一以贯之”主旨的机会，只以曾子个人的理解，在孔子已离去之后，代孔子解释为“忠恕”，这是十分遗憾的。“忠恕”二字是否能概括孔子全部的一贯之道，值得商榷。另外孔子还曾与子贡谈到为学的“一以贯之”，从两个不同方面说明孔子求学或探道都围绕着一个中心思想或基本学说，其中深层次的道理，只有读者去认真学习深入领会了。

子在陈，曰：“归与！归与！吾党之小子狂简，斐然成章，不知所以裁之。”(5-22)

［注释］陈：国名，今河南淮阳县。 狂简：志向高远，但尚不成熟。 斐然：有文采。 裁：裁度，裁取。

［试译］孔子在陈国时，说：“回去吧！回去吧！我们鲁国的年轻人，志在高远，有很好的文采，尚待剪裁培育。”

［浅析］孔子在陈国受困时，发出想归国的感慨，要对故国那些有志青年进行培养教育。这是孔子周游列国后期，人到晚年，想回家乡讲学的一段自白。

子曰：“默而识之，学而不厌，诲人不倦，何有于我哉？”(7-2)

［注释］识：记住。

［试译］孔子说：“所学知识默然领会记忆于心，学习的志趣与渴望永在，教导别人不知疲倦，除去这些我没有别的了！”

［浅析］以宁静的心态做学问，不为张扬与显示。以求知、教人为乐，而不知疲倦，这是孔夫子为我国教育工作者做出的榜样。若被铜臭玷污了灵魂，则应自动退出教师队伍。

子曰："志于道，据于德，依于仁，游于艺。"(7–6)

［试译］孔子说："立志在道上，据守在德上，依靠在仁上，自如地掌握技艺。"

［浅析］这里体现了孔子总的教育目标和要求：要追求真理，志在高远；固守德性情操；不违仁义；还要熟练地掌握几种技能。

"六艺"是西周学校所传承的教育内容。包括礼（礼仪制度、道德规范）、乐（音乐、诗歌、舞蹈）、射（射箭）、御（驾车）、书（文字读写）、数（算法）。

此段文中孔子要求"游于艺"，即要求技艺之娴熟要达到如鱼得水，运用自如的境地。可见孔子对其弟子的培养是德、智、体、美全面发展，与后来只会背死书的私塾有本质的不同。

子曰："自行束脩以上，吾未尝无诲焉。"(7–7)

［注释］束脩(xiū)(同修)：脩，干肉，又叫脯。束脩即十条干肉，作为古代初次见面之薄礼。第二种解释是古人年过十五岁则束带脩饰，即孔子收教十五岁以上少年。再一种解释是约束修身的意思。

［试译］①孔子说："凡十五岁以上的，我没有不收教的。"②孔子说："凡能自行检点约束自己的，我都要给予教诲。"③"凡带着薄礼来求见我的，我没有不给予教诲的。"

［浅析］孔子主张"有教无类"。如颜回那样经济困难的学生孔子不但教，而且爱之有加。所以在这里不必深究。其基本含意是只要愿意求学上进的青少年，孔子均愿施教。这就是孔子被尊为至圣先师的伟大教育家品格。

子曰："不愤不启。不悱不发。举一隅不以三隅反，则不复也。"(7–8)

［**注释**］愤：有问题想解疑但又想不通的样子。 悱(fěi)：想表达但又说不出的样子。 发：启发。 隅(yú)：角落。 反：推及、类推。

［**试译**］孔子说："不到他苦思而不得其解时，我不去点拨他。不到他想说而又说不清时，我不启发他。四个角，我举一个角为例，他不能推论出其它三个，我就不再重复多说了。"

［**浅析**］这里孔子讲述了他执教之道的基本原则及其生动例证。首先激发学生发愤读书探求真理的激情；其次引导学生能将学之所悟清楚地表达出来；再有就是培养学生举一反三的思维方法。孔子培养出七十二位贤人，并各有所成，清楚表明孔子的启发式教育与因材施教取得的巨大成就。今之教师确有愧对之处。"举一反三"成语源于此。

子不语：怪、力、乱、神。(7-21)

［**试译**］孔子不谈：怪异、暴力、违乱、鬼神。

［**浅析**］在社会转型期，各种以前从未听到过、见到过的怪现象、暴力事件、违法乱纪行为、邪教异说等混杂于正义事业之间，使人有时觉得嘈杂混乱，有时又真伪难辨。作为神圣的教育工作者应该保持清醒的头脑、鲜明的是非感，给学生以正面引导，至关重要。这里孔子的"四不语"是极好的借鉴。要学生做平实的人，对国家有实际贡献的人。

子曰："二三子以我为隐乎？吾无隐乎尔。吾无行而不与二三子者，是丘也。"(7-24)

［**试译**］孔子说："各位同学，你们以为我对你们有什么隐瞒吗？我没有什么隐瞒的。我没有什么行为不对你们公开的，这就是孔丘呀！"

［**浅析**］孔子为什么对弟子讲这段话，背景已不可考。但可以推测学生总是希望老师讲些深藏于心、秘而未宣的知识，以满足好奇心。孔子对此正面教导学生，他对弟子们是毫无保留的，希望他们不要只追求高深莫测的语言，而要以平实的心态

钻研学问，善于在老师平时对人处事、为学为人的行为中观察和学习。

子以四教：文、行、忠、信。（7–25）

［试译］孔子从四个方面教育学生：典籍文献、道德行为、忠诚、信实。

［浅析］孔子对弟子从四方面给予教育，四者相互关联，不可分隔。学习文章典籍即书本知识只是一个方面。还要落实在毕生的行为规范中。对国家、对社会、对朋友、对亲人以诚信相待，反对言过其实，反对轻诺寡信。注重内在的人格培养。

互乡难与言。童子见，门人惑。子曰："与其进也，不与其退也，唯何甚？人洁己以进，与其洁也，不保其往也。"（7–29）

［注释］互乡：地名。　与：赞许。

［试译］互乡这个地方的人很难与之交谈。一个互乡的少年却得到了孔子的接见，弟子们感到疑惑。孔子说："我赞许他的进步，不赞许他退步，有什么过分吗？人家洁身自好要求进步，就要赞许他的洁身自好，而不应抓住已往的事不放。"

［浅析］互乡这个地方，从文中可知民风口碑不佳。从此地来的年轻人拜访孔子，孔子仍与相见，不以地域、出身或门户之见决定待人之厚薄，这正是孔子教育精神伟大之处。前几年我国不是发生过对某地人的歧视宣传吗？这与孔子的教育观念是背道而驰的。

子曰："吾有知乎哉？无知也。有鄙夫问于我，空空如也，我叩其两端而竭焉。"（9–8）

［注释］鄙夫：农夫，粗人。　空空如也：有说孔子自言无知；有说农夫心中空空无知；有说"空空"即"悾悾"，形容农夫貌诚恳。　叩：叩问，询问。　两端：两头，指正反、始终、本末、上下等。　竭：尽力追究。

［试译］孔子说："我有知识吗？无知呀！有个农夫向我提出问题。我无从回答。就从他所问之事的本末、始终、正反、上下，一步步反过来问他，最终找到答案。"

[浅析] 圣人也非事事都有现成的答案，但可利用已有的知识，用反问的方式，从多方面对问题加以解析，最终获得满意的答案。这就是循循善诱，就是启发式教育，使提问者开悟，使解疑者也提高了认识，增长了知识。

子曰："苗而不秀者有矣夫！秀而不实者有矣夫！"(9-22)

[试译] 孔子说："禾苗不结穗的有吧！长成穗而不能灌浆结实的有吧！"

[浅析] 孔子以出土之禾苗能否秀穗，秀穗后能否结实，比喻学子学业有无所成。如果只是嫩绿的禾苗，虽赏心悦目，可以给人带来对未来美好的遐想，但若最终不能结实，也是空欢喜一场。从而告诫后人做学问要做扎实，有始有终，有苗、有穗、有实。

若说孔子在此是感叹颜回之早亡，后人也应引以为戒，注重身体的健康。不论以什么方式毁损了身体，影响了事业，均不可取。

子曰："后生可畏，焉知来者之不如今也？四十、五十而无闻焉，斯亦不足畏也已。"(9-23)

[试译] 孔子说："年轻人是可以敬畏的，怎么知道后来人不如我们这一辈人呢？但是，如果到了四十、五十岁仍没有什么作为，那也就没有什么可敬畏的了。"

[浅析] 汉字激光照排创始人王选先生生前一直认为：计算机事业发展日新月异，年轻人具有明显的优势，应该给年轻人更多的锻炼机会。他为此在56岁就退出科研第一线，任命年轻人走上领导岗位。王选先生说过："伏枥老骥最好用扶植新秀甘做人梯的精神，实现自己志在千里的雄心壮志。"这与孔子的教育观点是一致的，也是难能可贵的。

孔子在此也等于说出"劝君惜爱少年时"，"少壮不努力，老大徒伤悲"的忠告。故本段有"乐育英才"、"及时勉学"两方面的深刻含义。

子曰："法语之言，能无从乎？改之为贵。巽与之言，能无说乎？绎之为

贵。说而不绎,从而不改,吾末如之何也已矣!”(9-24)

[**注释**]法语:合乎规则的告诫,或指格言警句。法,礼仪规则。语,告诫。 巽(xùn):通“逊”,恭敬,谦逊。 与:赞许。 绎(yì):抽出或理出事物的头绪。此处指分析鉴别。

[**试译**]孔子说:“对于富含哲理的名言警句,能不听从吗?但要对照改正不足才好。听到恭维赞许的话,能不高兴吗?分析鉴别一下才好。只喜悦而不加以分析,表面接受而并不改正,那我就不知该怎么办了。”

[**浅析**]“法语”就指现在说的“格言”。古人的名言,古时也称“法言”,均含有颠扑不破的哲理。

我们学习名人、名言,最主要的是身体力行,改正自己的错误或不足。听到悦耳的话要冷静分析,这样才能不断进取,避免沾沾自喜,妄自尊大。孔学主张学以致用,听其言观其行,这是贯彻始终的。

季氏富于周公,而求也为之聚敛而附益之。子曰:“非吾徒也。小子鸣鼓而攻之可也。”(11-17)

[**注释**]附益:增加。

[**试译**]季氏只是鲁国的一个大夫,却比周王朝的开国功臣周公还富有,而冉求还替他敛财以增加其财富。孔子说:“他不是我的弟子,你们可以打着鼓去声讨他。”

[**浅析**]此段文字可以看出,孔子对其弟子失德所表现出的愤怒。儒学提倡藏富于民,反对强征暴敛。冉求不听孔子劝说,为已经富可敌国的季氏实行田赋制,搜刮民财,遭到孔子之唾弃。由此可见孔子对弟子品德的要求何等铁面无私与严格。对比颜回早逝孔子为之恸哭,先生之爱憎可谓鲜明矣。

子路问:“闻斯行诸?”子曰:“有父兄在,如之何其闻斯行之?”冉有问:“闻斯行诸?”子曰:“闻斯行之。”公西华曰:“由也问:‘闻斯行诸?’子曰:

‘有父兄在。’求也问：‘闻斯行诸？’子曰：‘闻斯行之。’赤也惑，敢问。”子曰：“求也退，故进之；由也兼人，故退之。”（11-22）

［**试译**］子路问：“是否听到了就该去做？”孔子说：“父兄尚在，怎么能听到了就去做呢？”冉有问：“听到了就该去做吗？”孔子说：“听到了就该去做。”公西华说：“子路问：‘听到了就去做吗？’您说：‘有父兄在。’冉求问：‘听到了就去做吗？’您说：‘听到了就去做。’我对此弄不明白，冒昧地来问您。”孔子说：“冉求他总是退缩，所以我要促他前进。子路勇猛过人（一人可兼两人事），所以我要压一压他。”

［**浅析**］这段谈话又一次清楚展示了孔子因人而异、因材施教的教育精神和教育方法。因子路勇猛过人但很莽撞，孔子已屡次向其谆谆告诫。这里更以父兄尚在，嘱子路要对自己的生命负责，言词十分恳切。对冉求则是另外的教育方式。孔子绝无千篇一律的说教，而是依据对学生品格、秉性的深刻了解，对其做人做事给予具体的指导。

子曰：“爱之，能勿劳乎？忠焉，能勿诲乎？”（14-7）

［**试译**］孔子说：“爱他，能不教他勤劳吗？忠于他，能不加以教诲吗？”

［**浅析**］上述教育原则既可用于政府对百姓，也可用于家长对子女。政府如果真爱百姓就不能做群众的尾巴，父母如果真爱孩子就不能溺爱娇惯，而要给与正确的引导和教育。

子曰：“有教无类。”（15-39）

［**试译**］孔子说：“人皆可受到教化，不再分类别。”

［**浅析**］孔子的学生贫富差距很大，智愚各有不同，但是孔子能因材施教。钱穆先生说得好：“掖而进之，感而化之，作而成之，不复有类。”读《论语》感人甚深之处在于此。我国历来尊师重教，皆因自古老师能洁身自好。如果拿学生作为敛财的工具，实在有辱千年师道，令人痛心疾首。

孔子曰："生而知之者，上也；学而知之者，次也；困而学之，又其次也；困而不学，民斯为下矣。"（16–9）

［**试译**］孔子说："生下来就知道的，是上等的。学习后才知道的，是次一等的。遇到困境才知道要学的，又次了一等。遇到困境仍不学的，那只能算下等了。"

［**浅析**］完全的"生而知之"当然不可能，但天才是有的。孔子自称："我非生而知之者，好古，敏以求之者也。"所以这一段孔子并非赞赏天才，而是鼓励人们学习向上，起码要做到"困而学之"。如果"困而不学"，那就无可救药了。

子曰："唯上知与下愚不移。"（17–3）

［**试译**］孔子说："只有最具智慧的人及最愚笨的人不会改变或动摇。"

［**浅析**］具有高度智慧的人，自己有明确的人生追求目标，所以能一往无前，不会被外界异常的诱惑所左右。最愚笨的人，或者说"木头脑袋"，听不进也听不懂别人的劝勉，只能在愚昧中度过一生。这都是人中的极少数。大多数人介于两者之间，所以有很大的可变性与可塑性。

孺悲欲见孔子，孔子辞以疾。将命者出户，取瑟而歌，使之闻之。（17–20）

［**注释**］孺悲：人名，鲁国人。

［**试译**］孺悲想见孔子，孔子推辞患病不见。传话的人刚出房门，孔子就把瑟取下来边弹边唱，使孺悲能听得到。

［**浅析**］此事历史背景不详，不好做什么推想，是否是一种无言的教育方式？孔子推辞有病不见，又故意让对方知道其实自己本没有病，只是不想见和不想教；鼓瑟而歌，更有警示其深思己过之意。

子曰："年四十而见恶焉，其终也已。"（17–26）

［**试译**］孔子说："四十岁的人还被人厌恶，也就没什么希望了。"

［浅析］四十岁是承上启下之年，如果到了这个年龄还学无所成，很多坏毛病改不过来，人也就算定型了，难改了。

子游曰："子夏之门人小子，当洒扫、应对、进退，则可矣。抑末也，本之则无。如之何？"子夏闻之，曰："噫！言游过矣！君子之道，孰先传焉？孰后倦焉？譬诸草木，区以别矣。君子之道，焉可诬也？有始有卒者，其惟圣人乎！"（19-12）

［注释］倦：诲人不倦的"倦"，此指教诲。

［试译］子游说："子夏让他的学生只限于学习打扫、接待、进退礼仪一类的事。这是细枝末节的小事，根本的东西则没有学到，这怎么行啊？"子夏听后说："咳！子游说得太过了，君子所应学的道理，哪项该先传授？哪项该后施教？以认识各种草木为例，是要区分为不同类别的。君子所学的道理，怎么能这样妄加评论呢？有开始有终结，深浅大小都学通了的，恐怕只有圣人吧？"

［浅析］子夏、子游皆孔子的门生。孔子去世后，都设坛讲学。这里叙述的是他们在对学生的基础教育上不同的观点。子游认为子夏没有抓到育人的本质，子夏则说在育人上不好区分本末。生活教育、人格教育、精神教育等应该是贯彻始终的。育人的原则宜从小、浅、近开始，而后教以大、深、远，并非只教前者舍弃后者。而做人的根本是要从日常生活小事学起、做起的。两人从不同角度阐述执教之道，其实并无根本区别。

第二章 君子与修身

西周、春秋时对上位者称“君子”,下位者称“小人”,即“君子劳心”、“小人劳力”,并不表明品德之高下。春秋末年以后,君子与小人逐渐成为有德者与无德者的特指。在《论语》中君子与小人则两种用法都有,以后者为多,读者要用心加以分辨。余秋雨先生说:“我们在区分社会上种种是非、善恶、利钝、真伪的时候,一定要注意背后的人格界限,也就是君子和小人的区别。”又说:“从一开始就醒目地强调君子和小人的区别,这是中华文化无与伦比的优点。”(引自《问学·余秋雨》)。孔子及其弟子在《论语》中对君子与小人做了许多对比,语言十分生动。如:“君子周而不比,小人比而不周。”“君子和而不同,小人同而不和。”“君子成人之美,不成人之恶。小人反是。”都说明君子重团结合作,不搞小集团,不嫉贤妒能,小人则正好相反。君子的优秀品德非天生,乃后天修养所得,且不能一蹴而就。更应注意的是人是可塑的、可变的。在日常生活中就百姓个体而言,很难划分绝对的君子或小人,但有倾向上的差异,有过渡。若能对照个人及所经历的人和事细读深思孔子的论述,也许思想中能有顿悟之处,对提高个人品德修养及识别人都会有所助益。

本节分为君子与修身两部分加以介绍,除文字说明外,在文后摘要列一君子与小人行为对照表,以供读者参阅。

1. 君子

子曰:“君子不器。”(2-12)

[**注释**] 器:器具,据有某种功能的器物。

[**试译**] 孔子说:“君子不是器具。”

[**浅析**] 这里君子指上位者(为政或为学)不能像一件器物一样,只具备一种功能。其内涵可从两方面理解:一、既要学有所长,也应涉猎其它方面的知识,成为“通才”。胡适曾说过,为学要如金字塔,要能广大要能高。因为知识是相互贯通的,可触类旁通,相互启迪。二、人非器物或机械,要辩证地处理事物,既需掌握其原则性,也需运用灵活性和应变性。这样的人生才是多味人生,生活也会潇洒自如。

子曰:"君子周而不比,小人比而不周。"(2-14)

[**注释**]周:周到,全面,合群。普遍厚待大家。 比:此处指勾结,结党营私。小人:《论语》中"小人"一词有两种含义,一是指社会地位低的人;一是指道德品质低下的人。

[**试译**]孔子说:"君子普遍团结厚待大家,而不搞相互偏袒的小圈子;小人则偏袒营私而不能团结大家。"

[**浅析**]孔子教给我们观察分辨君子与小人的方法之一是:看其是团结人、厚待人、对人一视同仁,还是彼此偏袒、搞小圈子、排斥异己。仅用了简单的一个对偶短句,就将君子与小人在团队中的表现生动地勾勒出来。

子曰:"君子无所争。必也射乎!揖让而升,下而饮,其争也君子。"(3-7)

[**注释**]射:射箭。这里指周礼所规定的射箭比赛。 揖(yī):拱手行礼。

[**试译**]孔子说:"君子没有什么争夺的,除非是射箭比赛。相互作揖上堂比试,比赛后,又相互作揖退下,还要举杯对饮。这样的争乃是君子之争。"

[**浅析**]对于孔子这一观点可作辩证分析。在有些方面提倡无争,如荣誉、享乐等,作为共产党人就是要提倡"见荣誉就让,见困难就上","吃苦在前,享乐在后"。对有些方面是一定要争的,如对待真理与谬误,大是大非,关乎国家的利与害、安与危等等,不但要辨明是非,有时甚至要献出自己的生命。

子曰:"君子之于天下也,无适也,无莫也,义之与比。"(4-10)

[**注释**]无适:没有规定专门要适从什么。适,适从。 无莫:没有固定不要怎样。莫,不要,不。 义:正道,适宜,适合。 比:比对。

[**试译**] 孔子说:"政治家处理国家大事,没有个人固定的成见必须怎样做,也没有固定不变的不应该怎么做,而应以道义作比对(怎样处理适合客观规律,就怎么去做)。"

[浅析] 此文对制定大政方针的领导及政治家甚为重要。不能以己之好恶做决定，一定要怎样或一定不能怎样。而需审时度势，依据客观现实，广为吸收各方面意见和建议，以国家大局为重，做出顺乎客观规律的决定。个人也可从中受到启迪，主观偏激，事情肯定不会做好。

子曰："君子怀德，小人怀土。君子怀刑，小人怀惠。"(4-11)

[试译] 可有两种解释：

①孔子说："君子常想到道德，小人常想到乡土。君子常想到刑罚，小人常想到利惠。"

②孔子说："统治者崇尚德治，老百姓就安于本土而不去。若统治者重刑罚，则老百姓因羡他邦之恩泽而迁离。"

[浅析] 这里君子与小人指位之高低，如国君、官吏与平民百姓。所处地位不同，关心的事情也不同。现一般解释多从前者。但百姓怀土、怀惠本无可厚非，也不能因此而区分出品德之高下。倒是第二种解释应引发领导层的深思。

子曰："君子喻于义，小人喻于利。"(4-16)

[注释] 喻：明白、知道、了解。

[试译] 孔子说："君子所了解的在道义，小人所了解的在利害。"

[浅析] 君子遇事要辨明是非，小人遇事多计较利害。这又要从人品及地位两方面来理解。百姓更多考虑的是衣、食、住、行的切身利益问题，但百姓中也不乏忧国忧民者。上位者，统观全局，体察民情，不违仁义，但也难免有贪贿之辈。

子曰："伯夷、叔齐不念旧恶，怨是用希。"(5-23)

[注释] 伯夷、叔齐：商朝末年孤竹君的两个儿子，孤竹君死后，兄弟二人相让王位而均未受，后周武王灭商，两人隐居于首阳山，不食周粟而饿死。　是用：因此。　希：通"稀"，少。

［试译］孔子说："伯夷、叔齐不记宿怨，所以怨恨就少。"

［浅析］不念旧恶、不算旧账、既往不咎，已成为中华民族奉行的人与人之间相处的传统原则。这可以避免冤冤相报，无休无止的对立与仇恨。对于今日处理人际关系仍有很好的参照价值，应传承之。

子曰："孟之反不伐，奔而殿。将入门，策其马，曰：'非敢后也，马不进也。'"（6-15）

［注释］孟之反：鲁国大夫。　伐：夸耀。　奔：逃，败走。　殿：留在队伍后面掩护。称殿后。　策：马鞭，此处作动词，鞭打。

［试译］孔子说："孟之反不自我夸耀。在战败撤退时殿后，将要进城门时，鞭策着自己的马说：'不是我敢殿后，是马不肯快走呀！'"

［浅析］这里孔子赞扬了孟之反，虽然担当了重任，但并不居功自傲。本来也是败军之将，不可言勇，实事求是才好。

子曰："文，莫吾犹人也。躬行君子，则吾未之有得。"（7-33）

［试译］孔子说："文献知识，我大概与别人差不多，但身体力行，做到君子的修养，我还没有达到。"

［浅析］孔子这里强调的是书本知识与身体力行之间的关系。学到、说到、做到之间，当然最难的是后者。

子曰："君子坦荡荡，小人长戚戚。"（7-37）

［试译］孔子说："君子胸襟开阔，小人愁苦悲哀。"

［浅析］"坦荡"与"戚戚"呈现两种心态的鲜明对比。为个人考虑过多，患不能得，得后又患失去，内心就常会忐忑不安，愁苦萦怀不能自拔。若多为公众着想，就会襟怀坦白，不计个人恩怨，对事不对人，自然就少了许多忌恨与不快。

曾子曰："可以托六尺之孤，可以寄百里之命，临大节而不可夺也，君子人与？君子人也。"（8-6）

［**注释**］托六尺之孤：古人以七尺指成年。六尺，即十五岁以下。托孤，指受前君主之托辅佐幼主。　寄百里之命：此处指帮助摄政。百里，指大国。

［**试译**］曾子说："可以把年幼的君主托付给他，可以把国家的命运交付给他，面临国家安危绝不会动摇放弃，这样的人，称得上君子吗？当然是君子。"

［**浅析**］曾子自言，一生"如临深渊，如履薄冰"，谨言慎行。但在此处，在重大是非抉择面前，曾子出言掷地有声，大义凛然，体现了真正的孔子精神。

曾子曰："士不可以不弘毅，任重而道远。仁以为己任，不亦重乎？死而后已，不亦远乎？"（8-7）

［**试译**］曾子说："知识分子要有弘大而刚毅的性格，因为责任重大，路途遥远。将实现仁作为自己的责任，不是责任重大吗？穷其一生，到死为止，不是很遥远吗？"

［**浅析**］曾子为实现孔子的理想，敏于行，慎于言，从提高个人修养做起，渐渐树立起宽广的胸怀、恢宏的气魄和刚毅不屈的伟大人格，至死不移。我国知识分子在先贤精神感召下，历来有"天下兴亡，匹夫有责"、"先天下之忧而忧"的传统美德。

子欲居九夷。或曰："陋，如之何？"子曰："君子居之，何陋之有？"（9-14）

［**注释**］九夷：指齐、鲁之南比较偏远的落后地区。　陋：落后、简陋。

［**试译**］孔子打算到未开化的地方去居住。有人说："那里很落后，怎么去住？"孔子说："君子去居住，还会有什么落后？"

［**浅析**］孔子为何要去九夷居住，是否成行，暂不讨论。此处只说明，孔子认为，只要有学问、有道德、有能力，即使到落后、困苦的地方也可以改变环境和条件，而无所畏惧。

子曰:“三军可夺帅也,匹夫不可夺志也。”(9–26)

[注释] 三军:春秋时,大国多设三军,如上军、中军、下军,左、中、右军等。因此,这里用“三军”作为军队的通称。 匹夫:古代指平民中的男子。

[试译] 孔子说:“三军之中,可以夺走他的主帅,一个普通的男子,却夺不走他的志向。”

[浅析] 打起仗来,胜败乃兵家常事,一旦失败,可能夺去主帅,但作为一个有志的普通人,则可矢志不移。因志立于自我内心,虽属匹夫,若坚守其志,别人焉能抢夺。

子曰:“岁寒,然后知松柏之后凋也。”(9–28)

[注释] 后:古人以“后”代“不”,“后凋”即不凋,措词婉约。

[试译] 孔子说:“寒冷的冬天,才知道松树、柏树不会凋谢。”

[浅析] 钱穆先生在《论语新解》中写道:“本章只一语,而义喻无穷,至今通俗皆知,诗人运用此章义者尤广。吾中华文化之历久常新,孔子此章所昭示,其影响尤为不小。”李泽厚先生在《论语今读》中写道:“以自然景物喻人事品德,乃充满情感特征的诗意语言,此中国文字乃及文化特征之一,亦前述类比联想之具体应用。”

以松柏耐恶劣环境、四季常青之特点喻人的品德。此精神为中华民族哺育了多少坚贞不屈的志士仁人,乃“民族之魂”。从两位先生所言中深受启发,深感作为中国知识分子一员之光荣。

子曰:“知者不惑,仁者不忧,勇者不惧。”(9–29)

[试译] 孔子说:“有智慧的人不感到困惑,行仁德的人自身没有忧愁,勇敢的人没有畏惧。”

[浅析]“智”、“仁”、“勇”是人格修养的极高境界,完全做到实属不易。能做到不惑、不忧、不惧,那当然是终日胸怀坦荡、豁达而平易的君子。

司马牛问君子。子曰:“君子不忧不惧。”曰:“不忧不惧,斯谓之君子已乎?”子曰:“内省不疚,夫何忧何惧。”(12-4)

[**试译**]司马牛问怎样才是君子。孔子说:“君子不忧愁,不畏惧。”司马牛说:“不忧不惧,就称得上君子吗?”孔子说:“扪心自问,没有愧疚,那又有什么忧愁恐惧的呢?”

[**浅析**]作为君子——人格完整的人,需有多方面的修养,孔子此处特别针对司马牛当时的思想状况(因其兄反叛失利,导致族败、家亡)加以开导,指出君子心胸坦荡,光明磊落,所以应无忧无惧,劝其以开阔的胸襟应对家族中的变故。

棘子成曰:“君子质而已矣,何以文为?”子贡曰:“惜乎!夫子之说,君子也。驷不及舌。文犹质也,质犹文也。虎豹之鞟犹犬羊之鞟。”(12-8)

[**注释**]棘子成:卫国大夫。 质:本质。此处指思想品质。 文:文采。此处指礼节仪式。 驷:古代同驾一辆车的四匹马。 鞟(kuò):去掉毛的皮,即革。

[**试译**]棘子成说:“君子只要品质好就可以了,为何还要讲文采礼仪?”子贡说:“可惜呀!您这样来谈论君子!即使用四匹马也难追回您的失言(一言既出,驷马难追)。如果文采礼仪就是质,质就是礼仪文采,那么去掉毛色的虎豹之皮与去掉毛色的犬羊之皮就一样了。”

[**浅析**]子贡在此秉承了孔子的教诲,强调君子除去思想品德好,还要有礼仪文采的修养,两者不能互相代替。正如孔子所说:“质胜文则野,文胜质则史。文质彬彬,然后君子。”子贡比喻说:虎豹皮毛饰以华贵的斑纹才能看出与犬羊之不同。

子曰:“君子成人之美,不成人之恶。小人反是。”(12-16)

[**试译**]孔子说:“君子促成别人的好事,不促成别人做坏事。小人则正好相反。”

[**浅析**]又是一个君子与小人的分野。君子心地善良,鼓励、劝勉,并鼎力相助别人做好事,成全别人一切美好之举。对于做坏事则不参与、不支持,并坚决反对。

小人则与此正好相反。这就又从另一方面区别出君子与小人存心之善恶与品德之高下。“君子成人之美”已成名言，源于此。

子曰：“君子和而不同，小人同而不和。”（13-23）

［试译］孔子说：“君子能相和，但不相同。小人能相同，但不相和。”

［浅析］君子宽厚待人，少猜忌，允许不同见解的存在。正如五味调和出好滋味，五音调和出好乐章。但君子不随声附和，坚持独立的人格，故和而不同。小人性情乖戾，心存嫉妒，弄权者则搞顺我者昌、逆我者亡。气味相投者可同，但各怀心机，很难保持和谐相处，故同而不和。

子曰：“君子易事而难说也。说之不以道，不说也。及其使人也，器之。小人难事而易说也。说之虽不以道，说也。及其使人也，求备焉。”（13-25）

［试译］孔子说：“在君子手下做事比较容易，想取悦于他却难。想讨他喜欢却用不合乎道义的方式，他是不高兴的。在使用人的时候是量才而用。在小人手下做事比较难，但讨他喜欢则容易，讨他喜欢虽与道义不合，他也喜欢。等到他使用人的时候，会求全责备。”

［浅析］这是孔子在二千多年前，从坎坷的人生经历中，提炼出的至理名言，现在读来仍十分生动。对与君子和小人共事之差异对比，可谓切中要害。

子曰：“君子泰而不骄，小人骄而不泰。”（13-26）

［试译］孔子说：“君子安详坦然而不骄傲，小人傲慢而缺坦然。”

［浅析］做到不骄尚且容易，做到泰则很难。这需要更高层次的修养。看佛祖之像皆呈舒泰状，观孔子像亦然。

子曰：“君子而不仁者有矣夫，未有小人而仁者也。”（14-6）

［试译］孔子说：“君子有时会有不仁的时候，但没有小人是仁德的。”

[**浅析**] 孔子在此想表明做到“仁”是很难的，君子也有疏漏之时。但小人是否均无仁德可言，孟子说：“人皆有不恶之心。”恻隐之心算不算仁德？小人有无可塑性的一面？有待深思。

子路问成人。子曰：“若臧武仲之知，公绰之不欲，卞庄子之勇，冉求之艺，文之以礼乐，亦可以为成人矣。”曰：“今之成人者何必然？见利思义，见危授命，久要不忘平生之言，亦可以为成人矣。”(14–12)

[**注释**] 成人：人格完备的人。　臧武仲、公绰（即孟公绰）、卞庄子：均为鲁国大夫。　久要：长久处于穷困之中。要，穷困。

[**试译**] 子路问怎样才算完美的人？孔子说：“有臧武仲的智慧，孟公绰的清心寡欲，卞庄子的勇敢无畏，冉求的才艺，再加上高度的礼教修养，也就可以说是成人了。”又说：“至于今天，要做一个成人，不必如此，只要见到有利的事能考虑到是否符合道义，在危难之时能勇于接受任务，甚至不惜牺牲生命，长期在穷困中而不忘许下的诺言，也就可以算成人了。”

[**浅析**] 孔子所诠释的“成人”集智慧、品德、胆略、才艺于一身，而且要有礼乐之修养，这样的人应为栋梁之才，达到这种境界十分不易，但并非不可能。纵观我们的先辈，具有这样雄才大略又多才多艺的人是有榜样可循的。

家长对孩子的培养也应是多方面的，即使达不到这样的高度，退而求其次，人品的培养则是第一位的，能做到见利思义，见危授命，贫不改其志，也是极为不易的。

公叔文子之臣大夫僎，与文子同升诸公。子闻之曰：“可以为‘文’矣。”(14–18)

[**注释**] 僎：人名，原是公叔文子的家臣。

[**试译**] 公叔文子的家臣僎，(由于文子的推荐）与文子一同做了国家的大臣。孔子听到后说：“可以将他谥为‘文’了。”

[浅析] 孔子赞公叔文子心胸宽广，举贤不计私利。谥为“文”，有六个等级，其中之一为“赐民爵位”。

子曰：“君子上达，小人下达。”(14-23)

[试译] 孔子说：“君子向上走，达于道义，小人向下走，达于财利。”

[浅析] 君子上达达于道义，也有解释为君子在上位，在大处可取得成功。小人在下位，仅能在具体工作上取得成就或理解为仅为获得私利。如果仅从所处地位不同，取得之成就有所差异，这里就无对错之分。

公伯寮愬子路于季孙。子服景伯以告，曰：“夫子固有惑志于公伯寮，吾力犹能肆诸市朝。”子曰：“道之将行也与，命也；道之将废也与，命也。公伯寮其如命何？”(14-36)

[注释] 公伯寮：鲁国人，季氏的家臣。有人说也是孔子的弟子。 愬(sù)：通“诉”，告发。 子服景伯：鲁国大夫。 肆诸市朝：古代处死罪人后，陈尸在朝廷或街市示众。肆，陈尸。

[试译] 公伯寮向季孙氏说子路的坏话。子服景伯告知了孔子后，说：“夫子(指季孙氏)已被公伯寮迷惑。凭我的力量可以将公伯寮斩首示众。”孔子说：“道义、主张能否实现，是命运。道义、主张是否被废除，也是命运。岂是公伯寮所能决定的？”

[浅析] 孔子的学生并非都是品学兼优者，公伯寮就是个奸佞小人。孔子对他的态度十分豁达。这清楚表明，孔子对自己主张的坚定信念，也表明了孔子品德的高洁超俗。

子路问君子。子曰：“修己以敬。”曰：“如斯而已乎？”曰：“修己以安人。”曰：“如斯而已乎？”曰：“修己以安百姓。修己以安百姓，尧、舜其犹病诸！”(14-42)

[试译] 子路问怎样做一个君子。孔子说：“以恭敬之心修养自己。”子路说：“这

样就够了吗？”孔子说：“修养自己，使别人安宁。”子路说：“这就够了吗？”孔子说：“修养自己，使百姓安宁。能修己以安百姓，就是尧、舜也怕不能完全做到。”

［**浅析**］这里的君子当指在上位者。只有自己有良好的修养，才能安人，安百姓。“人”指周围共事而常接触者。“百姓”指间接影响到的平民大众。一方领导，一位国君，个人修养的重要，孔子对此言之切切。

卫灵公问陈于孔子。孔子对曰：“俎豆之事，则尝闻之矣；军旅之事，未之学也。”明日遂行。在陈绝粮，从者病，莫能兴。子路愠见，曰：“君子亦有穷乎？”子曰：“君子固穷，小人穷斯滥矣。”（15-1、2）

［**注释**］陈：“阵”的古字，指作战时的军事布阵。　俎豆之事：指祭祀礼节的全过程。俎（zǔ）豆，古代祭祀时放祭品的器物。

［**试译**］卫灵公向孔子问布阵打仗的事。孔子说：“祭祀中应遵守的礼节，我曾听说过；关于布阵打仗的知识，我没学过。”与卫灵公对话的第二天孔子就离开了卫国。在途经陈国时，被乱军所围困，断绝了粮食，跟随的人都饿病了，不能起来。子路生着气来见孔子说：“君子难道就要这样穷困吗？”孔子说：“君子在贫困的时候能安守节操，小人穷困了就要乱来了。”

［**浅析**］子路性格在此又充分表露，弟子与老师的关系可见一斑。真诚直面相对，不必处处谦卑恭顺或言不由衷。老师依然不倦教诲，十分令人羡慕。我国古往今来的志士仁人在饥饿无食、严寒无衣的情况仍矢志不移，为吾辈做出了榜样。长征的红军、冰天雪地中的抗联战士及其代表杨靖宇将军，忠心赤胆一脉相承。

子曰：“君子义以为质，礼以行之，孙以出之，信以成之。君子哉！”（15-18）

［**试译**］孔子说：“君子以道义为行事原则，通过礼制实行之，用谦逊的语言表达出来，用诚信来完成之。这才是真正的君子！”

［**浅析**］这就是君子做每件事从始至终的思想、行为。义、礼、逊、信，贯彻始终。

子曰："君子病无能焉，不病人之不己知也。"（15-19）

［注释］病：怕，担心。

［试译］孔子说："君子担心没有能力和作为，不担心别人不知道自己。"

［浅析］这是孔子多次提到的，规劝弟子不要图虚名，而要准备真才实学，真的对社会有所贡献，人们当然会记得的。

子曰："君子疾没世而名不称焉。"（15-20）

［注释］没世：死亡。

［试译］孔子说："君子担心死后名字不被人称道。"

［浅析］历史长河，浪淘尽千古风流人物。真正能在历史上留名，并被后世景仰的人，少之又少。历史是公正的，关键是要看一个人对社会、对人类贡献之大小。遗臭万年者也有，那是另一种名声，为人类所不齿。儒学的教育，还是主张君子要"人过留名"。

子曰："君子求诸己，小人求诸人。"（15-21）

［试译］孔子说："君子要求自己，小人要求别人。"

［浅析］君子总是责己从严，小人则更多的是苛责别人。

子曰："君子矜而不争，群而不党。"（15-22）

［注释］矜：此处作自重解。　党：指为私利而结合。

［试译］孔子说："君子自重而不与人争夺，合群而不偏袒营私。"

［浅析］若领导层不争、不党，公正待人，在这样的环境下工作，应是心情舒畅而气氛和谐的。

子曰："君子不以言举人，不以人废言。"（15-23）

［试译］孔子说："君子不以说话而推举人，不以人而否定他说的话。"

［浅析］总结历史的教训，这段话对我们的启发应是很大的。在现实生活中我们有些做法与孔子的教诲相反。对地位高的人、有名的人、巧言令色者、投其所好者说的话喜欢听，听得进。对直言不讳者、地位低下的人、犯过错误者的话不爱听，听不进。这种作风对交友、对工作、对国家的利益都有可能造成损失，因为能言者未必有德，罪犯也未必其言无善，更何况尚有冤、假、错案之可能。

子曰："君子谋道不谋食。耕也，馁在其中矣；学也，禄在其中矣。君子忧道不忧贫。"（15–32）

［注释］馁（něi）：饥饿。

［试译］孔子说："君子追求真理而不是只求温饱。种田，可能有挨饿之时。努力于学业，也可能做官得到俸禄。君子担忧的是人生理想的实现，而不是只愁自身是否能脱贫。"

［浅析］一个有志向、有社会责任感的人，所关心的是如何实现自己的理想、抱负。种地，可能歉收；读书也可能会做官，取得俸禄。这些得失之间的考虑都不是君子关心的焦点，只是生存之所需。崇高的理想才是终极的追求。所以，古往今来的志士仁人能前赴后继地为真理而献身。

子曰："君子不可小知，而可大受也。小人不可大受，而可小知也。"（15–34）

［试译］孔子说："君子不要从小处审识他，他可以在重大事情上显现出才能。小人在重大事情上不能受命，而在小处可得到赏识。"

［浅析］这段话又是孔子用于鉴别大才与小聪明的经验之谈。

君子——有理想、有抱负的人，从生活琐事看，他们并不聪慧，甚至有些笨拙。在对待大事业上，却可挥洒自如，胸怀天下，所向披靡。反之，一些志趣不高的小人物，在一些具体问题上处理得体，甚至完美无瑕，但面对必须献身的大事业时裹足不前，也没有为探求真理而奉献的兴趣。

子曰："君子贞而不谅。"(15-37)

[注释]贞：大信。　谅：小信。

[试译]孔子说："君子讲求大信，而不拘泥于小信。"

[浅析]君子在原则问题上要把握好诚信，但要懂得变通，不能为保守小信而贻误了大事。

孔子曰："君子有三戒：少之时，血气未定，戒之在色；及其壮也，血气方刚，戒之在斗；及其老也，血气既衰，戒之在得。"(16-7)

[试译]孔子说："君子警惕有三：少年时，精力不稳，要警惕性放纵；中壮年时，精力旺盛，要警惕争强好斗；老年时，精神衰退，要警惕贪得无厌。"

[浅析]孔子对人生三个阶段提出三戒，目前仍有重要的警示作用。

老者"戒之在得"，可从两方面理解：(1)离开职位前借机敛财，恐失权后不能再得，为此不少贪官退休前走上法庭。(2)老年要警惕志得意满，故步自封，倚老卖老。

"血气方刚"成语源于此。

孔子曰："君子有三畏：畏天命，畏大人，畏圣人之言。小人不知天命而不畏也，狎大人，侮圣人之言。"(16-8)

[注释]狎(xiá)：亲近而态度不庄重。轻慢。

[试译]孔子说："君子有三项敬畏。敬畏天命，敬畏在高位的人及长者，敬畏圣人说过的话。小人不懂得天命，因此无所畏惧，轻慢在高位的人，对圣人说的话加以戏侮。"

[浅析]孔子这段话使人感触甚深。如果一个人失去敬畏感，对什么都不畏惧，都不信任，那就再也没有什么可以制衡的力量，什么违法的事、残忍的事都有可能做出来。

对天命应心存敬畏，这非迷信，因为天体自然，未来的前景、遭遇，尚存许多未知数，违反其规律，随心所欲，必自食苦果。

居上位者，即所谓上级或长者。上位者虽可能有不法之人，但不能因此而一概犯上。搞上有政策，下以另一套对策相抗衡，使政令难以推行，受损害的是国家、百姓的利益。

圣人乃古之先贤，其言集古人智慧之大成，意义深远，非我辈所能及。否定或戏谑先贤，等于否定或戏谑我们自己的文化与文明，迟早必受到应得的惩罚。

对未来，对自然天体，对上位者，对圣人先贤皆应心存敬畏。认真严肃对待工作。去掉油滑，更不能提倡"恶搞"——似乎一切都可作为调笑的资料，这不是文明之风。

孔子曰："君子有九思：视思明，听思聪，色思温，貌思恭，言思忠，事思敬，疑思问，忿思难，见得思义。"（16–10）

［**试译**］孔子说："君子有九种情况要考虑：看，看清楚了没有；听，听明白了没有；面色是否温和；态度是否恭敬；言谈是否忠诚老实；办事是否敬业；有疑问是否及时请教；忿怒时是否考虑到不良后果；将获得时要考虑到是否受之有愧。"

［**浅析**］初看觉得"九思"内容较多，不易做到。但细思之乃连贯性行为，形成思维习惯后，做到也不难。先从对人处事谈起，如果看不清楚，听不明白，就急于处理或传播，就会酿成错误判断或"以讹传讹"的不良后果。所以一定要看清楚、听明白。进一步对人的接待，态度要温和、恭敬，言语要诚恳，这是彼此沟通及良性互动的前提。所应承之事要认真负责完成。待人处事必有疑、有忿、有得，有疑要及时解决，有忿需良性化解，免除灾祸，有得要杜绝不义之财。这就是保持了君子之风，也容易达到诸事顺遂的效果。

齐景公有马千驷，死之日，民无德而称焉。伯夷、叔齐饿于首阳之下，民到于今称之。其斯之谓与？（16–12）

［**注释**］千驷：古代用四匹马架一辆车，所以一驷就有四匹马。千驷，即四千匹马。

[试译] 齐景公有四千匹马,他死的时候,老百姓认为他没有什么值得称颂的德行。伯夷、叔齐在首阳山下忍饥挨饿,百姓到今天还在称颂他们,就是这个意思吧!

[浅析] 人之善恶,自有公断,不在生前财富之多寡。伯夷、叔齐正是隐居以求其志,行义以达其道的少数代表人物,所以人民至今称颂他们。

子曰:"色厉而内荏,譬诸小人,其犹穿窬之盗也与!"(17-12)

[注释] 色厉而内荏:表面强硬,内心怯懦。荏(rěn):软弱。 窬(yú):通"逾",从墙上爬过去。

[试译] 孔子说:"表面威严强硬,内心空虚怯懦。如果用各类小人作比喻的话,就好像挖洞翻墙的盗贼吧!"

[浅析] 这段文字对有些欺世盗名者的心理状态揣摩得十分生动。盗贼欲偷盗取得财物,凿洞逾墙,看似有勇有谋,实则心惊胆战,忐忑不安。做人做学问切忌沽名钓誉,否则可能反遭到身败名裂的下场。

子曰:"乡愿,德之贼也。"(17-13)

[注释] 乡愿:没有是非感不得罪人的老好人。 贼:败坏者。

[试译] 孔子说:"不辨是非不得罪人的好好先生,是道德的败坏者。"

[浅析] 不辨是非、真伪、善恶、忠奸,一概逢迎之;遇事明哲保身,绕道而行,路见不平绝对不会挺身而出。这样的为人处世非儒学所倡导,从孔子的口气中可以看出对此种人的厌弃。

子曰:"道听而涂说,德之弃也。"(17-14)

[注释] 涂:通"途",道路。

[试译] 孔子说:"听到传言就到处散布,这就背弃了道德。"

[浅析] 对事情不做深入了解和调查研究,或人云亦云,或四处传播,都是不负

责任的表现。对人、对事、求知均要采取深入求证的态度。既不能随意传播小道消息，更不要随便相信传闻且进一步散布之。孔子将此归结为道德修养之高下，需切记。

子曰："鄙夫可与事君也与哉？其未得之也，患得之；既得之，患失之。苟患失之，无所不至矣。"（17-15）

［**试译**］孔子说："能够与鄙劣的人一同侍奉国君吗？当他尚未得到官职的时候，担心得不到；得到了，又怕失去，为了怕失去，就什么事情都干得出来了。"

［**浅析**］"患得患失"成语源于此。在今天，用来形容那些跑官、要官的贪官污吏十分贴切。官员当警惕之。

子路曰："君子尚勇乎？"子曰："君子义以为上。君子有勇而无义为乱，小人有勇而无义为盗。"（17-23）

［**试译**］子路说："君子崇尚勇敢吗？"孔子说："君子最崇尚的是义，君子有勇没有义就会作乱。小人有勇没有义，就会去做强盗。"

［**浅析**］孔子又一次告诫子路，要将勇纳入义的轨道，而不能只逞勇。

子贡曰："君子亦有恶乎？"子曰："有恶：恶称人之恶者，恶居下流而讪上者，恶勇而无礼者，恶果敢而窒者。"曰："赐也亦有恶乎？""恶徼以为知者，恶不孙以为勇者，恶讦以为直者。"（17-24）

［**注释**］讪(shàn)：讥讽。　窒(zhì)：阻塞不通。此处指顽固不化。　徼(jiào)：抄袭。　讦(jié)：斥责别人的过失，揭发别的隐私。

［**试译**］子贡说："君子也有厌恶的人吗？"孔子说："有的：厌恶称道别人恶的人，厌恶处在下位讥讽在其上位的人，厌恶勇敢而无礼的人，厌恶果敢但顽固不化的人。"孔子说："赐也有过讨厌的人吗？"子贡说："厌恶抄袭别人的东西还自以为聪明的人，厌恶不谦逊还自以为勇敢的人，厌恶揭露别人隐私还自以为直率的人。"

［**浅析**］从孔子与子贡的对话中可以看出，君子是爱憎分明的人，绝非"乡愿"。

对喜扬人之恶、讪笑上级、勇而不逊等皆厌之。

子曰:“唯女子与小人为难养也,近之则不孙,远之则怨。”(17-25)

[**试译**]孔子说:“只有女子和小人难以供养与相处,亲近他们,他们会失礼,生出不敬或轻慢之心,疏远了他们,又生怨恨。”

[**浅析**]这是在当时历史条件下,人所处的地位以及文化背景所决定的。此处女子当是婢、妾之类,小人则指仆佣等地位低下的人。这并非孔子对女子或地位低者之不敬,而是告诫人们对待这类人要持慎重态度,既要善待,又要庄重。很多旧戏剧中曾反映过这方面的事例。

子张曰:“士见危致命,见得思义,祭思敬,丧思哀,其可已矣。”(19-1)

[**试译**]子张说:“知识分子见到危难能献出生命,见得利时要考虑是否正当,祭祀时想到恭敬虔诚,守孝时想到哀伤,就算可以了。”

[**浅析**]第十九章所记皆孔子弟子之言,作为《论语》将结束时,弟子对恩师教诲的回顾与传承。此节为子张说的话。见危授命,见得思义,祭思敬,丧思哀皆孔子平日所言。

子夏曰:“虽小道,必有可观者焉,致远恐泥,是以君子不为也。”(19-4)

[**注释**]小道:小的技艺。 泥:妨碍,阻滞。

[**试译**]子夏说:“虽然是小的技艺,必然也有可欣赏之处。但是,要想达到远大的目标,恐怕就不行了。所以君子不搞这些小技艺。”

[**浅析**]子夏所说的小道,在当时可能指农、圃、医、卜等。君子所应考虑的大道就是为学、为官了。时代不同了,常言说:“三百六十行,行行出状元。”一个多元的社会有人从政,有人做学者自成一家,有人从事具体的技艺操作,由此构成一个多姿多彩的社会。

子夏曰："小人之过也必文。"（19–8）

［注释］文：文饰、掩饰。

［试译］子夏曰："小人对自己的过失必然要加以掩饰。"

［浅析］又是一项区分君子与小人的要点。

子夏曰："君子有三变：望之俨然，即之也温，听其言也厉。"（19–9）

［注释］俨然：庄重的样子。　厉：严格、严肃。

［试译］子夏说："与君子接触有三种感受上的变化：远看他很威严庄重，接近时感到温和可亲，听他说话言词准确犀利。"

［浅析］这里所说非君子之多变，而是接触君子的人，由远及近感受上的变化。与君子接触之感受大抵如此。

子夏曰："大德不逾闲，小德出入可也。"（19–11）

［注释］逾闲：超出范围。闲，范围。

［试译］子夏说："大的节操不能超越界限，小节上稍有些出入是可以的。"

［浅析］这是孔子弟子子夏的观点，非孔子所说。此处小节应仅指无足轻重的小事，否则在道德标准上不好划分大小。

子贡曰："君子之过也，如日月之食焉。过也，人皆见之；更也，人皆仰之。"（19–21）

［试译］子贡说："君子的过错，像日食、月食一样：犯错误，人们都看得见；改正了，人们都敬仰。"

［浅析］此言可与子夏之言相对照，小人之过必文；君子之过并非有意而为，故无需掩饰，有过则改。

子曰："不知命，无以为君子也。不知礼，无以立也。不知言，无以知人

也。”(20–3)

［试译］孔子说：“不知道天命，就不能做君子。不知道礼制，就不能立身处世。不知道语言，就无法了解和判断人。”

［浅析］天命是人力难以控制、难以预测的某种外在力量，历史的命运、时代的趋势，人力都难以左右。作为君子要有所理解，但并非无所作为，而是有所预见与前瞻，并能加以应对。人与人相处，要用礼来节制自身的所为，用礼来约束彼此的行为，故知礼方能立于人群之中。言为心声，语言是人类表达思想感情的工具，通过对一个人语言的分析，且听其言、观其行，才能对其人加以了解和判断。

此章作为《论语》的终结，必有编排者之苦心，当深思之敬读之。

《论语》中君子与小人品评对照表，参见附表。

附表　《论语》中对君子与小人品评对照简表

对比项目	君　子	小　人	所在篇章
生活目的	上达(长进向上)	下达(沉沦向下)	14
	怀德、怀刑(常想到道德法令)	怀土、怀惠(常想到个人得失)	4
	喻于义(明大义)	喻于利(关注私利)	4
合作共事	周而不比(厚待众人，不偏袒营私)	比而不周(偏袒营私，对人不能普遍厚待)	2
	和而不同(和谐相容，可保留不同意见)	同而不和(不准存在不同意见，不能和谐相容)	13
	易事、难说、使人以器(易合作共事，难取悦，量才用人)	难事、易说、使人求备(难共事，易取悦，用人求全责备)	13
对人处世	成人之美，不成人之恶	反是	12
	固穷(穷困时能安守节操)	穷思滥矣(穷困时会胡作非为)	15
	求诸己(严格要求自己)	求诸人(总是苛求别人)	15
	不以言举人，不以人废言	既得之，患失之，苟患失之，无所不至	15 17
	畏天命、畏大人、畏圣人言(对天命、长上、圣人心存敬畏)	不知天命，狎大人，侮圣人言(不畏天命、不敬长上、戏辱圣人的话)	16

续表

对比项目	君　子	小　人	所在篇章
财利得失	见利思义，见危受命	见利忘义	14
对待错误	过则改	过必文（有过错必掩饰）	19
表情神态	坦荡荡 泰而不骄（泰然自若，不骄矜）	常戚戚 骄而不泰（骄矜，不泰然）	7 13
行动言论	耻其言而过其行	巧言令色	14 1

2. 修身

曾子曰："吾日三省吾身。为人谋，而不忠乎？与朋友交，而不信乎？传不习乎？"（1–4）

［**注释**］省（xǐng）：反省，自我反思。　传：有两种解释，即自己传授的知识，或老师的教导。

［**试译**］　曾子说："我每天要从三个方面（或解为：三次）反省自己，为别人办事是否尽心竭力了？与朋友交往是否言而有信？自己所传授的知识，认真研究、思索或实践过吗？（或解为：老师的教诲，我认真研究、理解、实践了吗？）"

［**浅析**］儒学提倡"君子"之道，事事先由自己做起，以高度的自我修养精神用于交友与处事，这种严于律己的观念，对于形成友善的人际关系和尽职尽责的工作态度甚有裨益。

曾子曰："慎终追远，民德归厚矣。"（1–9）

［**试译**］曾子说："认真谨慎办理先人送终丧葬之事，不断追思已故亲人，这样做百姓的品德就会日趋敦厚。"

［浅析］儒学不崇尚鬼神，但非常重视葬祭之礼。一是为寄托哀思，二是为表达对亡者功德之感念，是没有功利关系的一种纯情的表现。上层如此，上行下效，百姓亦如此。饮水思源，永不忘本。这与培养敦厚的民德密切相关。但祭礼要避免铺张，更不是为了做给别人看。

有子曰："信近于义，言可复也；恭近于礼，远耻辱也；因不失其亲，亦可宗也。"（1–13）

［注释］有子：孔子的弟子。姓有名若。　因：依靠、凭借。　宗：主，可靠。尊崇。

［试译］有子说："符合道义的信约，其许诺才可以兑现；合乎礼仪的恭敬，就会远离耻辱；依靠可亲的人，才有可能靠得住。"

［浅析］有子在向门人传授与人交际之道，十分具体也很重要。轻诺寡信，巧言令色均不可取，也不会有善始善终的好结果。如果对别人有所依托，也要选可亲可靠之人。最后一句解法颇多，理解得不很透彻。

子贡曰："贫而无谄，富而无骄，何如？"子曰："可也。未若贫而乐，富而好礼者也。"子贡曰："《诗》云：'如切如磋，如琢如磨。'其斯之谓与？"子曰："赐也，始可与言《诗》已矣！告诸往而知来者。"（1–15）

［注释］如切如磋，如琢如磨：取自《诗经·卫风·淇奥》。切、磋、琢、磨，指象牙和玉石的加工，不经如此步骤则不能成器。此处指修身之功亦然。　赐：子贡的名字，孔子对弟子常直呼其名。

［试译］子贡说："贫穷但不献媚，富贵而不骄矜，怎么样？"孔子说："可以，不如贫穷还能安贫乐道，富贵了还能崇尚礼仪。"子贡说："《诗经》上说：'像切像磋，像琢像磨'，就是这个意思吧！"孔子说："赐呀！现在可以同你谈《诗》了。告诉你上面一层意思，你就能领悟到更深一层的意思。"

［浅析］当子贡体悟到一些做人的道理时，讲给老师，以聆听教诲。老师给了他

更深一层的启示。子贡从而联想到《诗经》上说的，象牙不切磋，玉石不琢磨不能成器的道理，觉得做人求学是一样的，也要经历切、磋、琢、磨，才能取得更深刻的认知与造诣。当然也是对老师启发之深刻的赞美，孔子也褒扬了子贡的悟性，孔子喜欢能举一反三的学生。

子曰："不患人之不己知，患不知人也。"(1–16)

［**注释**］患：担心，忧虑。

［**试译**］孔子说："不要担心别人不理解自己，要忧虑自己不理解别人。"

［**浅析**］真正有志于贡献社会者，以为社会做成一件或数件实事为己任，只求虚名而无真作为者，将一事无成。

子曰："非其鬼而祭之，谄也。见义不为，无勇也。"(2–24)

［**注释**］非其鬼：指不当祭的死者。

［**试译**］不是你当祭的鬼而去祭，是谄媚。遇见正义的事不敢奋力去做，就是怯懦。

［**浅析**］祭祀祖先是真实的情感寄托，如果带有功利的目的去祭不该祭的人，孔子认为是谄媚，这是指个人私德。后者"见义不为，无勇也"指社会公德。孔学提倡公平正义，我国素有"路见不平，鼎力相助"的侠义精神。本章所述两件事表面看似无联系，实际上从两个方面体现了个人品德。

子曰："管仲之器小哉！"或曰："管仲俭乎？"曰："管氏有三归，官事不摄，焉得俭？""然则管仲知礼乎？"曰："邦君树塞门，管氏亦树塞门。邦君为两君之好，有反坫，管氏亦有反坫。管氏而知礼，孰不知礼？"(3–22)

［**注释**］管仲：春秋初期政治家，曾为齐桓公的宰相。政治、经济上推行改革措施，辅佐齐桓公使之成春秋时第一霸主。　器：度量、气量。　三归：三处封邑或府第。　摄：兼职。　邦君：诸侯国的国君。　树塞门：树作动词，立。塞门，相当于照

壁、屏风之类。 反坫(diàn):放置酒器的土台。古礼两君主相宴,饮宴,饮毕,将空杯放置在土台上。

[**试译**]孔子说:“管仲的器量真小呀!”有人问:“管仲节俭吗?”孔子说:“他有三处府第,下属官员各司专职而不兼职,怎么算节俭?”又曰:“那么,管仲懂礼吗?”孔子说:“国君门前立了照壁,管仲门前也立了照壁。国君为外交国宴,堂上设有放置酒杯的台儿,管仲也设台儿,如果说管氏知礼,还有谁不知礼?”

[**浅析**]在《论语·宪问》中孔子曾盛赞管仲的功业,以“仁”评其大节,此处点出管仲高居相位后,在器度、节俭、礼仪上的不足,肯定大于否定,孔子从客观的角度,以二分法评价管仲。

子曰:“居上不宽,为礼不敬,临丧不哀,吾何以观之哉?”(3–26)

[**试译**]孔子说:“身居高位,对下不宽厚;礼仪时不恭敬严肃;遇到丧事不悲哀。我怎么能看得下去呀!”

[**浅析**]这是孔子对春秋时社会风气不好发出的感叹,等于正面提出:领导高层对下属、对百姓要宽厚仁爱;为礼要敬,要彼此诚挚相待;不论国事、家事、天下事,出现了不幸要真心哀痛,不能幸灾乐祸,也不要漠然处之。我们经历“文化大革命”以后,领导作风与民风也有一个由乱到治的调整过程。

子曰:“见贤思齐焉,见不贤而内自省也。”(4–17)

[**试译**]孔子说:“看见贤德的人就想向他看齐,看见不贤德的人,就要内心反省,看看有无类似不足之处。”

[**浅析**]儒学要求责己严,责人宽,时时注意个人品德之修养。吾辈也可借鉴之。

子曰:“以约失之者鲜矣。”(4–23)

[**试译**]孔子说:“因为约束不放纵自己,而犯下过失的人是少有的。”

[**浅析**]这里孔子指的是行为道德,要学会自我约束,不能放荡不羁,更不要口无遮拦,说话不负责任。至于是非对错的分辨,如有不同学术观点,当然要勇于发表。孔子曾说过:“后生可畏,焉知来者之不如今也?”“当仁,不让于师。”因此并不是在什么场合都要束手束脚、谨小慎微。

子谓子贱:“君子哉若人!鲁无君子者,斯焉取斯?”(5-3)

[**注释**]子贱:孔子的学生,姓宓,名不齐。　若人:这个人。　斯焉取斯:第一个斯,指子贱,第二个斯,指品德。

[**试译**]孔子说:“子贱这个人呀真是君子!如果鲁国缺少君子,他从哪里得到这样好的品德?”

[**浅析**]周公之子封于鲁,春秋时虽国势日渐衰弱,但仍继承保存了周代的优秀文化。这里孔子既肯定了鲁国君子之风尚在,也强调了成长环境对一个青年人优良品德培养的重要性。

季文子三思而后行。子闻之,曰:“再,斯可矣。”(5-20)

[**注释**]季文子:姓季孙,名行父。“文”为谥号。

[**试译**]季文子办事要考虑三次才行动,孔子听后说:“两次就可以了。”

[**浅析**]人们日常已惯用“三思而后行”,不过那是季文子的意思。孔子主张谨言慎行,但不要过分。有时需当机立断,如果对利害思虑过细,反而会犹豫不决,可能坐失良机或办不成事情。又是一个“度”的问题。

子曰:“已矣乎!吾未见能见其过而内自讼者也。”(5-27)

[**注释**]已矣乎:算了吧!　自讼:自我责备。

[**试译**]孔子说:“算了吧!我还没见过看到自己的过错而发自内心自责的人呀!”

[**浅析**]人对自己的过错能有自知之明,已经很不容易。知道自己的过错而能

认真自责的更为鲜见,所以孔子在此发出感叹。在《论语》中孔子曾谈到五种未曾见过的人:1.好仁者,恶不仁者;2.刚者;3.见其过而内自讼者;4.好德如好色者;5.隐居以求其志,行义以达其道者。

子曰:"谁能出不由户?何莫由斯道也?"(6–17)

[**试译**]孔子说:"谁能不从门走出屋子呢?为什么没有人从这条道路走呢?"

[**浅析**]孔子认为,走正道就如同人必须经房门走出屋一样的必然,只有走正道才是人生最佳的出路。那些不走正道的人,不是道远离了他们,而是他们远离了道。

子曰:"质胜文则野,文胜质则史。文质彬彬,然后君子。"(6–18)

[**注释**]质:指人内在的本质。质朴。　文:文采、华饰。　野:粗野、粗俗。　史:宗庙里的祝官或古代掌管记载史事的官。此处指刻板。　彬彬:文与质的关系得到恰当的配合。

[**试译**]孔子说:"质朴超过文采,就会显得粗野。文采胜过了质朴,就会显得刻板。质朴和文采配合得当,才称得上君子。"

[**浅析**]人如果言语行为无所控制,不加约束地表露各种欲望,虽然反映了自我的内在本质,但那是没有受过文化教育的粗野的行为。反之,人如果时时不苟言笑、恭谨有余,出口则字斟句酌,也就失去了真诚,流于形式上的刻板。只有文质结合适当,才是一个文雅朴实、举止端庄从容的君子。所谓"人格魅力"恐怕就体现在这里吧!

子曰:"人之生也直,罔之生也幸而免。"(6–19)

[**试译**]孔子说:"人生要活得正直,一些不正直的人虽也能生存,但那只是侥幸地避免了灾祸。"

[**浅析**]"罔"字通"枉",指不正直,或虚假、虚伪。不走正道的人,也可能得意于

一时，但迟早是要暴露的。历史上的人物如此，现实生活中实例也不少。因此要正直地走一生，虽困难重重，但踏实稳重，是值得的。

子曰："中庸之为德也，其至矣乎！民鲜久矣！"(6–29)

[**注释**] 中庸：孔子学说的最高道德标准，主张一切言行不偏不倚。中，无过无不及，恰到好处。庸，平常。　至：极，顶点。

[**试译**] 孔子说："中庸作为修养之德，是最高的了。但人们缺少此德已经很久了。"

[**浅析**] 孔学认为处理事情不偏不倚，无过无不及的态度，是最高的道德标准。将"中庸"之道作为道德修养与处理事物的基本原则和方法。《论语》中所述"过犹不及"，"六言六蔽"都是此观点的举例。

中庸之道是制衡极端主义的良方。物极必反是符合客观规律的，我们在日常生活中若能遵循此原则待人处事定会受益匪浅。

子曰："德之不修，学之不讲，闻义不能徙，不善不能改，是吾忧也。"(7–3)

[**试译**] 孔子说："品德不加以修养，学问不讲习研究，听到符合道义的事不去追随，有了缺点不及时改正，这些都是我所忧虑的。"

[**浅析**] 修身养性，勤奋学业，追求真理，改正谬误，这是孔子所期盼于后人的，他为之做出了表率。

子曰："奢则不孙，俭则固。与其不孙也，宁固。"(7–36)

[**注释**] 不孙：即不谦逊。孙，通"逊"。　固：固陋，见闻不广，保守、慎重。

[**试译**] 孔子说："奢侈了就不谦逊，节俭了就有些固陋，与其骄纵，宁可固陋。"

[**浅析**] 人一走向奢侈，除物质上追求享受，做人方面也往往随之张扬或傲慢无礼；人过于俭约，又可能比较谨慎、固执，胆量也放不开。奢与不逊、俭与固是否有

这种必然的联系,可供心理学家进一步分析探讨。

孔子在此主张“宁固”而不可“不逊”,因为拘谨一些、保守一些不会惹出大乱子。从物质占有方面分析,有国外学者研究发现:“当人的需求与供给刚好对等的时候,满足感与愉悦感是最高的。而过多的供给,反而让人比物质匮乏时更为失落。”这与孔子之见地似有殊途同归之感。

曾子有疾,召门弟子曰:“启予足!启予手!《诗》云:‘战战兢兢,如临深渊,如履薄冰。’而今而后,吾知免夫! 小子! ”(8–3)

[**注释**]启:启动,此处可作“搬动”解。 小子:弟子,年轻人。

[**试译**]曾子病重,把弟子们叫来,说:“把我的脚放好,把我的手放好。《诗经》上说:‘战战兢兢,好像面临无底深渊,好像行走在薄薄的冰面上。’从今往后,我知道不必再如此了,弟子们啊! ”

[**浅析**]曾子追随孔子,对儒学的传承作出突出贡献,一生严于律己,谨言慎行。当重病在身,手、脚都不能自主运动时,他告诉弟子们,从今往后可以放松了,可以平静地去了。说明曾子回顾一生是问心无愧的。

已故内科专家张孝骞教授,生前也将“如临深渊,如履薄冰”为座右铭,以十分认真、谨慎的态度接待每一位患者。对照先贤我辈当如何?

曾子有疾,孟敬子问之。曾子言曰:“鸟之将死,其鸣也哀;人之将死,其言也善。君子所贵乎道者三:动容貌,斯远暴慢矣;正颜色,斯近信矣;出辞气,斯远鄙倍矣。笾豆之事,则有司存。”(8–4)

[**注释**]孟敬子:鲁国大夫(孟懿子之孙)。 鄙倍:粗陋无礼。鄙,鄙陋。倍,通“背”,错误。 笾(biān)豆:祭祀使用的器皿,“笾豆之事”指祭祀礼仪中之细节。 司存:主管祭祀的小官吏。

[**试译**]曾子病重,孟敬子去探望。曾子对他说:“鸟要死的时候,叫声悲哀;人快死时,说话多为善言。君子所珍贵的人生之道有三个重点:注重容貌,就会远离粗

暴与傲慢;神情庄重,就可以近乎诚信;注意谈吐、言辞,就可以避免粗陋和错误。至于祭祀的细节,去问那些主管的官吏吧!"

[**浅析**] 曾子以重病时的肺腑之言告诫向他讨教的鲁国大夫。所讲非从政良策,乃做人处事应有的根本修养。据说孟敬子的出言举止有失检点,故曾子在此是有的放矢。反思今人与此期望相距更远。为学、为人、处事当从基本的道德修养入手,这是应引起教育界重视的。

子曰:"如有周公之才之美,使骄且吝,其余不足观也已。"(8-11)

[**试译**] 孔子说:"如果有周公那样出众的才华,只要他兼有骄傲与吝啬,其它方面也就没有什么可看的了。"

[**浅析**] 周公是西周初年的政治家,周文王之子,武王之弟。相传他制礼作乐,建立典章制度等。孔子非常赞赏周公,视其为德才兼备的典范。孔子认为如果只有周公的才能,缺少周公的优秀品德,这样的人就不足取了。

子曰:"狂而不直,侗而不愿,悾悾而不信,吾不知之矣。"(8-16)

[**注释**] 侗(tóng):幼稚、无知。　愿:恭谨、老实。　悾悾(kōng):诚恳的样子。

[**试译**] 孔子说:"狂妄又不直率,幼稚又不老实,样似诚恳又不讲信用,这样的人真不能理解。"

[**浅析**] 狂妄的人一般直言不讳,幼稚无知的人还比较老实,貌似诚恳憨厚的人多讲信用,即后者可弥补前者之不足。但孔子观察到有些人两方面表现都不好,这种人就很难办了。我们生活中有无此种类型的人?

子曰:"吾未见好德如好色者也。"(9-18)

[**试译**] 孔子说:"我没有见过爱好德行像爱好女色一样的人。"

[**浅析**] 有人认为孔子此话是针对卫灵公宠信南子而说的。不过各朝各代都有类似问题。但是,人与其它动物不同之处,在于人可以用理性控制自己的欲望,这就

是个人德性的修养。有理想、有抱负、有社会责任感之士，当然可以做到好德胜于好色。

色斯举矣，翔而后集。曰："山梁雌雉，时哉！时哉！"子路共之。三嗅而作。（10-27）

［**注释**］色：脸色。　雉(zhì)：山鸡。　共：同拱。　嗅：可能是"狊(jù)"的误写，"狊"形容鸟张开双翅的样子。

［**试译**］人的面色有所变化，它们就飞起来，在空中盘旋后又聚在一起。孔子说："山梁上的雌山鸡，识时务呀！识时务呀！"子路向山鸡拱拱手，它们三振其翅，最后飞走了。

［**浅析**］绝妙的一幅动态画卷。栖息的鸟儿为了自身的生存，随时警惕地观察着周围的动静，稍有变化，即飞离险境，孔子为此发出感叹，并认为人当借鉴之。但人已进化到除自救外，还要有救他人出水火的更高精神境界，这要另当别论。

子贡问："师与商也孰贤？"子曰："师也过，商也不及。"曰："然则师愈与？"子曰："过犹不及。"（11-16）

［**注释**］师：孔子弟子。姓颛(zhuān)孙，名师，字子张。　商：孔子弟子卜商，字子夏。　愈：胜过。　犹：如同。

［**试译**］子贡问孔子："子张与子夏哪个更好？"孔子说："子张做得过了头，子夏做得不够。"子贡说："那么是子张更好些。"孔子说："做过了头如同做得不够一样。"

［**浅析**］子张与子夏均为孔子的优秀弟子，孔子缘何对二生做如此点评，在此无需考证，仅知事情做得过分与做事不认真同样达不到好效果。"适度"是将事情做得恰到好处的关键。此种事例很多，如苛求与放任，挥霍与吝啬，忍气吞声与无理狡辩等，做事偏离了度都可能走向反面。

子张问善人之道。子曰："不践迹，亦不入于室。"（11-20）

[**试译**]子张问:“怎么样才能做个善人。”孔子说:“不踏着别人的脚印走,但并没有登堂入室。”

[**浅析**]想行善的人,不要跟着别人的脚印走(不随俗从众)。要坚持对的,反对错的,遇事弄清是非曲直,才能帮助真正该帮助的人。但是,这与孔子所主张的最高修养境界——仁,还有较大的差距,所以说:“亦不入于室。”

樊迟从游于舞雩之下,曰:“敢问崇德、修慝、辨惑。”子曰:“善哉问!先事后得,非崇德与?攻其恶,无攻人之恶,非修慝与?一朝之忿,忘其身以及其亲,非惑与?”(12-21)

[**注释**]舞雩(yú):鲁国祭天求雨的地方,有高台平地树木,故可游。　修慝:指改恶从善。修,改正。慝,恶,邪恶的念头。

[**试译**]樊迟跟随孔子出游在舞雩台下,说:“请问如何崇尚道德,去掉恶念,分辨是非?”孔子说:“问得好啊!先做事,后问收获,这不就是崇德吗?检查自己的错误,不去攻击别人的过失,这不就是修慝吗?由于一时的气忿,忘掉生命的安危,并且牵连到自己的亲人,这不就是糊涂吗?”

[**浅析**]做事不要患得患失,为人不要总观察别人的缺点,遇事要冷静分析,避免意气用事,这些都是对年轻人的警示。孔子也是针对樊迟平日的表现,有的放矢不失时机加以教诲。

子谓卫公子荆:“善居室。始有,曰:‘苟合矣。’少有,曰:‘苟完矣。’富有,曰:‘苟美矣。’”(13-8)

[**注释**]公子荆:卫国大夫。　善居室:懂得居家过日子的道理。　苟合:真的是够了。

[**试译**]孔子谈到卫国公子荆时说:“懂得居家的道理。刚开始有住房就说:真是够用了。扩大一点,修好一点,又说:真的相当齐备了。再多一点,说:真的很完美了。”

[浅析] 古代世家公子，生活讲究排场。而孔子介绍的卫国公子荆，却能做到知足常乐，心态平和、恬淡，比较难得，所以孔子对他十分赞赏。

子曰："贫而无怨难，富而无骄易。"（14-10）

[试译] 孔子说："贫穷而没有怨愤难，富贵了不骄傲比较容易。"

[浅析] 很多在贫困线上挣扎的人们，起早贪黑为生活忙碌。有不少自得其乐，并无怨愤之心的人。但贫困不一定指财力。怀才不遇，君子不得志也是贫，这样的人倒常常有愤愤不平之怨。富贵的人，自以为高人一等，不可一世，所谓"财大气粗"，这样的人在我国当代不算少数。孔子所说是否为普遍规律？也许当时如此？

曾子曰："君子思不出其位。"（14-26）

[试译] 曾子说："君子所思虑的，不超出自己的职权范围。"

[浅析] 孔子说："不在其位，不谋其政。"这是很正确的，不宜干预别人别部门的工作。此处曾子所言则不敢苟同，因为人怎么可以禁锢自己的思维？即使不在其位，了解其它部门的有关情况总是可以的。

子贡方人。子曰："赐也贤乎哉？夫我则不暇。"（14-29）

[注释] 方人：意为批评人。　贤：杰出，优秀。

[试译] 子贡直言评论别人。孔子说："赐呀！你就那么优秀吗？我就没有那么多闲工夫。"

[浅析] 批评别人要留有余地，不可求全责备。

子曰："不患人之不己知，患其不能也。"（14-30）

[试译] 孔子说："不必担心别人不知道自己，要担心自己的能力不够。"

[浅析] 自己有了真才实学，遇有机遇才能马上施展才华，即：机遇只留给有准备的头脑。因此光担心别人不知道自己是没有用的。

子曰："贤者辟世，其次辟地，其次辟色，其次辟言。"

子曰："作者七人矣。"（14–37）

［**注释**］辟：即"避"。

［**试译**］孔子说："贤德的人回避乱世，其次避开险恶的环境，其次避开不善的面目，其次避开恶言恶语。"

孔子说："这样做的已经有七个人了。"

［**浅析**］在当时诸侯混战、礼崩乐坏的条件下，孔子教人处世之道。在《论语》中孔子这方面有很多教诲，如："邦有道危言危行，邦无道危行言孙。""邦有道则知，邦无道则愚。""危邦不入，乱邦不居。"这些经验之谈，明哲保身的观点，对于我国民族精神深远影响如何，正面还是负面？尚需深思之。

孔子谈到避世、避地、避色、避言的七个人，有人认为可能是指《论语》中涉及的七位隐士，而有人则具体写出七人为：伯夷、叔齐、虞仲、夷逸、朱张、柳下惠、少连。但孔子说自己："我则异于是，无可无不可。"

子曰："由！知德者鲜矣。"（15–4）

［**试译**］孔子说："由！对于德，懂得的人太少了。"

［**浅析**］品德、德行，非生而知之，都是通过后天修养而得于心，践于行。因此，成为品德高尚的人，绝非易事。

子贡问曰："有一言而可以终身行之者乎？"子曰："其恕乎！己所不欲，勿施于人。"（15–24）

［**试译**］子贡问孔子："有没有一个字可以终生奉行的？"孔子说："那就是'恕'吧！自己所不想要的，不要施加给别人。"

［**浅析**］"恕"字拆开为"如""心"，即将心比心。如果人的一生中一时一事都做到设身处地替别人着想，比"一事当前先替自己打算"的人，是有着很高的修养与德

性了。一个“恕”字正可以指导人的一生,这就是孔子伟大之处。

子曰:“过而不改,是谓过矣。”(15-30)

[**试译**]孔子说:“有过失而不改正,这才是真正的过失。”

[**浅析**]知过不改与知过必改,这是对待错误完全不同的两种态度。前种做法可助长错误由小及大,酿成祸患,最后走向犯罪。所以孔子告诫后人,有了错误不要“护短”,不要掩饰,而要及时改正。知过不改,才是真正的过错。

孔子曰:“‘见善如不及,见不善如探汤。’吾见其人矣,吾闻其语矣。‘隐居以求其志,行义以达其道。’吾闻其语矣,未见其人也。”(16-11)

[**试译**]孔子说:“‘见到善良的行为,好像自己还不够,见到不善的行为,就像要将手伸进沸水中。’我见到过这样的人,也听到过这样的话。‘隐居起来磨砺自己的意志,实施正义,以贯彻自己的主张。’我听到过这样的话,没有见过这样的人。”

[**浅析**]孔子认为行善不行恶比较容易做到。不追求利禄功名,隐居以励志,以便将自己的信念理想实施于社会,这样想这样说容易,要做到就很难了。

第三章 孝 悌

孝敬父母是我国自古传承下来的美德。在《论语》中孔子特别指出,孝的根本是对父母心存感激与敬爱之心,并非单纯物质上的供养。孔子说:“至于犬马,皆能有养。不敬,何以别乎?”除去生前的孝敬,亡故后还应怀着深情厚爱葬之、祭之。并审慎对待父母生前的事业,继承他们的优秀品德与遗志,完成他们的遗愿。这些孔子认为都是孝的具体体现。

应该说明,“父慈子孝”,“老者安之,少者怀之”本是一种对等的爱与关怀。遗憾的是,在封建社会越来越演变为“愚忠、愚孝”,宣扬“天下没有不是的父母”。“父慈”被淡化,只强调“子孝”,对青年人的成长与个性发展形成一种无形的桎梏,造成了不良的后果。因此,对孝道必须有全面的理解。

所谓悌,是兄弟姐妹间的亲情,是一种手足之情的自然流露,这种亲情对人的一生都会产生深远的影响。今天,独生子女多了,缺乏从小兄弟姐妹间彼此适应、接纳、包容、互助、互爱、互教、互学的成长环境和磨炼机会,又受到长辈的过度呵护,容易养成娇惯、任性、自私、好逸恶劳等不良习惯,对其良好性格的形成不利。我们要用新时代的悌道,鼓励儿童及青少年与周围的孩子、同学、同事广泛接触与交友,以弥补这方面的不足。

现代社会道德标准虽然发生了许多变化,但父慈子孝,兄弟、朋友团结友爱,仍是社会稳定的基础。我国尚不富裕,社会养老保障体系远不完备,儿女对父母的养育之恩给予反哺或回报,是应该的,是符合我国国情的,也是构建和谐社会的重要组成部分。即使将来富裕了,血脉亲情依旧是人类最为需要的爱。

有子曰:“其为人也孝弟,而好犯上者,鲜矣;不好犯上,而好作乱者,未之有也。君子务本,本立而道生。孝弟也者,其为仁之本与!”(1–2)

[**注释**] 孝:我国自古传承的道德规范。儒家指养亲、尊亲。 弟(tì):古时同悌。敬爱兄长、长上。 鲜(xiǎn):少。 务:追求。专心致力于某事。

[**试译**] 有子说:“孝敬父母,敬爱兄长的人,而喜欢冒犯长辈或上司的情况,少有。不喜欢犯上而喜欢造反的人还没有。君子追求根本,根本的东西建立好了,道也

就由此产生了。孝敬父母,敬爱兄长,这不就是做人的根本吗?”

[**浅析**]有子在本章中明确提出,孝敬父母、敬爱兄长及其他长者,是做人的根本。只有这个根基打好了,才能善待周围的同事和朋友,才能更好地立足于社会,服务于社会。

子曰:“弟子入则孝,出则悌,谨而信,泛爱众,而亲仁。行有余力,则以学文。”(1-6)

[**试译**]孔子说:“年轻人在家要讲孝道,离家要敬爱长者、友人,言行谨慎讲诚信,广泛爱护众人,而亲近其中有仁德者。如此修行有余力,再向书本文化上用心。”

[**浅析**]这是孔子教导年轻人,对个人修养的基本要求。首先要重德行,当然不能止于此,接着就要努力向学,多闻博识,才能有更高的志趣与开阔的胸襟。

子曰:“父在,观其志;父没,观其行;三年无改于父之道,可谓孝矣。”(1-11)

[**试译**]孔子说:“父亲在,观察儿子的志向;父亲故去,观察儿子的行为。三年不改变父亲生前的行为规范,这就可以说是孝了。”

[**浅析**]理解此章,不能脱离其时代背景。父亲生前要观察儿子的志向,尤其是世袭掌权者,要选拔优秀子弟继位。父亲去世,子承父业,在个人尚未取得实践经验之前,用三年时间熟悉父亲安身立命的经验,以为后来之发展打下基础是十分必要的。这里当然不包括父行非道,若父行非道,何必等待三年?!

这段文字对我们今天的借鉴意义在于,父母生前的修养及道德规范,子女也应细细体味,其优秀品德、志向也当牢记之,学习之。

孟懿子问孝。子曰:“无违。”樊迟御,子告之曰:“孟孙问孝于我,我对曰:‘无违。’”攀迟曰:“何谓也?”子曰:“生,事之以礼;死,葬之以礼,祭之以礼。”(2-5)

［注释］孟懿子：孔子的弟子，鲁国的大夫。　樊迟：孔子的弟子。　御：驾车。

［试译］孟懿子问如何做到孝？孔子说："不要违背。"樊迟替孔子赶车，孔子告诉他说："孟孙（即孟懿子）问我如何做到孝，我回答说不要违背。"樊迟说："这是什么意思？"孔子说："父母在世，以礼事奉。死去，以礼葬之，以礼祭之。"

［浅析］孟懿子之父孟僖子曾留下遗嘱，要儿子向孔子学礼。所以当其向孔子问孝时，孔子只针对孟懿子简单回答"无违"，即不要违背先人。但孔子后来考虑此回答意犹未尽，故当樊迟为其驾车出行时，又补充说："生，事之以礼；死，葬之以礼，祭之以礼。"这是泛指，即针对众人而言，不要无原则的"无违"，而是以"礼"相制约。其父贤明，子应无违，父母有不合"礼"处，子女则不应顺其非礼。

孟武伯问孝，子曰："父母唯其疾之忧。"（2-6）

［注释］孟武伯：孟懿子的儿子。姓仲孙，名彘（zhì）。

［试译］孟武伯问如何做到孝？孔子说：①"父母只为子女的疾病担忧。"②"使父母只担心他（指子女）的疾病。"

［浅析］对本章有几种解读，今仅依文解义。第一种解释：父母最担心的是子女的身体健康，因此要倍加爱护。为父母者对此种解释有最深的体会。第二种解释：让父母除去以其疾病为忧外，别无它忧，这就是孝。意即嘱他处处事事谨慎小心，不可妄为。解释三：认为文中可能有误。丢了一个"事"字，全文应是："孟武伯问孝，子曰：'事父母唯其疾之忧。'"所以此文应解释为：照顾父母，唯恐他们生病。第一或第三种解释似更合乎常理。

子游问孝。子曰："今之孝者，是谓能养。至于犬马，皆能有养。不敬，何以别乎？"（2-7）

［试译］子游问如何做到孝。孔子说："现在把能养父母算作孝。就是犬马，一样有人养着。没有对父母的恭敬，这有什么区别呀！"

［浅析］此处孔子对孝的分析十分透彻。人有语言、有感情，这是与动物之别。

对养育自己多年的父母，理应心存感激与敬意。目前老人多享有退休金和医疗保障，并不依赖子女的赡养，所需的是子女的关怀和惦念。

子夏问孝。子曰："色难。有事，弟子服其劳；有酒食，先生馔。曾是以为孝乎？"(2–8)

［**注释**］馔(zhuàn)：饮食。　曾：竟然。

［**试译**］子夏问如何做到孝。孔子说："难在子女的表情神色。有事，年轻人操劳卖力。有好吃的东西，先让老人吃，这难道就是孝吗？"

［**浅析**］与上文相连，所谓孝，物质上的供养仅是一方面，而神色表情保持亲切、恭敬是更不容易做到的。心理活动通过面部表情展现，通过语言表达。如果重活帮助干了，好的食物给老人吃了，但表情不快，动作粗鲁，语言不敬，这就很难说是孝了。

或谓孔子曰："子奚不为政？"子曰："《书》云：'孝乎惟孝，友于兄弟，施于有政。'是亦为政，奚其为为政？"(2–21)

［**注释**］或：有人。　奚：为什么。　书：指《尚书》。　"孝乎惟孝，友于兄弟"：是《尚书》的逸文。　施：此处解为延及、影响。

［**试译**］有人对孔子说："先生为什么不从政呀！"孔子说："《尚书》上说：'孝，只有孝，对兄弟友爱，就可以影响到政治。'为什么一定要做官才算参与政治？"

［**浅析**］儒学主张"修身、齐家、治国、平天下"，将"修身、齐家"摆在首位，因为即使不为官，作为平民百姓，若能自身有高尚的品德，持家、教子有方，起码可成为优秀的一家之"长"，自然也就是做了有益于社会公德之事。当然孔子并不反对出仕，为国家作出更大的贡献，不过修身、齐家是社会稳定的基础。

子曰："事父母，几谏，见志不从，又敬不违，劳而不怨。"(4–18)

［**注释**］几谏：婉转地规劝。几，轻微，婉转。

［试译］孔子说："侍奉父母，若父母有不当处宜委婉规劝，若父母了解了子女的意思仍不听从，还要照常恭敬，不要违拗，有机会时再劝，虽很辛劳但不埋怨。"

［浅析］父母也有处事欠妥或过错之处，为子女者应给予规劝，但言词要和缓。如果父母一时想不明白或接受不了，也不必埋怨，更不可怨恨，而要慢慢加以疏导，孔子认为这是孝的表现。

子曰："父母在，不远游。游必有方。"(4-19)

［试译］孔子说："父母活着的时候不远行，若需远行要告知去处，对父母也应有所安顿。"

［浅析］俗话说"儿行千里母担忧"。唐朝诗人孟郊在《游子吟》中写道："慈母手中线，游子身上衣，临行密密缝，意恐迟迟归。"说的是同一个道理。母亲对游子的思念与担心同在，直到游子的归来。为子女者要体贴父母，感恩于父母的教养，并以赤子之爱回报之。

子曰："父母之年，不可不知也。一则以喜，一则以惧。"(4-21)

［试译］孔子说："父母的年龄，不能不知道。一方面是欢喜，一方面是惧怕。"

［浅析］孔子此处谈到，作为子女要记住父母的年龄。既为父母添寿而高兴，又为父母因年迈，更接近衰落、亡故而感到惧怕。表达了子女矛盾的心情。

子曰："出则事公卿，入则事父兄，丧事不敢不勉，不为酒困，何有于我哉？"(9-16)

［试译］孔子说："外出就去干公务，回家就侍奉父兄，帮人办丧事不敢不尽力，不嗜酒贪杯，除了这些我还有什么？"

［浅析］孔子以平常人自喻，能恪尽职守，善待亲人，忠人之托，约束自我，作为一个尽责任、守本分的普通人，能做到这些也就不容易了。

子曰："孝哉闵子骞！人不间于其父母昆弟之言。"（11-5）

［注释］闵子骞：孔子弟子。以孝著称。 间：空隙。此处有非议、挑剔的意思。

［试译］孔子说："闵子骞真是孝呀！他的父母兄弟所说的话（赞扬闵子骞之孝道），别人从没有什么非议。"

［浅析］闵子骞是古代二十四孝之一，有名的孝子。后母对其虐待，他依然厚待之，最终使后母悔悟，达到了全家的团结。此种忍辱负重目前已不提倡。虐待未成年人应受到法律制裁。

但是闵子骞所言很值得深思。子骞说："母在一子单，母去四子寒。"后母在闵子骞冬衣中充填芦花，使他一人寒冷，如果后母被休掉，其他三个兄弟都要穿不上冬衣，就成了四子寒。所以如何正确处理人民内部矛盾，从闵子骞深明大义的话语中，可受到很大的启发，并从中得到很好的借鉴。

子张曰："《书》云：'高宗谅阴，三年不言。'何谓也？"子曰："何必高宗？古之人皆然。君薨，百官总己以听于冢宰三年。"（14-40）

［注释］高宗：商王武丁。 谅阴：守丧时住的屋子。古时天子守孝称"谅阴"。 薨（hōng）：古代称诸侯和有爵位的高官死去叫薨。 总己：总理自己的事务。 冢（zhǒng）宰：官名，相当于后世的宰相。

［试译］子张说："《尚书》里说：'殷高宗守孝，三年不言语。'这是什么意思？"孔子说："不仅是高宗，古人都是这样。君主死了，各部门的官员都管好自己的事，且听命于宰相（继位的国君不议政）。要三年的时间。"

［浅析］古人提倡三年之丧，即为亡故之父母守孝三年。理由是，子女生下三年后始离父母怀抱，所以，父母去世，其子女能三年不忘哀思，才算是孝。这在当时对天子与百姓的要求是一致的。今日看来，时间和形式都不是主要的，主要的应是真情实感。

宰我问："三年之丧，期已久矣。君子三年不为礼，礼必坏；三年不为乐,乐必崩。旧谷既没,新谷既升,钻燧改火,期可已矣。”子曰:“食夫稻,衣夫锦,于女安乎?”曰:“安。”“女安则为之。夫君子之居丧,食旨不甘,闻乐不乐,居处不安,故不为也。今女安,则为之。”宰我出,子曰:“予之不仁也!子生三年,然后免于父母之怀。夫三年之丧,天下之通丧也。予也有三年之爱于其父母乎?”(17-21)

[**注释**]宰我:孔子弟子。 钻燧(suì)改火:古代钻木取火,所用木头每季不同,一年四季需换四种木材续火,一年轮一遍,故称“改火”。 旨:甜美的食品。居处:指平日的住所。因古代守孝期间必须住在临时搭建的棚屋内。

[**试译**]宰我问:“守丧要三年,时间太长了。君子三年不参加礼仪活动,礼一定会生疏;三年不作乐,乐一定会忘记。旧谷吃完了,新谷已收获,钻燧取火的木材也都改了。一年的期限就够了。”孔子说:“守丧一年后即吃稻米,穿华贵的衣服,你心安吗?”宰我说:“心安。”孔子说:“你即心安,就这么做吧!君子在守丧时,食美味不觉得甘甜,听音乐不觉快乐,住在居室内于心不安,所以不这样做。现在你既然心安,就这样做吧!”宰我出去了,孔子说:“宰予不仁呀!孩子出生三年后才离开父母的怀抱。三年的丧期,是天下通行的丧期呀!宰予呀!能用三年的爱对待他的父母吗?”

[**浅析**]此章孔子对三年丧期有自己的解释。孔子认为,婴幼儿哺乳、学步、学语,将近三年不离母亲怀抱,因此儿子为父母守孝三年作为爱的回报是应该的。这说明守孝不在时间的长短和表面形式如何,重在内心的情感活动。人类幼子在所有动物中是最难养育的,为了培养孩子长大成人,父母耗费了多少心血。现服丧三年的形式虽早已不复存在,但对父母的感念之情是伴随终生的。现在子女多不与父母同住,但是,关心父母,惦念父母,经常问候或看望父母是应常记于心的。要常常反问自己:“我能像当年父母耐心细致地待我一样,对待年老体弱、行动不便的父母吗?”“面对父母为我所做的一切,我心安吗?”

子游曰:“丧致乎哀而止。”(19–14)

[试译] 子游说:“丧葬,充分表现出悲哀就够了。”

[浅析] 这是传承了孔子的教诲,孔子说:“丧,与其易也宁戚。”(丧事与其完备置办,不如心中真正悲伤。)古代重视丧葬礼仪,但形式上繁缛与铺张就失去了悼念的真谛,内心的真正哀伤才有实际意义。

曾子曰:“吾闻诸夫子:人未有自致者也,必也亲丧乎!”(19–17)

[注释] 自致:自动、自发。

[试译] 曾子说:“我听老师说过:一般情况下,人不可能把真情全部表露出来,如果一定要说有的话,那可能就是双亲辞世之痛。”

[浅析] 人内心的真情是不轻易流露的,因为有各种社会因素混杂其间,使人对真情往往有所掩饰,即使是面对双亲的辞世也在所难免。

曾子曰:“吾闻诸夫子:孟庄子之孝也,其他可能也,其不改父之臣,与父之政,是难能也。”(19–18)

[注释] 孟庄子:鲁国世袭的大夫。

[试译] 曾子说:“我听老师说过:孟庄子的孝,别的都比较容易做到,不改变父亲用的老臣和父亲制定的政策,这就很不容易做到了。”

[浅析] 如果不是出于愚孝,而是为了保持政策的连续性,那是很值得称颂的。不必新人一上台,旧的全废掉,造成政策的混乱。孟庄子之父孟献子,正是一位贤德的大夫。

第四章 仁

从“仁”字结构来看，是立人旁，加个二字，即，不是一人独处，独则无偶，成偶则需彼此相亲。孔子说，仁者要“爱人”、“知人”，社会上人与人之间、家庭内部长幼之间，都应用真爱来维系，人的尊严与价值在于仁。《论语》中曾有近百处提到“仁”字，有学者认为孔子所说的“一以贯之”就是指“仁”，甚至把儒家学说称为“仁学”。孔子说：“仁，远乎哉？我欲仁，斯仁至矣。”“有能一日用其力于仁矣乎？我未见力不足者。”人人都有行“仁”的权力和能力，但是，“仁”又是道德的最高标准与境界，所以，成为“仁者”就不是一件容易的事了。当孟武伯向孔子问到他的优秀弟子子路、冉有、公西赤“仁乎”时，孔子的回答都是：“不知其仁也。”做了有所保留的回答。然而“仁”究竟是什么？每当弟子提及这个问题，孔子都是针对各人情况做有针对性的回答，以致在《论语》中找不到“仁”的标准答案，这也反映了“仁”在不同方面的体现。作为一般读者理解“仁”，如果能人人调动起自觉行善的潜能，以“己所不欲，勿施于人”和“己欲立而立人，己欲达而达人”为座右铭，也就很好了。随着时代的变化，道德准则也会有相应变化，但爱己及人，人与人之间的宽容与真爱，仍是我们应该保留并要十分珍视的传统美德。

子曰：“巧言令色，鲜矣仁。”（1–3）

［**注释**］巧言：动听的言语。　令色：虚言假色。

［**试译**］孔子说：“花言巧语、虚言假色是少有仁德的。”

［**浅析**］做学问要踏实，做人要踏实。不做巧言令色之人；不被巧言令色之人蒙蔽；不重用巧言令色之人，绝非易事。需听其言，观其行，日久见人心。

子曰：“人而不仁，如礼何？人而不仁，如乐何？”（3–3）

［**试译**］孔子说：“人如果没有仁爱，礼有什么用？人如果没有仁爱，乐有什么用？”

［**浅析**］能做到人与人之间具有真情厚爱，即达到了“仁”。仁乃人的心理情感，蕴蓄于内，礼、乐则为外在表现形式。如果一个人内心并无仁爱，礼就成了外在的表

演，乐就成了无情的旋律。所以孔子认为人的内心如果没有仁爱，礼、乐就失去了意义。更何况缺少仁爱的人，对礼、乐也不会有什么深入的兴趣。

子曰："里仁为美，择不处仁，焉得知？"(4-1)

[**注释**] 里：居住。　择不处：择，选求。处，居住。　知：通"智"，智慧，聪明。

[**试译**] 孔子说："居住于仁德之处是美好的。选择不仁德的居处，怎么谈得上明智？"

[**浅析**] "昔孟母，择邻处。"即"孟母三迁"的故事，就是择仁而居。

子曰："不仁者不可以久处约，不可以长处乐。仁者安仁，知者利仁。"(4-2)

[**注释**] 约：穷困。

[**试译**] 孔子说："不仁德的人，不能久处于穷困中，亦不可能久处于安乐中。有仁德的人安于实施仁，有智慧的人懂得仁的利益，故实行仁。"

[**浅析**] 孔子说过："君子固穷，小人穷斯滥矣。"所以，不仁者不可能久处于贫困，而安贫乐道。也不可能长久处在逸乐之中，因其富贵则可能淫乱或做出其它无德的举动来。仁者安仁。正如朱熹比喻，系惯了腰带的人，就不觉得系着腰带，穿惯了鞋的人，就感觉不到鞋的束缚，因已习以为常。

子曰："惟仁者能好人，能恶人。"(4-3)

[**注释**] 好(hào)：喜欢。　恶(wù)：厌恶，讨厌。

[**试译**] 孔子说："只有仁德的人，才能真心地喜好人，也能真心地厌恶人。"

[**浅析**] 好人、恶人，是个人对社会中人的两种不同的态度。只有仁德之人才能不以私人利益为衡量标准，公正地明辨人之善恶，所以孔子认为仁者才有真爱和真恶。不仁者则会搞"顺我者昌，逆我者亡"，以个人或小集团利益划分好恶。刚正不阿之士可能遭诬陷，或被冷落与贬谪，那真是个人与单位之不幸。

子曰："苟志于仁矣，无恶也。"(4–4)

[试译]孔子说："一个人如果立志做仁人，就不会厌恶别人。"

[浅析]本章"无恶"与前述"能好能恶"文义相承，并行不悖。虽然仁者能好人，能恶人，但其恶人是恶其不仁，并非"恶之欲其死"。内心希望其人能改过自新，重新归于仁，乃是一种博大之爱，所以前后文是连贯的。

"无恶也"也有人解释为："不会做坏事。"即"一个人如果立志做仁人，就不会做坏事"，也无不可，只是不如前种解释前后呼应更为贴切。

子曰："富与贵，是人之所欲也；不以其道得之，不处也。贫与贱，是人之所恶也；不以其道得之，不去也。君子去仁，恶乎成名？君子无终食之间违仁，造次必于是，颠沛必于是。"(4–5)

[注释]君子去仁，恶乎成名：君子如果失掉仁，怎么称得上君子？恶(wū)，通"乌"，疑问词，意"怎么"。　终食之间：一顿饭的工夫。　造次：仓促、匆忙。　颠沛：流离失所。

[试译]孔子说："财富和地位，是人所向往的。但如果不是用正当的方法取得，就不接受。贫穷与卑贱是人们所厌恶的，不用正当的方法摆脱它，就不摆脱。君子如果失掉仁，还怎么称得上君子？君子不会有一顿饭的工夫离开仁，在仓促之间也必定守仁，在流离失所时，也必定守仁。"

[浅析]仁人君子，并非拒绝富贵，向往贫穷。可贵之处是，绝不用非仁德的手段攫取财富，也绝不用非仁德的手段摆脱贫穷。仁是靠后天修养得来，是自觉的心理追求，所以不会因在人前或人后、闲时或忙时、兴时或背运等外在条件的变化而犹豫动摇自己的意志，这是最难能可贵的。

子曰："我未见好仁者恶不仁者。好仁者，无以尚之。恶不仁者，其为仁矣，不使不仁者加乎其身。有能一日用其力于仁矣乎？我未见力不足者。盖有之矣，我未之见也。"(4–6)

［试译］孔子说："我没有见过喜好仁的人和厌恶不仁的人。喜好仁者认为没有什么能超过仁。厌恶不仁者，也是为了仁，就是不要让不仁者影响到自己。有人肯花一天的时间把力量用在仁上吗？我没有见过力量不够的人，也许有，但是我没有见过。"

［浅析］这段文字较不易理解，各种译文也不相同。现认为仅抓住其核心意思即可。有人强调因力量不足故不能达仁，孔子认为只要真心实意追求仁，就没有力量不足的问题。孔子说，有没有花一日之功去认真思考和实践仁呢？如果没有，就不是力量不足的问题，而是愿不愿意去做的问题。

子曰："朝闻道，夕死可矣。"(4-8)

［注释］道：事物当然之理。最高的理想与追求。

［试译］孔子说："早晨明白了真理，当晚即死去也死而无憾了。"

［浅析］正由于"道"不易得，要穷其一生追求之，一旦有所领悟，茅塞顿开之时，的确有"不亦说乎"之感。孔子好学不倦之精神感人至深，使后人备受感召。这里孔子所说的道，应是孔子一生的理想与追求。孔子说："志士仁人，无求生以害人，有杀身以成仁。"表明了为真理而献身的决心。

子张问曰："令尹子文三仕为令尹，无喜色；三已之，无愠色。旧令尹之政，必以告新令尹。何如？"子曰："忠矣。"曰："仁矣乎？"曰："未知。焉得仁？""崔子弑齐君，陈文子有马十乘，弃而违之。至于他邦，则曰：'犹吾大夫崔子也。'违之。之一邦，则又曰：'犹吾大夫崔子也。'违之。何如？"子曰："清矣。"曰："仁矣乎？"曰："未知。焉得仁？"(5-19)

［注释］令尹：官名，楚国的宰相。　子文：楚国著名的宰相。名斗谷於菟，字子文。　三已：已，罢免，三次罢免。　崔子：齐国大夫。　陈文子：齐国大夫。

［试译］子张问道："宰相子文，三次出任宰相，没有得意的神色。三次被免职，也没有怨怒的神色。去职时，一定把过去的政务告知新任宰相。这个人怎么样？"孔

子说："忠于职守。"又问："他达到仁了吗？"孔子说："不知道，这怎么能说仁不仁呢？""崔子杀了他的君主，陈文子有十辆马车，全部放弃了，离开了齐国，到了另一个国家后说：'这里与我国的崔子大夫一样呵！'又离开，到另一个国家，不久又说：'还是与我国的崔子大夫一样呵！'又离开。这个人怎么样呵？"孔子说："洁身自好。"问："达到仁了吗？"孔子说："不知道，这怎么能看得出仁或不仁？"

［**浅析**］忠于职守，洁身自好，固然难得，但这只是反映个人的内在品德修养的一方面。"仁者爱人"，"己欲立而立人，己欲达而仁人"。可见要达到仁，是要为别人谋幸福的。

樊迟问知。子曰："务民之义，敬鬼神而远之，可谓知矣。"问仁。曰："仁者先难而后获，可谓仁矣。"（6-22）

［**注释**］知（zhì）：古代"知"、"智"、"识（zhì）"相通。　务民：致力于民众之事，即从政。务，致力。

［**试译**］樊迟问什么是智慧。孔子说："致力于百姓关心的政务，尊敬鬼神但要疏远他们，这就叫智慧。"又问什么是仁。孔子说："艰难困苦的事要想在前面、做在前面，然后再考虑收获，这就是仁。"

［**浅析**］孔子主张从政者要关心百姓的切身利益，对鬼神虽然尊敬但应疏远。因鬼神的存在与否，不论肯定或否定，均需探究、考证付出精力，但这是天道之事。从政者切实关心的应是解决民众的实际问题，身边之事，即为人道之事，所谓"天道远，人道迩（ěr，近的意思）"，实乃孔子从中国史实中悟出的大智慧。

子曰："知者乐水，仁者乐山。知者动，仁者静。知者乐，仁者寿。"（6-23）

［**试译**］孔子说："智慧的人喜欢水，仁德的人喜欢山。智慧的人活泼喜动，仁德的人宁静稳重。智慧的人欢乐，仁德的人长寿。"

［**浅析**］孔子将智者比作水，仁者比作山。水流动，山凝重。正与智者、仁者性情

相合。动静结合相得益彰。山水相合美哉自然造化。交友、人与人的结合、搭档间的组合是否也以此种配合为最佳呢?

宰我问曰:“仁者,虽告之曰:‘井有仁焉’,其从之也?”子曰:“何为其然也?君子可逝也,不可陷也;可欺也,不可罔也。”(6–26)

[**注释**]逝:往,前去。　陷:陷入井中。陷害。　罔:迷惑。

[**试译**]宰我问孔子说:“仁者若被人告知说:‘井中有仁’,是不是就要跟着入井?”孔子说:“为什么要这样呢?君子可以前去(观察),但不可陷入井中。可以被欺骗,但不可迷惑糊涂。”

[**浅析**]宰我喜欢问一些与众不同的问题,甚觉有趣。此处宰我可能有讥讽“愚仁”之意,即问“如果有人说井里有仁,仁者是不是也得跟着跳到井里去?”孔子说,仁者除去仁德还有智慧,不可能轻易被愚弄,更不可能盲从,遇事犯糊涂,去做无谓的牺牲。

有学者认为,宰我此问,或虑及孔子可能罹于祸,但未敢直谏而婉词讽之。

“井有仁焉”的“仁”字,有人译为“人”或“仁德之人”,“井有仁焉”意即“有人(或仁德之人)掉进井里”。

子贡曰:“如有博施于民而能济众,何如?可谓仁乎?”子曰:“何事于仁,必也圣乎!尧、舜其犹病诸!夫仁者,己欲立而立人,己欲达而达人。能近取譬,可谓仁之方也已。”(6–30)

[**注释**]病:担忧,为难。　能近取譬(pì):能以自身作比方,推己及人。近,指自身。譬,比如,比方。

[**试译**]子贡说:“如果有人能对民众广泛地施与和救济,怎么样?算得上仁吗?”孔子说:“何止是仁,必定是圣人啊!尧舜对此也难以做到。仁德的人,自己立身,也帮助别人立身。自己通达,也帮助别人通达。能切近自身作比方,推己及人,可以说是实行仁的方法。”

[**浅析**]孔子认为要实行仁,就有“彼此”的问题。自己立住脚了,也要帮别人立住脚。自己发达了,也要帮助别人发达起来。从近处、身边事着眼、着手,设身处地为别人着想,仁的路要这样走出来。“己欲立而立人,己欲达而达人”已成名言,源于此。

子曰:“仁远乎哉?我欲仁,斯仁至矣。”(7–30)

[**试译**]孔子说:“仁离我们很远吗?我想行仁,那么仁就会到来。”

[**浅析**]孔子认为只要我们真心求仁,随时随地皆可行仁。仁并非摸不到、抓不着,完全可以从身边小事做起,也就是求仁易,达到仁者则非易事,需要自身全面修养与提高。

子曰:“好勇疾贫,乱也。人而不仁,疾之已甚,乱也。”(8–10)

[**注释**]疾贫:憎恶贫穷。疾,憎恶。

[**试译**]孔子说:“好勇而又憎恶贫穷,易作乱。对不仁德的人,憎恶之过分,也易于兴乱。”

[**浅析**]孔子认为好动武又不能安贫的人,可能会用不法的手段改变贫穷。对不仁的人过于憎恶,使无所容,非但不能促其改过,反而可能走向反面,进一步兴风作浪扰乱社会。故对不仁者予以正确引导,促其自省效果较好。

子罕言利与命与仁。(9–1)

[**试译**]孔子很少主动谈到有关功利、命运与仁的问题。

[**浅析**]在《论语》中,孔子很少谈到利,谈命运的也不多,唯仁谈得不算少,似与本节所述不同。但仔细阅读,孔子每谈到仁,都是弟子发问,孔子作答,而且是针对该生的特点,从不同方面对仁加以阐述,告诉他们怎样做即是行仁,但对仁本身的哲理并没有主动论述。仁是孔学思想中心,贯彻始终,正如孔子所说:“吾道一以贯之。”因此在讲解上十分慎重。

颜渊问仁。子曰:“克己复礼为仁。一日克己复礼,天下归仁焉。为仁由己,而由人乎哉?”颜渊曰:“请问其目。”子曰:“非礼勿视,非礼勿听,非礼勿言,非礼勿动。”颜渊曰:“回虽不敏,请事斯语矣。”(12-1)

[**试译**]颜回问什么是仁。孔子说:“约束自己,使自己的语言行动符合礼制,这就是仁。有一天能做到这样,天下就都归到‘仁’的境界了。做到仁全靠内在修养,不能靠别人。”颜回说:“请问具体条目(如何去做)。”孔子说:“不符合礼制的东西不看,不符合礼制的东西不听,不符合礼制的事不说,不符合礼制的事不做。”颜回说:“我虽不才,也会按这些话去做的。”

[**浅析**]“仁”是孔子思想的核心,内涵甚深,专家学者解读资料很多。我辈学人仅知加强自身内在修养,并能贯彻于日常行动当中,以维护社会的公平正义、诚实守信、廉洁奉公、遵纪守法为己任可也。

仲弓问仁。子曰:“出门如见大宾,使民如承大祭。己所不欲,勿施于人。在邦无怨,在家无怨。”仲弓曰:“雍虽不敏,请事斯语矣。”(12-2)

[**注释**]邦:诸侯国。　家:卿、大夫管辖之地。　怨:指自己对别人,或别人对自己两方面的恩怨。

[**试译**]弟子冉雍问“仁”。孔子说:“出门要像去见贵宾一样庄重,对待百姓的事要像承担重大祭典一样严肃。自己不愿做的事,不要强加于人。在邦国中或在家族中都没有怨恨。”

[**浅析**]孔子认为冉雍可做大官,曾预言:“雍也可使南面。”故对他谈仁,不同于颜回,这也是因材施教的体现。孔子此处谈仁,是针对将担任一定官职的人。提倡对人尊重如见大宾,不轻视每一个人。对百姓的事要认真严肃。至于“己所不欲,勿施于人”,已成日常用语,成为中华民族处理人际关系上奉行的美德。与西方人宣扬的“己所欲,施于人”对比,可以看出后者是将自己之所好强加于人,与孔子的主张背道而驰。

司马牛问仁。子曰:“仁者其言也讱。”曰:“其言也讱,斯谓之仁已乎?”子曰:“为之难,言之得无讱乎?”(12-3)

[注释]司马牛:孔子弟子。 讱(rèn):难、钝。指“出言难貌”。

[试译]司马牛问什么是仁。孔子说:“仁人,就是出言艰难。”司马牛说:“出言难就是仁吗?”孔子说:“做起来难,言之哪能不难。”

[浅析]孔子说:“刚、毅、木、讷,近仁。”又说:“君子欲讷于言而敏于行。”孔子历来主张敏于行而慎于言,认为这是“仁”的重要表现方面之一。

《史记》上评价司马牛“多言而燥”,孔子此言看来是针对司马牛的弱点而发。

樊迟问仁。子曰:“居处恭,执事敬,与人忠。虽之夷狄,不可弃也。”(13-19)

[试译]樊迟问什么是仁。孔子说:“独处时仍保持恭谨,办事认真负责,对人忠诚。即使到了不开化地区,也不可背弃之。”

[浅析]孔子明确提出了对欠开化的民族要一视同仁,不但“教化”汉族百姓,也要“教化”各“夷狄”。这种民族自信,建立在文化自信的基础上。中华民族能成为一个和睦相处的大家庭由来久矣。

子曰:“刚、毅、木、讷,近仁。”(13-27)

[注释]木:朴实、质朴。 讷(nè):说话迟钝。

[试译]孔子说:“刚强、坚毅、质朴、寡言,接近于仁了。”

[浅析]孔子说:“巧言令色,鲜矣仁。”上述四方面的表现都是与“巧言令色”相对的。刚毅、质朴,不屈于物欲,语言迟钝不张扬,都是接近“仁”的潜质。

宪问耻。子曰:“邦有道,縠。邦无道,縠,耻也。”

“克、伐、怨、欲不行焉,可以为仁矣?”子曰:“可以为难矣,仁则吾不知也”。(14-1)

[**注释**] 宪:孔子的学生原宪,字子思。 谷:俸禄。 克:好胜。 伐:自夸。 怨:怨恨。 可以为难:难能可贵。

[**试译**] 原宪问什么是耻辱。孔子说:"国家有道,做官食俸禄。国家无道,仍做官食俸禄就是耻辱。"

原宪又问:"好胜、自夸、怨恨、贪欲这四种行为都被控制,可以算仁吗?"孔子说:"这可以说难能可贵了,如果谈到仁,那我就不能断定了。"

[**浅析**] 没有气节的人,不问政治是否清明,只要能保住官位,享用财富,就可以丧失原则,甚至干出丧权辱国之事。这样的人孔子认为是无耻之徒。

至于谈到"克、伐、怨、欲"几种不良的品德,仅能做到控制住不发作,这与"己欲立而立人,己欲达而达人"的境界有着本质的区别,故孔子不能认同原宪的看法。

子路曰:"桓公杀公子纠,召忽死之,管仲不死。"曰:"未仁乎?"子曰:"桓公九合诸侯,不以兵车,管仲之力也。如其仁!如其仁!"(14–16)

[**注释**] 公子纠:齐桓公的哥哥。 召忽:人名。与管仲同做过公子纠的家臣。 九合诸侯:多次召集诸侯会盟,九泛指多。

[**试译**] 子路说:"齐桓公杀了公子纠,召忽因此自杀,管仲却没有死。"又说:"(管仲)他不能算仁吧?"孔子说:"齐桓公多次主持诸侯间的盟会,避免了战争,都是管仲出的力,这就是他的仁!这就是他的仁!"

[**浅析**] 齐桓公(小白)与公子纠都是齐襄公的弟弟,因齐襄公无道,所以小白与公子纠都逃出了齐国。襄公死后,小白先入齐,自立为国君,即齐桓公。管仲先辅佐公子纠,公子纠死后,他没有殉职,而是后来做了齐桓公的宰相。所以子路认为他"不仁"。孔子不从小的方面机械地看待"仁",而是从"大义"着眼,看到由于管仲的作用,使得齐桓公国力强大,并能联合众诸侯国,避免了战争与杀戮,这就是大仁了。

子贡曰:"管仲非仁者与?桓公杀公子纠,不能死,又相之。"子曰:"管仲相桓公，霸诸侯，一匡天下，民到于今受其赐。微管仲，吾其被发左衽矣。岂若匹夫匹妇之为谅也，自经于沟渎而莫之知也。”(14–17)

[**注释**]微：假如没有。　被发：披散着头发。　左衽(rèn)：衣襟向左开(指未开化的，夷狄的服装)。　匹夫匹妇：一般男女百姓。　谅：小信。　自经：自缢，上吊自杀。　渎(dú)：小沟渠。

[**试译**]子贡说：“管仲不是仁人吧？齐桓公杀了公子纠，他不以身殉职，又辅佐桓公。”孔子说：“管仲辅佐桓公，称霸诸侯，使天下的一切得到匡正，百姓到今天还在受用着他的恩惠。如果没有管仲，我们可能会披着头发，穿着左大襟的衣服。如果像普通男女那样，只重小节小信，在山沟里自杀，连有人知道都没有。”

[**浅析**]这与上文子路所问相同。可以看出，孔子并不一味赞赏愚忠、愚节。“人固有一死，或重于泰山，或轻于鸿毛。”孔子看人看大仁、大义。管仲做了很多好事，使各诸侯国间较长时间避免了战争，保护了各国百姓免遭涂炭，对此孔子是很看重的。

子曰：“志士仁人，无求生以害仁，有杀身以成仁。”(15–9)

[**试译**]孔子说：“志士仁人，不因贪生而损害仁德，宁肯牺牲生命来保全仁德。”

[**浅析**]“杀身成仁”成语来源于此。这与“君子固穷”同属一个层面。正如孟子所说：“贫贱不能移”，“威武不能屈”。中国知识分子在道德修养上历来有着优良传统，有些则达到极高的境界。中国知识分子在理想人格的培养方面留下很多名言警句，是我们取之不尽用之不竭的源泉。

子贡问为仁。子曰：“工欲善其事，必先利其器。居是邦也，事其大夫之贤者，友其士之仁者。”(15–10)

[**试译**]子贡问如何实行“仁”。孔子说：“工匠要干好他的活儿，必先将工具磨锋利。住在一个国家里，就要事奉贤德的长官，与仁德的知识分子交友。”

[浅析] 此处孔子以工匠制成产品需要顺手锋利的工具作比喻，说明一个人事业的成功，需要上层社会中贤达者的了解和举荐，需要周围志同道合之人的帮助。也就是说，先要了解这个国家的内情，建立良好的人际关系，才能得到贡献社会的机会，以实现"为仁"的抱负。同时也为了便于与贤者学习切磋，在良好环境的熏陶下成长。人生活在社会上无此助力事情难以做成。当然这与奉迎上司，拉帮结派，跑官要官是完全不同的。孔子对弟子问仁，依其德才回答各异，子贡不负孔子重望，在政治、外交、经济等各领域均取得了很大的成就。

子曰："人能弘道，非道弘人。"（15-29）

[试译] 孔子说："人能弘扬道德真理，不是道弘扬人。"

[浅析] 世间万象皆遵循其自然规律存在着，生生不息地运转着。人只能去寻觅、探索、研究，找出其内在规律，开悟后，方可加以弘扬。从而使人们能理解自然规律，顺应自然规律，运用自然规律，做到人与自然和谐相处。反之，道不可能去找人，道更不可能去弘扬人。当然，发现并能运用某方面的自然规律的人也会后世留名。

子曰："民之于仁也，甚于水火。水火，吾见蹈而死者矣，未见蹈仁而死者也。"（15-35）

[试译] 孔子说："百姓对仁的需要，胜于对水火的需要。我见过跳到水火里去而丧命的，却没有见过为了实践仁德而丧生的。"

[浅析] 水与火是人类生活之所需，"仁"则是人与人之间和谐共处之所需。当然水、火是人类生存的前提，孔子在此是为强调"仁"的重要，勉励人们追求"仁"。

子曰："当仁，不让于师。"（15-36）

[试译] 孔子说："面对仁，不必对老师谦让。"

[浅析] 在"仁"的面前，在真理面前，应坚持己见，不能因与老师的意见相悖而委曲求全，这是科学的态度，也是知识分子应遵守的原则。但是在我国做到这一点

绝非易事,在老师面前,学生往往不敢辩驳,这不符合孔子的教学精神。

子曰:“道不同,不相为谋。”(15–40)

[**试译**]孔子说:“走的道路不同,无法相互商议谋划。”

[**浅析**]想的做的不是一条道路上的事,就不必勉强结合,各自朝着自己的方向前进,并非相互排斥或拆台。

子张问仁于孔子。孔子曰:“能行五者于天下,为仁矣。”请问之。曰:“恭、宽、信、敏、惠。恭则不侮,宽则得众,信则人任焉,敏则有功,惠则足以使人。”(17–6)

[**试译**]子张向孔子问仁。孔子说:“能在天下实行五种德行,就是仁了。”子张问:“哪五种?”孔子说:“恭敬、宽厚、信实、勤敏、慈惠。恭敬就不会遭侮,宽厚就能得到众人心,守信就能得人信任,勤敏则易获成功,对人(部下)恩慈,才易于调遣。”

[**浅析**]子张是孔子优秀弟子之一。《论语》中多处记载了他向孔子的提问。如:问干禄;问善;问明;问崇德、辨惑;问政、问达;问行;问仁等。孔子均一一作答。

子张仪表堂堂,品学兼优,但不够平易,使人难以接近。孔子此处答复子张问仁,与答复颜回、曾参颇不相同,也是因材施教吧!

微子去之,箕子为之奴,比干谏而死。孔子曰:“殷有三仁焉。”(18–1)

[**注释**]微子:名启,是殷纣王之兄。　箕子、比干:都是纣王的叔父。

[**试译**]微子离国而出走,箕子沦为奴隶,比干因劝谏而被杀。孔子说:“殷朝有三位仁人。”

[**浅析**]微子虽是纣王之兄,但因他出生时其母尚为妾,纣出生时其母才立为妻,所以微子不能继位,并出走他国。箕子因纣王暴虐无道,进谏不听,只好装疯卖傻,被降为奴。比干更因固执地反复进谏,被剖心而死。孔子在此赞誉这些不同流合污者为仁人。

子游曰:“吾友张也,为难能也。然而未仁。”(19–15)

［**试译**］子游说:“我的朋友子张,是难能可贵了,然而还未达到仁。”

［**浅析**］子张被人奉为四贤之一,自立为儒学之一派,对孔学传承起了一定的作用。但在为人处世上可能还有欠缺之处。

曾子曰:“堂堂乎张也,难与并为仁矣。”(19–16)

［**试译**］曾子说:“子张的为人有些高不可攀,很难与别人共同进入仁德的境地。”

［**浅析**］结合上节子游对子张的评论,看来曾子也有同感。

孟氏使阳肤为士师,问于曾子。曾子曰:“上失其道,民散久矣。如得其情,则哀矜而勿喜。”(19–19)

［**注释**］孟氏:孟孙氏,鲁国大夫。 阳肤:可能是曾子的弟子。 士师:典狱官,法官。 哀矜:哀怜。

［**试译**］孟氏派阳肤为法官,赴职前向曾子请教。曾子说:“上位者不按正道行事,民心早已散了,你假如能够审讯到(罪犯的)真情,就要给予同情与怜悯,而不要沾沾自喜。”

［**浅析**］阳肤向曾子求教,如何做一个好法官。曾子告诉他,由于社会背景纷乱复杂,上位者昏庸无道,所以对于百姓中的犯罪者,若他们道出真情,要给予怜悯与同情,这是曾子仁者之心。法是人制定的,法与情之间并非绝对没有关联。

第五章 言、行、信

在《论语》中，孔子多次提到言、行、信的关系。尤其强调行在先，言行相符，不能言过其实，更不能言而无信。孔子提出“听其言而观其行”，“讷于言而敏于行”，“巧言、令色、足恭……耻之”。言行遵守的原则是诚信，孔子指出“言必信，行必果”。“人而无信，不知其可也。”诚信是一个人立身之本，也是一个团体、民族、政党、国家生存之基石。“失信则不立”，是亘古不变的人生哲理，学习《论语》要在这一基本道德规范上学之思之，并笃行之。

子贡问君子。子曰：“先行其言而后从之。”(2–13)

［试译］子贡问如何才是君子？孔子说：“先做，然后再照做的说。”

［浅析］这是孔子的一贯主张，各篇章中多处可见，足见其重要性。不可不慎对之。

子曰：“人而无信，不知其可也。大车无輗，小车无軏，其何以行之哉？”(2–22)

［注释］大车：指牛车。 輗(ní)：驾牛车用的重要木制结构。 小车：指马车。 軏(yuè)：驾马车用的重要木制结构。

［试译］孔子说：“人如果没有信用，不知他还能怎么处世，这就像牛车没有輗，马车没有軏一样，车怎样走呢？”

［浅析］孔子此处用牛车、马车上的重要部件，比喻诚信的重要，一个人没有诚信，人与人之间没有信任，一切事情就无法正常运转了。

子曰：“古者言之不出，耻躬之不逮也。”(4–22)

［注释］言之不出：言语不轻易出口。 耻躬之不逮(dài)：躬，亲自。逮，赶上。全句是说：以自己的行动跟不上为耻。

［试译］孔子说：“古人的话不轻易出口，因为他们以自己做不到为耻。”

［浅析］在这里，“言”字可以被理解得更广泛一些，除说话以外，如做的许诺，

发的议论，写的文章等，均应实事求是，不可言过其实。学习古人，以夸夸其谈为耻，对现代人是很重要的。

子曰："君子欲讷于言而敏于行。"(4–24)

［**试译**］孔子说："君子要说话迟钝，做事敏捷。"

［**浅析**］孔子一贯主张少说多做，先做后说，说到做到，这是十分宝贵的品格。

或曰："雍也仁而不佞。"子曰："焉用佞？御人以口给，屡憎于人。不知其仁，焉用佞？"(5–5)

［**注释**］雍：孔子的学生，姓冉，名雍。　佞(nìng)：能言善辩，有口才。春秋时非贬义词。　御：防御，此处指辩驳。　口给(jǐ)：应对敏捷，滔滔不绝。

［**试译**］有人说："雍这个人，有仁德而不善辩。"孔子说："为什么要善辩呢？滔滔不绝的强辩，常使人讨厌。他是不是做到了仁我不知道，但何必要能言善辩呢？"

［**浅析**］孔子称雍也"简"，回也"愚"，参也"鲁"，都是些朴实无华的学生。孔子所看重的是品德修养，而不喜欢玩弄辞令的人。这在书中多处可以见到。

子曰："巧言、令色、足恭，左丘明耻之，丘亦耻之。匿怨而友其人，左丘明耻之，丘亦耻之。"(5–25)

［**注释**］足恭：挪动两脚，以示恭敬。　左丘明：春秋末期鲁国的史官，相传是《左传》的作者。　匿怨：怨恨隐藏在心里。

［**试译**］孔子说："说动听的话，作出好脸色，挪动双脚，显示恭敬的样子，左丘明认为这样可耻，我也认为可耻。对人心藏怨恨表面装作友善，左丘明认为可耻，我也认为可耻。"

［**浅析**］人要做到表里如一，心口如一，不逢迎，不趋炎附势，孔子认为这是君子之道，反映了自尊自爱高尚的个人修养。

子曰："圣人，吾不得而见之矣；得见君子者，斯可矣。"子曰："善人，吾不得而见之矣；得见有恒者，斯可矣。亡而为有，虚而为盈，约而为泰；难乎有恒矣。"（7-26）

[**试译**] 孔子说："圣人，我不可能见到了，能见到君子就可以了。"孔子说："善人，我见不到了，见到有恒心的人就可以了。没有装作有，空虚装作充盈，穷困装作富足，这就很难有恒心了。"

[**浅析**] 孔子处在变乱的时代，看到世风日下，发出忧国忧民的感叹。圣人、善人虽难以见到，他仍寄希望于有恒的君子。有恒者远不等于圣人或善人，但非有恒，绝不能达到圣贤的修养境界。孔子举例说：亡为有，虚为盈，约为泰，这些华而不实的作风，就是无恒的根源。所以，要想扭转不良的社会风气，只有提倡忠诚、信实、朴素的道德风尚，培育有恒心的人。

子疾病，子路使门人为臣。病间，曰："久矣哉，由之行诈也！无臣而为有臣，吾谁欺？欺天乎？且予与其死于臣之手也，无宁死于二三子之手乎？且予纵不得大葬，予死于道路乎？"（9-12）

[**注释**] 疾病：病重。　使门人为臣：孔子当时已不是大夫，按照规定没有家臣，但子路让弟子（门人）充当家臣，准备以大夫之礼安葬孔子。　病间（jiàn）：指病势减轻。　无宁：无，发语词，无意义。宁，宁可。　大葬：古代贵族死后的葬礼。

[**试译**] 孔子病重，子路让弟子们装作家臣为孔子准备后事。孔子病情好转，说："很久了，仲由干这种骗人的事！我没有家臣装作有家臣，让我欺骗谁？骗天吗？而且我与其死在家臣手里，宁愿死在几个弟子手中！再者说我即使不能以大夫之礼隆重安葬，我还会死在道路上吗？"

[**浅析**] 孔子病重期间，子路及其他弟子出于发自内心的爱戴和尊敬，想用大夫之礼厚葬孔子。孔子以前做过大夫，但现在不是了。孔子病体好转后，得知子路的做法，给予了严厉的批评。这表明孔子不慕虚名、诚实守礼、言行一致的高尚品格。

孔子表示，宁愿死于弟子们之手，也不愿死于家臣之手，语言真挚感人肺腑。孔子之所以被尊为“万世师表”，在于其创师道，而不在于其做过大夫啊！

冉子退朝。子曰：“何晏也？”对曰：“有政。”子曰：“其事也。如有政，虽不吾以，吾其与闻之。”（13–14）

［**注释**］晏：迟，晚。　有政：政务、国家大事。　以：用。

［**试译**］冉有退朝回来，孔子问：“怎么回来这么晚？”冉有回答：“有政务。”孔子说：“一般事务吧！如有政务，虽然我不参政，我还是会知道的。”

［**浅析**］冉有为季氏家臣，对政务与一般事务没有分清。遇有大事季氏常会向孔子征求意见。这里孔子提醒弟子，应把政务与一般事务分开，不必小题大做。

叶公语孔子曰：“吾党有直躬者，其父攘羊，而子证之。”孔子曰：“吾党之直者异于是。父为子隐，子为父隐，直在其中矣。”（13–18）

［**注释**］叶公：楚国大夫。　直躬：正直的人，名躬。　攘（rǎng）：偷窃。或解释为：“凡六畜自来而取之曰攘。”

［**试译**］叶公对孔子说：“我们乡里有个正直的人叫躬。他的父亲偷了羊，儿子告发了父亲。”孔子说：“我们这里正直的人与你们那里有所不同。父亲为儿子隐瞒，儿子为父亲隐瞒，正直就在这里面了。”

［**浅析**］此处孔子认为父为子隐，子为父隐，不求直而直在其中，直与隐之间的关系如何深入理解，尚有存疑，有待进一步学习。有一点是明确的，所要实施的行为应从实际效果出发，而非生硬地搬弄教条。记得有一位作家，写过他少年时发生的一件事，大意是：学校组织勤工俭学，捡拾橘皮卖到药铺换钱，作者的母亲正患咳喘病，无钱购药，作者就将几块橘皮揣进衣兜里，被同学发现告诉了老师，老师找作者谈过话后，在学生的集会上宣布了此事。她说，是她送给了这位同学几块橘皮，为其母治病用。此处老师隐瞒了事实，主动承担了责任，保护了孩子的人格与尊严。作者为此感激了一生，并发愤图强，修成正果。反之，在那以阶级斗争为纲的年代，老师

完全可以要同学们揭露该生，召开检讨会、批判会，上纲上线，污辱人格、践踏尊严。但是，那将会是怎样的后果，是不难想象的。人类本真的、自然的爱与亲情是十分宝贵的，是严酷的刑罚所不能替代的。

子曰："南人有言曰：'人而无恒，不可以作巫医。'善夫！""不恒其德，或承之羞。"子曰："不占而已矣。"（13-22）

［**注释**］南人：南方人。春秋时的南方人，如楚国人就是之一。　巫医：古时候医和巫放在一起。　不恒其德，或承之羞：引自《易经·恒卦·九三》爻辞。意思是说，三心二意，翻云覆雨，就常会有羞辱随之而来。

［**试译**］孔子说："南方人有句话：'人如果没有恒心，连巫医也做不了。'这话说得很对呀！"卦辞上说："做事，不能持之以恒，没有一定的操守，就可能招致羞辱。"孔子说："不用靠占卜也可以知道了。"

［**浅析**］凡做成一件事，都需要有恒心。能克服常人克服不了的困难，才能创出常人所不能创造的佳绩。观察一个青年今后能否有所作为，观察一对夫妇能否白首偕老，都可从"恒"字上切入而观察。

子曰："有德者必有言，有言者不必有德；仁者必有勇，勇者不必有仁。"（14-4）

［**试译**］孔子说："有道德的人必定有好言语。一个有好言语的人未必有德。仁人必定有勇，有勇的人，未必就是仁人。"

［**浅析**］孔子认为真正有道德、有修养的人，必有著述或名言留给后世，仁者也必定会勇敢地捍卫道义。因为这是有德者与仁者外在的表现，是其使命感、责任感使然。反之，有人虽有理论，有见解，有著述，但不一定是有德者。勇猛者当然更不一定是仁人。

这是孔子将德与才加以区分，对一个人的评价还是要从言、行、信多方面加以观察。

子问公叔文子于公明贾，曰："信乎？夫子不言、不笑、不取乎？"公明贾对曰："以告者过也。夫子时然后言，人不厌其言。乐然后笑，人不厌其笑。义然后取，人不厌其取。"子曰："其然，岂其然乎？"（14-13）

［**注释**］公叔文子：卫国大夫。　公明贾：卫人，公叔文子的使臣。　夫子：指公叔文子。

［**试译**］孔子向公明贾问到公叔文子，说："真是这样吗？先生不说话、不笑、不取财物？"公明贾回答说："这样对您说的人，说得过头了。先生该说则说，人们不厌烦他的话。高兴了才笑，人们不厌烦他的笑。该取的财物才取，人们不讨厌他取。"孔子说："真的？果真如此吗？"

［**浅析**］对一个人的全面准确评价不易。孔子听到对公叔文子的传言，有所怀疑，就去问他的手下人，手下人将公叔文子描述得近乎完人，所以孔子对此依然存疑。

子曰："臧武仲以防求为后于鲁，虽曰不要君，吾不信也。"（14-14）

［**注释**］臧武仲：鲁国大夫。　防：鲁国地名，是臧武仲的封邑。　为后：册立后代。

［**试译**］孔子说："臧武仲凭着据有防城，请求为他的后代在鲁国安排位置，虽然说不是要挟国君，我是不相信的。"

［**浅析**］孔子认为臧武仲是用要挟的手段取得权势。

子曰："其言之不怍，则为之也难。"（14-20）

［**注释**］怍（zuò）：惭愧。

［**试译**］孔子说："有人说话大言不惭，当做起来的时候就困难了。"

［**浅析**］凡要做成一件事，首先要审慎考虑主客观条件，需要克服的困难，然后定下决心，矢志不移，事情才有可能做成、做好。如果一事未做，先夸夸其谈，虚张声势，而实际并无周密计划，又少毅力和决心，这样的人想做成一件事是很困难的，甚至是不可能的。

子曰："君子耻其言而过其行。"（14-27）

［试译］孔子说："君子认为所说的话超过了所做到的事，是一种羞耻。"

［浅析］这与前面所引孔子的教诲是一致的：少说多做，先做后说，说到做到，这些都是千古传承的中华美德。

子曰："不逆诈，不亿不信，抑亦先觉者，是贤乎！"（14-31）

［注释］逆诈：指事先猜疑别人欺诈。逆，事未至而迎之。　亿：通"臆"，事实未见而主观臆测。　抑：文言连词，表示转折，相当于"可是"、"但是"。

［试译］孔子说："不在事先怀疑别人欺诈，不在事先揣测别人无诚信，但是（偶有诈和不信），也能事先觉察到，这不就是贤人吗！"

［浅析］对于欺诈或无诚信不能主观臆测，但要有所警惕，以便及时觉察，以减少对事业的损失。

子张问行。子曰："言忠信，行笃敬，虽蛮貊之邦行矣；言不忠信，行不笃敬，虽州里行乎哉？立，则见其参于前也；在舆，则见其倚于衡也。夫然后行。"子张书诸绅。（15-6）

［注释］行：指所行如意、通达。　蛮貊（mò）：古代对南北方少数民族的贬称。　州里：本乡本土，近处。　参：显现，列。　舆：车。　衡：车辕前的横木。　书诸绅：书，书写。绅，士大夫束在腰间的带子。

［试译］子张问（自己的主张）如何才能行得通？孔子说："说话忠诚守信，做事忠实敬业，即使在蛮野地区，也会行得通。说话不忠诚守信，做事不忠实敬业，就是在本乡本土，能行得通吗？站立时似看见它们（忠、信、笃、敬）就在前面，在车上似看见它们（忠、信、笃、敬）就依靠在车前的横木上。能如此，自会到处行得通了。"子张把孔子的话写在束腰的带子上。

［浅析］牢记"诚、信"，诸事顺遂。否则将一事无成，纵然一时出现光环或多彩泡沫，但终将幻灭。

孔子曰:“侍于君子有三愆:言未及之而言,谓之躁。言及之而不言,谓之隐。未见颜色而言,谓之瞽。”(16-6)

[**注释**] 愆(qiān):过失。　瞽(gǔ):盲人。

[**试译**] 孔子说:“侍奉君子,易犯三种过失:没有轮到说话的时候说话,是急躁。该自己说话了却不说,这是隐瞒。不观察对方脸色便轻率开口,就是盲人。”

[**浅析**] 此处“君子”可能指在上位之人。侍奉君子要注意礼仪,把握分寸,既不可越位,也不可隐匿自己的观点,但要审时度势,否则很可能事与愿违,甚至招来祸患。这既非言不由衷,更非趋炎附势,而是从实际的效果出发,也是处世之道。孔子的教导非常实际,乃金玉良言,后学者不可不思。

子曰:“予欲无言。”子贡曰:“子如不言,则小子何述焉?”子曰:“天何言哉?四时行焉,百物生焉,天何言哉?”(17-19)

[**试译**] 孔子说:“我想不说了。”子贡说:“您如果不说,我们将如何传述?”孔子说:“天说什么了?四季运行,万物生长,天说什么了?”

[**浅析**] 孔子晚年发此感叹,可能是对时局动乱之无奈。可能是告诫弟子,对于求道要用心领会,并非都能用语言表达。也可能想说明,孔子正是效法了天的胸襟和气度。天虽然给了大地四季和万物,但从不居功或表白,更不言回报。孔子正是以这种坦然平和的心态竭尽全力奉献社会,并准备如此终其一生。

子张曰:“执德不弘,信道不笃,焉能为有?焉能为亡?”(19-2)

[**试译**] 子张说:“抓住了德行又不弘扬坚守,信仰真理、道义又不够笃实真诚,岂不是有他也不多,没他也不少?”

[**浅析**] 知和行应是统一的。相信真理,就要坚守真理,弘扬真理。否则似是而非,将一事无成。

第六章 诗、礼、乐

《论语》中孔子对诗、礼、乐的教育十分重视。孔子说："兴于诗，立于礼，成于乐。"又说："不学诗，无以言。""不学礼，无以立。"

我国古代，诗歌具有"歌性"，是人们相互交流和传播信息的有效方式。孔子把《诗经》作为教材，使弟子们通过读诗、唱诗，振奋了精神，学会了审美与交流，同时也学到了广博的知识。

礼是人的行为规范，使人们在社会中彼此相处时，有所约束，有所遵循。不懂礼的人，勇敢过了头就会走向犯罪，直率过了头就会出语尖刻伤人。所以孔子说，"博学于文，约之于礼"，就可以不违背道义了。

孔子爱音乐、爱唱歌，是音乐素养很高、音乐知识极为丰富的人。"子在齐闻《韶》，三月不知肉味"。"子与人歌而善，必使反之，而后和之。"孔子周游列国返鲁后，专门对《诗经》的乐曲进行了整理和重新审定，使"雅"、"颂"各得其所。

诗、礼、乐的教育是相互关联的，是修身养性的必修课，在人格塑造中有重要作用。内心的纯美、善良、和谐都可以通过诗、礼、乐做出外在表达，反过来，优美的诗歌、动情的乐章、优雅的礼节仪态，又能净化人的心灵，提升人的气质与品格。仅从诗、礼、乐的教授中就可以体会到，孔子的教育内容和方式极为生动、活泼、有趣。但是，有些珍贵的东西未被后来的儒学者所传承，实在非常可惜。

有子曰："礼之用，和为贵。先王之道，斯为美，小大由之。有所不行，知和而和，不以礼节之，亦不可行也。"（1-12）

［**注释**］和：恰到好处，均衡。　斯：这，指礼、和。

［**试译**］有子说："礼的运用，贵在恰到好处，先王的主张也以为这样最好。事无巨细都要依此行事。有行不通的时候，为和而和不用礼法加以节制，也就行不通了。"

［**浅析**］做事要把握度，要受礼法的制约，过犹不及，如果为和而和，就会做过头。实践证明凡事有度，用于指导行动可以减少走弯路。

子曰:“《诗》三百,一言以蔽之,曰‘思无邪’。”(2-2)

[注释]蔽:概括。 无邪:纯正。

[试译]孔子说:“《诗经》三百首,用一句话概括它,就是‘内容纯正’。”

[浅析]《诗》是原有名称,因被儒家列为教学经典之一,故称《诗经》。《诗经》是我国最早的诗歌总集,编成于春秋时代,共三百零五篇,分为“风”、“雅”、“颂”三大类。语言凝练,感情充沛,想象丰富,内容纯正,乐而不淫,哀而不伤,实在是育人的好教材。所以,要提倡青少年多读诗、背诗、颂诗,对其提高文化修养、陶冶情操大有裨益。

子张问:“十世可知也?”子曰:“殷因于夏礼,所损益可知也。周因于殷礼,所损益可知也。其或继周者,虽百世可知也。”(2-23)

[注释]十世:古代三十年称一世,一世也为一代。十世指年代久远。 殷:殷朝,即商朝的后期,迁都于殷后改用的称号。 损益:损,减少;益,增加。

[试译]子张问:“十代以后,可以预知吗?”孔子说:“殷代承继夏代的礼制,所废除的或增加的是可以知道的。周朝沿袭殷朝的礼制,所废除的和增加的也是可以知道的。如果说到周朝礼制的传承,就是百世之后,也是可以预知的。”

[浅析]孔子此处提到了继承与发扬的辩证关系。读史,研究传统与过去,可以找到历史沿袭的轨迹,随时代的演变,礼制也会随着有所增删。通过前瞻可以知道过去,用同一法则也可预测未来,因为历史不能割断,皆渐变而来,正如母腹中孕育的胎儿,一定会含有父母的基因一样,这就是尊重历史的重要意义。

孔子谓季氏:“八佾舞于庭,是可忍也,孰不可忍也!”(3-1)

[注释]季氏:鲁国大夫。 佾(yì):古代舞蹈奏乐行列,八个人一排,一排为一佾,八佾即八排共六十四人,只有天子才用八佾。诸侯用六佾,大夫用四佾,士用二佾。

[试译]孔子议论到季氏时说:“他在自己的庭院中表演舞蹈,使用了八佾,这

样的事季家都忍心做了，还有什么事他不忍心做呢？”（另一种解释是：“如果这都可以容忍，还有什么不可容忍！”）

［**浅析**］礼有上下之分，礼制有一定的规矩，这是应该遵从的，至今基本原则未变。

三家者以《雍》彻。子曰：“‘相维辟公，天子穆穆。’奚取于三家之堂？”（3–2）

［**注释**］三家：鲁国当时掌权的三家大夫，即孟孙氏、叔孙氏、季孙氏。　雍：《诗经·周颂》中的一篇。是周天子祭礼完毕撤去祭品时唱的乐歌。　彻：通“撤”，撤除。　相维辟公，天子穆穆：《诗经·周颂·雍》中的两句。相，助祭的人。维，助词，无意义。辟公，指诸侯。穆穆，庄严肃穆。

［**试译**］三家祭祖完毕撤祭品时，用《雍》诗作为乐歌。孔子说：“‘诸侯们都来助祭，天子神情庄严肃穆’这样的诗歌，三家的庙堂上怎么用得上呢？”

［**浅析**］孔子重礼，认为尊礼，尤其是祭祀的礼制等级，是维系等级制度不可逾越的准则。任何社会都有必须共同遵守的法度、规范，这是至今不变的原则。正所谓：没有规矩，不能成方圆。只是后世已不把祭礼方式放在首位罢了。

林放问礼之本。子曰：“大哉问！礼，与其奢也宁俭。丧，与其易也宁戚。”（3–4）

［**注释**］林放：鲁国人。　易：置办，把事情办妥。　戚：悲伤。

［**试译**］林放问孔子礼的本质。孔子说：“这个问题很大啊！礼，与其奢侈，宁可节俭；丧事，与其完备置办，不如心中真正悲伤。”

［**浅析**］礼，乃人与人之间相互表达的敬意。礼仪是人们对一件事所表达的重视程度。

敬意，重视，是内心的活动，礼或礼仪则是外在的表达形式。内心活动与外在形式相合，礼即恰到好处。过于俭约则内有余而外不足，奢侈则外有余而内不足。外不足，其本尚在。内不足，则失去根本，故孔子教诲宁俭勿奢。丧葬礼仪是生者对死者追念之情的外在表达，若内心并无哀伤，仅为向世人展现排场，就失去了根本，故孔子指出宁戚勿易。对“礼”孔子是主张有一定外在表现形式的，但要抓住根本，量力而行，否则过犹不及。

季氏旅于泰山。子谓冉有曰：“女弗能救与？”对曰：“不能。”子曰：“呜呼，曾谓泰山不如林放乎？”(3-6)

[**注释**]旅：祭名。祭祀山川称旅。古时天子才能祭名山大川。　冉有：孔子的学生，季氏的家臣。　女弗能救与：你不能劝阻这件事吗？女即汝。弗，不。救，劝阻。　林放：鲁国人，有人说是孔子弟子，曾问“礼之本”。

[**试译**]季孙氏去祭泰山，孔子对冉有说：“你能挽回此事吗？”冉有回答说：“不能。”孔子叹道：“唉！难道泰山之神还不如林放吗？”

[**浅析**]由于孔子时代只有天子才能祭泰山，所以季氏祭泰山是越礼的行为。此处孔子认为如果泰山真的有灵将不会接受这种越礼的谄祭，否则还不如问“礼之本”的林放。孔子借此批评季氏的非礼及冉有对季氏无原则的追随。

子夏问曰：“‘巧笑倩兮，美目盼兮，素以为绚兮。’何谓也？”子曰：“绘事后素。”曰：“礼后乎？”子曰：“起予者商也，始可与言诗已矣。”(3-8)

[**注释**]倩：笑时两颊出现酒涡的样子。　盼：眼睛清朗，黑白分明。　绚(xuàn)：色彩华丽。　素：本色。按绘画技法讲，素色指黑、白、灰三色。　起：启发。　商：指子夏，子夏姓卜，名商。

[**试译**]子夏问道：“‘俏皮的笑脸好美呀！秋波转动多妩媚呀！本色之美真是绚丽多姿呀！’这是什么意思？”孔子说：“绘画之事，最后的艺术效果就是天然去雕饰。”子夏说：“可以理解为‘礼在后’吗？”孔子说：“启发我的是商啊！现在可以与你谈《诗》了。”

[**浅析**]“巧笑倩兮，美目盼兮，素以为绚兮。”前两句诗见于《诗经·卫风·硕

人》，后一句在《诗经》上没有，可能是逸诗（指《诗经》未收到，散落的古诗）。

对于“素以为绚兮”，及孔子说的“绘事后素”，有各种不同的解读文字。这里的“素”，用绘画技法来解释似较牵强，“素”在此是指本色，指天然之美。因原诗此段的内容是：“手如柔荑（tí），肤如凝脂。颈如蝤蛴（qiúqí），齿如瓠犀（hùxī）。螓（qín）首蛾眉，巧笑倩兮，美目盼兮。”是对这位女子的手、肌肤、颈项、牙齿、眉毛、笑容及眼神的赞美，所形容的是该女子的天生丽质，无须脂粉已是宛若天仙了。所以“素以为绚兮”是赞赏这位女子本色的美，天然纯洁的美。因此孔子所说的“绘事后素”，可理解为，一幅完成的画作，最高的艺术境界也就是去掉雕琢的自然和谐之美，也可以说是浑然天成。基于孔子这种解释，使子夏悟道：“礼是后来才产生的吧！”礼的根本是什么？此处未言明，但从儒学一贯的主张来看，礼的本质应为仁。

孔子因与子夏论《诗》，子夏立即能触类旁通，联想到礼的本质，孔子喜而赞之，并坦诚地表示子夏启发了他的思维。教学相长，相得益彰，实乃师生之楷模。

子曰：“夏礼吾能言之，杞不足征也。殷礼吾能言之，宋不足征也。文献不足故也。足，则吾能征之矣。”（3-9）

［**注释**］杞：周的封国，夏的后代。　征：即“证”，证明，作证。　宋：周的封国，殷的后代。　文献：古代“文”指典籍，“献”指贤人。

［**试译**］孔子说：“夏礼，我能讲，杞国不足以为我所说的作证明。殷礼，我能讲，宋国不足以为我的所说作证明。这是因为杞、宋两国现存的典籍和贤人都不足。如果充足的话，就能印证我的说法了。”

［**浅析**］周灭殷后，主张“兴灭国、继绝世”，所以将夏、殷的后代封于杞、宋。但是他们的后代对夏、殷两代典籍的保存关注不够。

孔子凭着博学深思，好古敏求，溯本追源，认为他对夏、殷之礼的历史演变是可以讲明白的。但可惜的是国势衰微，夏、殷的后代对先祖的文献资料保存不足，所以无法印证孔子的论述。

孔子在此指出了保存先祖文化的重要意义，任何一个国家，一个民族，如果不重视自己的历史，后人就无法考证，也就等于割断或毁灭了自己的历史。

子曰："禘自既灌而往者，吾不欲观之矣。"（3-10）

［注释］禘（dì）：古代的大祭，有祭天、祭地、祭祖先之分，天子与诸侯于宗庙祭祖先的禘应有所不同。 既灌：是禘祭开始后的献酒仪式。

［试译］孔子说："禘祭之礼，从献酒之后，我就不想再看了。"

［浅析］对此节解释众说纷纭，莫衷一是。因时代久远，对当时祭礼知之不详。仅理解为，孔子在献酒后不想再看的原因，可能是祭祀时有越礼行为，这是孔子所反对的。

或问禘之说。子曰："不知也。知其说者之于天下也，其如示诸斯乎！"指其掌。（3-11）

［注释］示诸斯乎：如同把东西放在手掌里一样。示，通"置"，摆，放。斯，这里（指手掌）。

［试译］有人向孔子问禘祭之礼的说法。孔子说："不知道啊，懂得禘祀道理的人治天下，不是就像把东西放在这里一样吗？"孔子指了指自己的手掌。

［浅析］孔子对于禘祀的道理，自然是知道的，这里用反激的方法，表明对鲁国禘祀的不满，但又有所难言，所以做了一个手势，表明懂得"礼之本"的人，治理天下就犹如掌上放东西一样容易。

祭如在，祭神如神在。子曰："吾不与祭，如不祭。"（3-12）

［试译］孔子在祭祖先时，好像真有祖先在受祭。祭神的时候，好像真有神在。孔子说："我若不亲自参祭，如同不祭。"（亦可译作："我不赞同的祀礼，虽参祭了如同没祭一样。"）

［浅析］前两句是孔子弟子平时观察老师在参祭时诚敬的神态。后面孔子的教诲表明参祭者内心诚敬的重要意义，否则不如不祭。虽然两种译法，但道理是

相通的。

王孙贾问曰："'与其媚于奥，宁媚于灶。'何谓也？"子曰："不然，获罪于天，无所祷也。"(3–13)

［**注释**］王孙贾：卫国的大夫。　媚：献媚，巴结，奉承。　奥：古代指屋内西南角的神，地位比灶神尊贵。　灶：做饭的设备为灶，此处有灶神。

［**试译**］王孙贾问孔子："俗话说：'与其巴结奥神，不如巴结灶神。'这句话怎么讲？"孔子说："不是这样的。若是获罪于上天，向谁祈祷也没有用。"

［**浅析**］旧说认为灶神地位此奥神低，但能直接对天神禀告一家之善恶。这里的意思是说，与其巴结地位高的人，不如巴结地位虽低却有实权的人。孔子的教诲是，依理行事，对谁也不用巴结，若行事违于天意，向谁谄媚也没有用。

子曰："周监于二代，郁郁乎文哉！吾从周。"(3–14)

［**注释**］监：借鉴。　二代：指夏、商。　郁郁：丰富、繁盛。　文：指礼乐制度。

［**试译**］孔子说："周朝的礼仪制度总结借鉴了夏、商两代的经验成果，多么丰富呀！我赞同周代的。"

［**浅析**］周朝的文化礼仪乃集古之大成，直接借鉴于夏、商，又远高于夏、商，故孔子有此感叹，可见孔子并不主张全盘复古，而是提倡继承与发扬。

子入太庙，每事问。或曰："孰谓鄹人之子知礼乎？入太庙，每事问。"子闻之，曰："是礼也。"(3–15)

［**注释**］太庙：鲁祭周公之庙。　鄹人之子：指孔子。鄹，鲁国地名，今山东曲阜东南，孔子出生地。

［**试译**］孔子进入太庙，每件事都要问。有人就说："谁说这位鄹邑的年轻人知礼呀？他进入太庙，什么事都要问。"孔子听到了，说："这就是礼呀！"

［**浅析**］关于本段之末句"是礼也"，有不同解释，有人认为是："是礼也？"即：

"是礼耶?"乃疑问语,是孔子对庙中非礼之事物的委婉告语。在此不再探究。总之,通过这段对话,可以看出孔子对礼仪的重视。对太庙中的每件祭祀之事都要认真严肃,问明究竟。一方面是学习讨教,另一方面也不排除对有些非礼之事发出疑问,借发问的方式提醒之。

子贡欲去告朔之饩羊。子曰:"赐也,尔爱其羊,我爱其礼。"(3-17)

[**注释**]告朔:古代一种祭庙仪式,每年秋冬之交,周天子把第二年的历书颁给诸侯。诸侯接受历书后,藏于祖庙。每月初一,诸侯来到祖庙,杀一只活羊祭庙,这种祭庙叫"告朔"。朔,农历每月初一。　饩(xì):祭祀用的活羊。

[**试译**]子贡想免掉每月初一祭祖庙要宰杀的羊。孔子说:"赐呀!你爱惜那只羊,我爱惜那种礼。"

[**浅析**]孔子与子贡谈话的时候,鲁国君已不亲临祖庙祭祀,只杀一只羊,"告朔"流于形式,所以子贡主张去掉饩羊。从免于杀生的角度,子贡是对的。但孔子看重的是,通过这种虽已不完整的祭礼,让人们还能知道这种礼仪,从而追忆其精神内涵。

子曰:"事君尽礼,人以为谄也。"(3-18)

[**试译**]孔子说:"服事君主,一切按臣子的礼仪去做,别人却认为是在谄媚。"

[**浅析**]春秋时君弱臣强,鲁国更是如此,人们多依附于季氏三家。孔子仍事君尽礼,人们便看不惯,认为是向君主谄媚。孔子所说可能是为自己的行为辩解。不过,在当时的形势下,孔子是否也应审时度势,不宜仍固守旧礼。

子曰:"《关雎》乐而不淫,哀而不伤。"(3-20)

[**注释**]《关雎(jū)》:《诗经》的第一篇。　淫:古文中"淫"字表示过分,失当之意。

[**试译**]孔子说:"《关雎》这首诗,快乐而不过分,哀叹而不悲伤。"

[浅析]《关雎》写一位青年男子对一窈窕淑女的爱慕、思念与追求，是一首感情真挚的爱情诗，千百年来被国人所传唱。孔子认为这种感情是纯洁的，虽有深深的思念但无悲伤，虽有欢乐但不放荡，这就是诗的境界。孔子举《关雎》一诗以指点人心哀乐之正。

哀公问社于宰我。宰我对曰："夏后氏以松，殷人以柏，周人以栗。曰：'使民战栗。'"子闻之，曰："成事不说，遂事不谏，既往不咎。"（3-21）

[注释]社：社稷的简称。此处指祭祀用的木制牌位。

[试译]鲁哀公问宰我关于"社"的事。宰我回答说："夏代用松为社，殷代用柏，周用栗。意思是'使民畏惧战栗'。"孔子听到了，说："事已成，不必再说了。事已做，不必再规劝了。已经过去的事，不必再追究了。"

[浅析]此句中，宰我强调的"使民战栗"，孔子是不赞成的，孔子主张施仁政，不主张用恐怖统治来治理国家。孔子以宰我所对，非立社之本，树木选择以当地土质为宜，宰我的解释有些牵强附会，且示意君主杀伐之心，所以孔子在此对宰我有较重的责备。

子语鲁太师乐，曰："乐其可知也。始作，翕如也。从之，纯如也，皦如也，绎如也。以成。"（3-23）

[注释]语：告诉。　太师：主管音乐的官。　乐：音乐，或奏乐。　翕（xī）：合聚。　从（zòng）：展开。　纯：声音和谐。　皦（jiǎo）：音节清晰分明。　绎（yì）：声音连续不断，流畅不绝。

[试译]孔子与鲁国乐官谈论音乐，说："音乐演奏的全部过程是可知的，刚一开始，乐音合奏，展开来，音调和谐悦耳，清晰分明，流畅不绝，音乐便这样完成了。"

[浅析]孔子与鲁乐师谈论古乐演奏的过程与内在规律，所论显示出孔子对乐理的精通。正是由于孔子对音乐的爱与精通，所以才对音乐教育十分重视，使之作为美学教育的一部分。古代儒家认为乐教有潜移默化、感人至深的特点，可以善民

心，改变人的性情，使民心、风俗合乎礼仪规范，故应自觉实施乐教。现今的音乐教育与音乐教育工作者，不知是否还遵从此道。

子谓《韶》，"尽美矣，又尽善也。"谓《武》，"尽美矣，未尽善也。"（3-25）

［**试译**］孔子说《韶》乐："很美，又很善。"说《武》乐："很美，但未很善。"

［**浅析**］《韶》据说是舜时的乐曲，《武》是周初的乐曲。舜以其德受尧之禅让，武王以兵力灭商。故《武》乐是否有杀伐之气不得而知，但"闻其乐而知其德"是有道理的。

子曰："能以礼让为国乎，何有？不能以礼让为国，如礼何？"（4-13）

［**试译**］孔子说："能用礼让来治国，还有什么困难呢？不能用礼让来治国，那又谈什么礼呢？"

［**浅析**］此节突出一个"让"字。古人说："让，礼之主也。""让，德之主也。"旧时多子女的父母常教育子女说："争之不够，让之有余。"《三字经》上所传扬的"融四岁，能让梨"，为我国儿童树立了谦让的榜样。"谦让"就是在群体中克制自己的欲求，先人后己，不贪多无厌，不见利忘义，这是中华民族的美德。只有彼此谦让，才能遵从礼制，礼制可以约束人的行为。否则人人只考虑一己私利，"如礼何"？小到家庭、团体，大到国家均同此理。当然谦让要有度，不是伪善，更非怯懦，特别是在现代社会，充分施展自己的才艺，奉现自己的智慧，维护真理与正义，理应"当仁不让"。

子曰："觚不觚，觚哉！觚哉！"（6-25）

［**注释**］觚（gū）：古代的酒器，容量二升。上圆下方，有四条棱角，后改成圆形，没有了棱角仍称觚。

［**试译**］孔子说："觚早已不像觚了，这还是觚吗？这还是觚吗？"

［**浅析**］一是觚的形状变了，已是名不副实，或者说觚有寡少之义，诫人少饮，

但当时已有贪杯之风,沉湎于酒,故孔子在此发出感叹。

子曰:“君子博学于文,约之于礼,亦可以弗畔矣夫。”(6–27)

[**注释**]文:泛指一切诗书礼乐、文章典籍。 约:约束,规范。 弗畔:不违背。弗,不。畔,通“叛”。

[**试译**]孔子说:“君子广泛学习文献典籍,并以礼约束之,就可以不违背道了。”

[**浅析**]“约”字与“礼”字有不同的解读与译法,此处从众。《子罕》有“博我以文,约我以礼”,可一并学习领会。

子在齐闻《韶》,三月不知肉味,曰:“不图为乐之至于斯也!”(7–14)

[**试译**]孔子在齐国听到《韶》乐,很久感觉不到肉的滋味,说:“没有想到音乐之美能达到如此境界。”

[**浅析**]从《论语》中看到,孔子对诗、乐爱之甚深,并有极高的鉴赏力,以致听到动人的乐声,口中美食似觉无味。孔子对弟子不光传授知识、学问,还以“艺术心情”感染弟子,这就是至圣先师超凡的修养境界及执教之道。

子所雅言,诗书执礼,皆雅言也。(7–18)

[**注释**]雅言:正言,标准话,相当于现在的普通话。

[**试译**]孔子用雅言,在诵诗、读书、及执行礼仪时,都用雅言。

[**浅析**]孔子在教学、礼事上皆用雅言,既说明对古代文化传统的重视,也表明孔子不把自己局限于鲁言与鲁地,而视天下为一家的宽广胸怀。

陈司败问:“昭公知礼乎?”孔子曰:“知礼。”孔子退,揖巫马期而进之,曰:“吾闻君子不党,君子亦党乎?君取于吴,为同姓,谓之吴孟子。君而知礼,孰不知礼?”巫马期以告。子曰:“丘也幸,苟有过,人必知之。”(7–31)

［**注释**］陈司败：陈国大夫。司败，官名，管理治安。　昭公：鲁昭公，鲁国国君。　巫马期：孔子的学生，姓巫马，名施，字子期。　党：偏袒，包庇。　取：通“娶”。　吴孟子：鲁昭公夫人。　苟：假如，如果。

［**试译**］陈司败问孔子：“昭公知礼吗？”孔子说：“知礼。”孔子走出去以后，陈司败向巫马期作了个揖，走近前对他说：“我听说君子不偏袒，君子也会偏袒吗？鲁君从吴国娶了同姓的一位夫人，称她为吴孟子，鲁国君如果知礼，还有谁不知礼？”巫马期把这话告之孔子，孔子说：“我很幸运，假如有过错，别人一定会知道。”

［**浅析**］鲁国与吴国的国君都是周的后代，所以全姓姬。吴孟子本应称吴姬（出生国名，加上本姓，是国君夫人的称号），但是，为回避周朝同姓不婚的礼法，所以改称吴孟子。孔子当然知道这是违礼的。因当时有“不言君亲之恶”的规范，孔子只能如此回答。当听到批评的意见时，孔子以闻过则喜的态度和委婉的言词应对，十分巧妙。

子与人歌而善，必使反之，而后和之。（7-32）

［**注释**］反：重复，反复。　和（hè）：跟着唱。

［**试译**］孔子与人一起唱歌，别人唱得好，就一定请他再唱一遍，然后再与他同歌。

［**浅析**］文中可见孔子是何等爱歌，又何等爱善歌者，同歌时兴奋喜悦之心情跃然纸上。孔子听《韶》乐，三月不知肉味，足见孔子对音乐热爱之深切。可惜后来的儒学者没有很好传承孔子这方面的美德，从而，使人一想到儒学就与迂腐的老学究相联系，实在可惜！

子曰：“恭而无礼则劳，慎而无礼则葸，勇而无礼则乱，直而无礼则绞。君子笃于亲，则民兴于仁；故旧不遗，则民不偷。”（8-2）

［**注释**］劳：劳倦。　葸（xǐ）：胆怯、拘谨。　绞：说话尖刻伤人。　笃（dǔ）：厚待。　不偷：不冷漠。偷，薄、淡。

[试译] 孔子说："恭而无礼则劳扰不安，慎而无礼则畏缩多惧，勇而无礼则犯上作乱，直而无礼就会出语尖刻。在上位的人能用深厚的感情对待亲族，老百姓就会走向仁德；在上位的人若不遗弃老朋友、老同事，老百姓也不会对人冷漠无情。"

[浅析] "恭"字除"恭敬"之意外，尚可做"奉行"解。如果对上司或别人的要求一味恭顺奉行，不加选择或控制，其结果自然是劳倦至极；谨慎过度就会畏缩不前；勇猛过度就可能目无法纪；直率过度，乃至口无遮拦，就有可能恶语伤人。这些都是孔子在《论语》中反复谈到的"过犹不及"的表现。要做到处事有度，就要靠行为规范——礼制来约束，否则就会走向反面。

子曰："兴于诗，立于礼，成于乐。"(8-8)

[试译] 孔子说："诗使人振奋，礼使人立得住，乐使人之所学得以完成。"

[浅析] 在此节中，孔子用的都是结论性的语言，足见孔子对"诗、礼、乐"在教育中的作用体会之深刻，及对其意义重大之强调。

诗能使人精神振奋，情感激越，有启发人心智、净化人心灵的作用，所以孔子把学好诗放在第一位。礼的教育使人懂得行为规范。只有了解并遵从行为规范，才能在人群中顺利地生活，才能在社会上立足。优美的音乐可以养人性情，使人性向善，荡除污秽与邪恶，升华人的情感世界，使之成为高尚的人，脱离低级趣味的人。

诗、礼、乐的教育被孔子看得如此之重，但是后来的儒学者未予强调或传承，使后来的私塾教育越来越干枯，除去在威严的老师看管下，死记硬背几本四书五经外，绝少活泼康乐的活动，实乃我国旧教育之大不幸。

就是现在，在一些教师或家长的心目中也只重视升学需要的科目，对诗、礼、乐的教育只当副科，远未达到孔子认识的高度，当然也就不可能身体力行。今日，面对孔子两千多年前的教诲，确实应该深深体会、细细玩味内中之真谛，并努力实行之。

子曰："师挚之始，《关雎》之乱，洋洋乎盈耳哉！"(8-15)

[**注释**] 师挚之始：古代奏乐，开始叫“升歌”，一般由太师演奏。师挚是鲁国的乐师，名挚，由他演奏，所以称作“师挚之始”。 《关雎》之乱：乐曲的结束称“乱”，即尾声，是“合乐”或“合奏”。合奏时，奏《关雎》乐章，所以称作“《关雎》之乱”。

[**试译**] 孔子说：“由太师挚演奏升歌开始，到《关雎》之合奏终结，耳中充满了美妙的乐声。”

[**浅析**] 孔子又一次赞叹声乐之美。

子曰：“麻冕，礼也；今也纯，俭。吾从众。拜下，礼也；今拜乎上，泰也。虽违众，吾从下。”(9–3)

[**注释**] 麻冕：用麻织成的大夫的礼帽，做工精细，价格昂贵。 纯：黑色的丝。 拜下：臣见君的礼节，臣先在堂下对君跪拜，升堂后在堂上再拜一次。 拜上：臣见君在堂下不拜，仅到堂上拜。 泰：骄慢。

[**试译**] 孔子说：“麻织成的礼帽，是礼制的规定，现在用丝织的，比较节俭，我随着大家。臣见君要先在堂下拜，这是礼制的规定，现在只在堂上拜，显得太骄慢了。虽然与众人的做法相违背，我还是要下拜。”

[**浅析**] 孔子对非原则问题，如上朝所戴礼帽的材质问题，他可以从众。对待原则问题，即对君主表示诚敬的大礼不能从简，否则就是藐视君主。所以孔子即使违众，依然坚持古礼。这代表着孔子的精神，他按自己的原则主张行事，不怕孤立或被人讥讽为“谄媚”。不过，繁琐的古礼逐渐被废除，乃社会进步的大势所趋，孔子的坚持是否也应有所变通。

子见齐衰者、冕衣裳者与瞽者，见之，虽少必作；过之，必趋。(9–10)

[**注释**] 齐衰(zī cuī，咨崔)：古代丧服。 冕衣裳者：穿戴着礼帽礼服的贵族。瞽者：盲人。 作：站起来，表示敬意。 趋：快步走，古代以疾行表示敬意。

[**试译**] 孔子与穿丧服的人、着官式礼服的人，以及盲人见面的时候，不论年长年少都以礼相待，即使是年纪较轻的人，也要站起来。经过这些人面前时，一定要加

快脚步。

[**浅析**]孔子对穿丧服的人、同僚、盲人,不论年长年少都以礼相待,注意对别人的尊重,这种礼让与谦逊的态度是社会和谐的基础。孔子为我们做出了榜样。

子曰:“吾自卫反鲁,然后乐正,雅颂各得其所。”(9–15)

[**注释**]自卫反鲁:反同返。鲁哀公十一年(公元前484年),孔子自卫国返回鲁国,结束了周游列国。 乐正:对乐曲的整理和重新审定。正,整理,订正。 雅颂:雅颂是《诗经》中的两类诗体,不同类的诗体配有不同的乐曲。这里是指乐曲。

[**试译**]孔子说:“我从卫国返回鲁国,然后把乐进行整理和订正,使雅乐归《雅》,颂乐归《颂》,各有适当的安置。”

[**浅析**]孔子返鲁后,将“删诗书,正礼乐”当成大事来做,工作之浩繁可想而知,足见孔子对音乐之高度重视。

朝,与下大夫言,侃侃如也;与上大夫言,訚訚如也。君在,踧踖如也,与与如也。(10–2)

[**注释**]侃侃:温和欢乐。 訚訚(yín):正直恭敬。 踧踖(cù jí):恭敬而不安的样子。 与与:稳重、安详。

[**试译**]上朝的时候,与下大夫交谈,显得温和而快乐。与上大夫谈话,显得正直而坦诚。君主临朝时,显得恭敬而警惕,步态稳重安详。

[**浅析**]孔子在朝廷上,对待同僚、上级或君主的态度有所不同,皆以礼制为依据,以诚敬待人。

君召使摈,色勃如也,足躩如也。揖所与立,左右手。衣前后,襜如也。趋进,翼如也。宾退,必复命曰:“宾不顾矣。”(10–3)

[**注释**]摈(bìn):通“傧”,接待傧客。 色勃:神情庄重。 躩(jué):快走。 襜(chān):整齐。

[**试译**] 国君召见命其接待国宾，神情庄重，加快了行走的脚步。向同朝官员作揖，左右拱手。衣服随之前后摆动，整齐而不乱。在加快脚步行走时，就像展开翅膀的鸟，贵宾走后一定回来禀告说："客人已经不回头了(走远了)。"

[**浅析**] 这是奉君命，接待国宾时神态、动作细节的描述。对君主、对同僚、对宾客面面照顾到，均以礼相待。

入公门，鞠躬如也，如不容。立不中门，行不履阈。过位，色勃如也，足躩如也，其言似不足者。摄齐升堂，鞠躬如也，屏气似不息者。出，降一等，逞颜色，怡怡如也。没阶，趋进，翼如也。复其位，踧踖如也。(10-4)

[**注释**]容：指容身之地。 阈：门槛、门限。 过位：经过君主座位。 色勃：神色庄重。 摄齐(shèzī)：提起衣服的下摆。 逞颜色：面色舒展。 怡怡：愉快和悦。 没阶：走完台阶。

[**试译**] 走进朝廷的门，谨慎而恭敬的样子，好像无容身之地。站，不站在门的中央。走，不踩门槛。经过君主的座位，面色矜持庄重，脚步加快，说话很轻好像中气不足。提起衣服的下摆向堂上走，谨慎而恭敬的样子，屏住气好像不呼吸一样。走下一级台阶，面色舒展，自在而快乐，下完台阶，快步向前，好像鸟展开双翅。回到自己位置时，显得恭敬而谨慎。

[**浅析**] 作为臣子在朝中应有的表现，弟子们记叙得生动有加。是孔子自身的写照，还是孔子讲解上朝时应有的礼仪表现，不得而知。

执圭，鞠躬如也，如不胜。上如揖，下如授。勃如战色，足蹜蹜，如有循。享礼，有容色。私觌，愉愉如也。(10-5)

[**注释**] 圭(guī)：一种玉器，一般上尖下方，礼仪用器。 蹜蹜(sù)：脚步细碎紧凑。 如有循：行走好像有所遵循。 私觌(dí)：以私人身份会见。

[**试译**] 手捧着圭，恭敬曲身，好像举不动的样子。向上举像作揖，放下来，好像要交给别人。面容庄重，战战兢兢。脚步细碎紧凑，像循着一条直线在走。献礼时，

和颜悦色。私下与外国君臣见面，显得轻松愉快。

［**浅析**］此节介绍当时外交场合的礼仪、神态。

君子不以绀緅饰。红紫不以为亵服。当暑，袗絺绤，必表而出之。缁衣羔裘，素衣麑裘，黄衣狐裘。亵裘长。短右袂。必有寝衣，长一身有半。狐貉之厚以居。去丧，无所不佩。非帷裳，必杀之，羔裘玄冠不以吊。吉月，必朝服而朝。（10-6）

［**注释**］绀緅(gànzōu)：绀，深青透红的颜色，即天青色。緅，黑中透红，比绀更暗的颜色，即铁灰色。　饰：领子、袖口的镶边。　亵(xiè)服：便服，平时在家穿的衣服。　袗絺绤：(zhěnchīxì)：袗，单衣。絺，细葛布。绤，粗葛布。即细葛布、粗葛布做的单衣。　缁(zī)衣：黑色的衣服。　羔裘：即紫羔，黑色羊毛的皮袍。　麑(ní)裘：小鹿皮袍，白色。　短右袂(mèi)：古代有以"右"兼指左右手的说法，所以这里指两个袖子都要短些。　寝衣：指被子。　貉(hé)：兽名，毛棕灰色，皮毛珍贵。　居：坐垫。　帷裳：礼服，用整幅布做，不用剪裁，多余的布做成褶。　杀：裁去。　羔裘玄冠：古代用作吉服。玄冠，黑色礼帽。　吉月：正月初一。

［**试译**］君子不用天青色和铁灰色面料做镶边，红紫色不做家居服。夏天，在室内穿粗、细葛布制成的单衣，外出时要套上外衣。黑色礼服配黑色羔裘，白色礼服配白色麑裘，黄色礼服配黄色狐裘。家居的皮袍要长些，袖子要短些。一定要有睡觉用的小被，长度为身高的一倍半。要用厚的狐貉皮当坐垫。服丧期满后，各类饰物都可以佩戴。不是朝服、祭服，一定要把多余的布料剪裁掉。穿黑色皮裘和黑色礼帽不去吊丧。正月初一，一定要穿着朝服去朝贺。

［**浅析**］本节详述了孔子对服装的颜色搭配、面料选择、款式的设计、正装与家居装的区别、饰物的佩戴、不同场合着装的要求等方方面面，具体而翔实，表明了孔子修身之全面，即使对现代人的文明着装也很有参考价值。

齐，必有明衣，布。齐，必变食，居必迁坐。（10-7）

［**注释**］齐：斋戒。 明衣：浴衣。 变食：改变平日饭食，以素淡为要。 迁坐：改变住室，即不与妻室同房，以静心。

［**试译**］斋戒时，要准备布制的浴衣，改变平日的饮食，改变平日的居室。

［**浅析**］斋戒的各种注意事项，皆表明祈祷者的虔诚。

子曰："先进于礼乐，野人也。后进于礼乐，君子也。如用之，则吾从先进。"（11-1）

［**注释**］先进：前辈。 后进：后辈。 野人：朴野之人，保存淳厚朴素之风的人。 君子：文胜于质的人。

［**试译**］孔子说："先辈的礼乐，像朴野之人。后辈的礼乐，像君子。如果选用礼乐，我推崇先辈的。"

［**浅析**］关于"先进"、"后进"有多种注释。本书仅从字面直译，即：先辈的礼乐虽简单、粗犷，但朴实无华，反映了真正的礼乐精神。后辈的礼乐，过分雕琢，书卷气较浓，反而有失礼乐之本真。故孔子说了上面的话。

子曰："由之瑟，奚为于丘之门？"门人不敬子路。子曰："由也升堂矣，未入于室也。"（11-15）

［**注释**］奚：古疑问词，为什么。 堂、室："堂"为正厅，"室"为内室，比喻由浅入深。

［**试译**］孔子说："子路为什么到我这里来弹琴呀？"弟子们因此也不敬重子路。孔子就说："子路已经进入了厅堂，只是尚未入到内室。"

［**浅析**］"升（登）堂入室"成语典故来源于此，比喻学识由浅入深，逐步达到更高的境界。此处可见孔子与弟子之间亲密的关系，有戏谑之语："子路为什么到我家门口来弹琴？是不是想表现表现呢？"当看到弟子们随声附和时，立即对子路加以表扬和肯定，并提出更高的期望。此段文字读来甚感有趣。

子曰:"上好礼,则民易使也。"(14-41)

[试译]孔子说:"在上位的人能遵循礼法,老百姓便容易使唤。"

[浅析]如果领导者认真遵循礼制,尊重爱护民众,在民众中取得信任,当然民众拥戴之。

陈亢问于伯鱼曰:"子亦有异闻乎?"对曰:"未也。尝独立,鲤趋而过庭。曰:'学诗乎?'对曰:'未也。''不学诗,无以言。'鲤退而学诗。他日,又独立,鲤趋而过庭。曰:'学礼乎?'对曰:'未也。''不学礼,无以立。'鲤退而学礼。闻斯二者。"陈亢退而喜曰:"问一得三。闻诗,闻礼,又闻君子之远其子也。"(16-13)

[注释]陈亢:名元,字子禽。孔子的学生。 伯鱼:姓孔,名鲤,字伯鱼,孔子的儿子。 异闻:特别的教训。

[试译]陈亢问伯鱼说:"你在你父亲那里听到些与众不同的教导吗?"伯鱼回答:"没有。一次他一个人站着,我快步走过庭院。他说:'学诗了没有?'我说:'没有。'他说:'不学诗,便不懂得如何讲话。'我退下来就学诗。又一次,父亲又一个人站着,我快步走过庭院。他说:'学礼了吗?'我回答:'没有。'他说:'不学礼,便不懂如何立身。'我退下来就学礼。我只听到这么两次。"陈亢退下来很高兴,说:"我问一件事,知道了三件事。知道诗,知道礼,又知道君子并不特殊对待自己的儿子。"

[浅析]通过陈亢与孔鲤的对话,用生动的事例说明,孔子对儿子的教导与对待弟子一样,并无偏私。"远其子"并非疏远之意,指无特殊的偏爱与厚待。更说明孔子对弟子和儿子的教诲都把学习"诗"、"礼"放在极为重要的地位。

邦君之妻,君称之曰夫人,夫人自称曰小童;邦人称之曰君夫人,称诸异邦曰寡小君;异邦人称之,亦曰君夫人。(16-14)

[试译]国君的妻子,国君称她为"夫人",夫人自称为"小童";国内的人称她为"君夫人",但对外国人就称她为"寡小君";外国人称她也是"君夫人"。

［浅析］古礼对称谓十分重视，不能随便称呼。过于烦琐当然没有必要。但是，目前国内的称呼比较混乱也不好。如对服务人员，称师傅、同志、先生(男)、小姐(女)或直呼××员等等。随着社会的稳定与进步，对于社交礼仪、称谓，也应有所规范才好。

阳货欲见孔子，孔子不见，归孔子豚。孔子时其亡也，而往拜之，遇诸涂。谓孔子曰："来！予与尔言。"曰："怀其宝而迷其邦，可谓仁乎？"曰："不可。""好从事而亟失时，可谓知乎？"曰："不可。""日月逝矣，岁不我与。"孔子曰："诺。吾将仕矣。"（17-1）

［注释］阳货：又叫阳虎，季氏的家臣。此时他掌握了季氏的权柄，后争权失败，逃往晋国。 归(kuì)：通"馈"，赠送。 豚(tún)：小猪。 时其亡：即打听到他不在家时。时，通"伺"，窥伺。亡，通"无"。 亟(qì)：屡次。

［试译］阳货想让孔子拜会他，孔子不去。他赠一只乳猪给孔子。孔子打听到他不在家时去回拜他，正好相遇在路上。阳货对孔子说："你过来，我有话对你说。"说："身怀本领却听任国家迷途失道，这能算仁吗？"说："不能算仁。""想从政又屡次失去机会，能算得上明智吗？"说："不能算明智。""日子一天天过去，岁月不等人呀！"孔子这才说："好吧！我会去做官的。"

［浅析］阳虎是鲁国的奸臣，孔子自然不愿与其为伍。但孔子并不失礼，这是我们应学习的气度与修养。

子曰："小子何莫学夫诗？诗可以兴，可以观，可以群，可以怨。迩之事父，远之事君。多识于鸟兽草木之名。"(17-9)

［试译］孔子说："学生们，为什么不学诗呀？诗可以激发人的志趣，诗可以提高观察力，诗可以会合群体，诗可以表达哀怨。从近处讲，诗可用以侍奉父母，从远处讲，诗可用以侍奉国君。学诗还可以认识很多鸟兽草木的名称。"

［浅析］孔子在这里全面阐述了诗在个人修养中的重要作用。诗可以抒发情感，净化灵魂。可以使人振奋，也可以宣泄内心一时的压抑。朋友聚会，有唱有和，以

文会友，结交知音，又是何等的乐事。古代文臣武将、名人雅士都有深厚的诗的修养功底，不但读诗，而且都会作诗，且留下了许多千古佳句。

当然，古代的诗与现代有很大不同，现代有了多样的文艺形式，诗的地位也随之发生了明显变化。但无论如何，让学生们自幼都能受到良好的诗的教育，对于学生优秀品格的培养仍是至关重要的。

子谓伯鱼曰："女为《周南》《召南》矣乎？人而不为《周南》《召南》，其犹正墙面而立也与！"（17-10）

［**注释**］为：学。 《周南》《召南》：《诗经·国风》中第一、第二两部分的名称。犹正墙面而立：如同面对墙壁站着。

［**试译**］孔子对伯鱼说："你学了《周南》《召南》的诗吗？一个人如果不学《周南》《召南》，那就像面对墙壁站立一样。"

［**浅析**］《周南》《召南》是汉水流域的民歌，用于乡乐，众人合唱。若不能歌，将一人独处，犹如面壁而立。此为一种解释。有人认为《诗》在古代不仅是感情的抒发，其中包括的内容十分广泛，就像博物一样，有很强的知识性、实用性及权威性，常需援引应用，故不学则寸步难行。

子曰："礼云礼云，玉帛云乎哉！乐云乐云，钟鼓云乎哉！"（17-11）

［**注释**］玉帛：举行礼仪时使用的玉器和丝帛。

［**试译**］孔子说："礼呀！礼呀！难道说的就是玉帛吗？乐呀乐呀！难道指的就是钟鼓吗？"

［**浅析**］玉帛是举行礼仪时的用品，钟鼓是演奏时的乐器，对于礼乐当然是重要的，但非根本。因为它们都是由使用者掌握的，使用者内在的情感世界才是最重要的。另外礼乐的目的在于教化人，升华人的精神境界，因此既不能流于形式，更不能粗陋不雅，这是孔子在《论语》中多次强调的。

子曰："恶紫之夺朱也，恶郑声之乱雅乐也，恶利口之覆邦家者。"(17-18)

[**试译**] 孔子说："厌恶紫色夺去了红色，厌恶郑国的乐曲扰乱了典雅的乐曲，厌恶伶牙俐齿颠覆了国家的人。"

[**浅析**] 孔子对服装颜色的变化及流行乐曲之不雅，看不惯、听不惯，达到厌恶的程度。与今天年长者对当前流行的服装与乐曲看不惯和听不惯可能十分相似。是否每个朝代都有时尚和流行的问题。至于对奸佞之人误国的憎恶，历朝历代都是一样的。

大师挚适齐，亚饭干适楚，三饭缭适蔡，四饭缺适秦，鼓方叔入于河，播鼗武入于汉，少师阳、击磬襄入于海。(18-9)

[**注释**] 大师挚：鲁乐官之长称大师，名挚。　亚饭干、三饭缭、四饭缺：周朝制度规定，天子和诸侯吃饭时要奏乐。第二次、第三次、第四次吃饭时奏乐的乐师，名字分别叫干、缭、缺。　鼓方叔：击鼓的乐师，名方叔。　播鼗(táo)武：摇拨浪鼓的叫武。

[**试译**] 太师挚去了齐国，亚饭干去了楚国，三饭缭去了蔡国，四饭缺去了秦国，打鼓的方叔去了黄河边，摇拨浪鼓的武去了汉水边，少师阳、击磬的襄去了海边。

[**浅析**] "百花齐放，百家争鸣"，当然要在太平盛世。鲁是继承周文化最多的国家，但国力衰微，礼崩乐坏，王室之乐队也被解体，四散而去。追忆者一个一个点着他们的职务、名字、去向，内心之感伤溢于言表。

第七章 识人与交友

朋友间的情谊是无价的。困难时相助，痛苦时分忧，欢乐时共享，彼此不求回报，不斤斤计较，即使久不来往，却有情感共鸣。得到至交好友乃人生之大幸，所以《论语》开篇即是："有朋自远方来，不亦乐乎。"清何溱《联句》："人生得一知己足矣，斯世当以同怀视之。"道出了其对友情的珍视。

《论语》中孔子对如何识人，如何择友、交友有较多论述，今日学来仍深受启迪。审视一个人要从多方面观察，"视其所以，观其所由，察其所安"。"众恶之，必察焉；众好之，必察焉。"尽量避免人云亦云，主观臆断。对于择友、得友、待友、失友，孔子皆有教诲，其核心是要慎重择友，"久而敬之"。孔子说："放于利而行，多怨。"告诫后人，如果只想索取，不想给予，是不可能获得真正友谊的。

子曰："视其所以，观其所由，察其所安，人焉廋哉？人焉廋哉？"（2-10）

［**注释**］所以：所因，所为。指行为之动机与居心。　所由：从由，经由。指行为之途径。　所安：安乐，心安。指行为之意态与情趣。　人焉廋哉：人哪里还能藏匿？焉，哪里，何处。廋（sōu），隐藏，藏匿。

［**试译**］孔子说："看他的动机，观察他的过程，了解他的心理寄托，他还能如何藏匿呀！他还能如何藏匿呀！"

［**浅析**］孔子在此提出观察人的方法，若能从几个方面了解一个人，这人的本质就易被发现。也可用孔子之教导自察内省，自己做事的动机、过程、心理变化如何？用以防止自欺而欺人。

子曰："人之过也，各于其党。观过，斯知仁矣。"（4-7）

［**注释**］党：类别，集团。　斯：连词，就，那么。　仁：通"人"。

［**试译**］孔子说："人的过错，各归其类，看他的过错，就了解这个人了。"

［**浅析**］又是了解人的一种方法，通过观察一个人易犯的过错，可以看到其品格之高下。

子曰:“士志于道,而耻恶衣恶食者,未足与议也。”(4–9)

[**试译**] 孔子说:“有志于追求道的知识分子,又以粗茶淡饭为羞耻的人,就不值得再与他探讨什么了。”

[**浅析**] 想追求圣贤之道,又艳羡生活之奢华与安逸,两者是很难相容的。

子曰:“放于利而行,多怨。”(4–12)

[**注释**] 放:通“仿”,依照,仿效。

[**试译**] 孔子说:“只依照利益而行事,会招致很多怨恨。”

[**浅析**] 做事,交友,只从个人获取利益出发,恐怕事情很难办成功,欲利于己,必害于人,朋友很可能反目成仇。对这种利害、得失之间的辩证关系必须有清楚的认识。

子曰:“德不孤,必有邻。”(4–25)

[**试译**] 孔子说:“有德之人不会孤独,一定会有人同他亲近。”

[**浅析**] 品德高尚者,不会孤立,即使处于乱世,总有警醒的人,总有志同道合者。如孔子虽处境困难,仍有众多弟子并七十二贤人相随,何等欣慰。

子游曰:“事君数,斯辱矣;朋友数,斯疏矣。”(4–26)

[**注释**] 数(shuò):频繁,烦琐。

[**试译**] 子游说:“向国君烦琐进谏,就会招来侮辱。对待朋友过多劝告,就会被疏远。”

[**浅析**] 这是经验之谈,也是一个如何把握“度”的问题。虽有冒死相谏的忠臣良将,其精神固然可歌可泣,但君主也好,朋友也好,认识问题有时需待时日。通过实践才有所觉悟,也是正常现象。所以,应该理解事物的发展有其规律与过程,过于频繁逼促,可能效果适得其反。子游所言秉承了孔子的教诲。

子谓公冶长:“可妻也。虽在缧绁之中,非其罪也。”以其子妻之。子谓南容:“邦有道,不废;邦无道,免于刑戮。”以其兄之子妻之。(5-1、2)

[**注释**] 公冶长:孔子弟子。　缧绁(léixiè):捆绑犯人的绳子,此处指监狱。子:古时男女孩子皆称“子”。此处指女儿和侄女。　南容:孔子的弟子。

[**试译**] 孔子说公冶长:“可以把女儿嫁给他,虽被关在监狱里,但不是他的罪过。”于是把女儿嫁给了他。孔子说南容:“国家有道的时候他有官做,国家无道的时候,他也不会受到刑罚。”于是把自己哥哥的女儿嫁给了他。

[**浅析**] 此处可以看出孔子识人和择婿之标准。公冶长虽在狱中,但孔子不以一时之荣辱取人,只看人的本质,实为难得。

子曰:“晏平仲善与人交,久而敬之。”(5-17)

[**注释**] 晏平仲:春秋时齐国大夫,名婴。尊称晏子。

[**试译**] 孔子说:“晏平仲善于和人交往,相处的时间尽管久了,仍能对人敬意不减。”(一说交往越久,别人越尊敬他。)

[**浅析**] “久而敬之”四个字说尽了交友之道。朋友间能长期保持友谊并非易事。其关键,一方面是志趣相投,另一方面要长期保持彼此的尊重和恭敬。如果傲慢无礼,出语伤人,只愿接受不肯付出,有来而无往,这些恐怕都会影响友谊的深入与持久。

子曰:“臧文仲居蔡,山节藻棁,何如其知也?”(5-18)

[**注释**] 臧文仲:鲁国大夫。　居蔡:“蔡”指大龟,“居”使龟居住的意思。“居蔡”是说为龟修建了住房。　山节藻棁:山节,节指柱子上的斗拱,“山节”是将斗拱雕出山形。藻棁(zhuō),“棁”是大梁上的短柱,“藻棁”是画着水草的短柱,即雕梁画栋的意思。　知:通“智”。

[**试译**] 孔子说:“臧文仲供养大龟的屋子,柱头雕成山的形状,梁的短柱上画着水草,他怎么算得上聪明智慧呢?”

[浅析] 古代把龟看得很重要，认为能占卜凶吉，臧文仲为自己供养的大龟专门建造了住房，而且还雕梁画栋。当时一般人认为他是个智者，但孔子认为仅凭这点他怎么能算得上智者？

子曰："孰谓微生高直？或乞醯焉，乞诸其邻而与之。"(5-24)

[注释] 微生高：人名，姓微生，名高。鲁国人。 醯(xī)：醋。

[试译] 孔子说："谁说微生高直爽？有人向他要点醋，他去向邻居要来转给人家。"

[浅析] 人们认为微生高是个直爽的人，但是，有人向他借醋，他不说自家没有，却到邻居家转借了给人。孔子认为这就谈不上直爽。区区小事，何足评议？孔子在此是否另有所指，应联系当时谈话背景才能清楚。

子谓仲弓曰："犁牛之子骍且角，虽欲勿用，山川其舍诸？"(6-6)

[注释] 犁牛之子：犁牛即耕牛，耕牛之子比喻冉雍。 骍(xīng)：赤色。 山川：指山川之神。 其舍诸：怎么能舍弃他。其，通"岂"。

[试译] 孔子谈到仲弓时说："耕牛的牛犊，长着赤色的毛和端正的角，打算不用它，神灵会答应吗？"

[浅析] 周朝祭神要选用赤毛的牛，杂色毛的牛只能耕田，即犁牛。孔子在此将仲弓(冉雍)比喻为犁牛之子，因雍出身卑微，但是他自身像一头俊美的牛犊。孔子主张唯贤是举，不看门第出身，在当时的历史背景下何等难能可贵。

子曰："中人以上，可以语上也；中人以下，不可以语上也。"(6-21)

[试译] 孔子说："中等以上资质的人，可以与其谈论(或讲解)较高深的学问；中等以下资质的人，不可与之谈论(或讲解)太高深的学问。"

[浅析] 这里可指因材施教，也可作为交友指南。一般朋友与知音之间，所谈论的内容自然会有很大的不同。孔子说："可与言而不与之言，失人；不可与言而与之

言，失言。"这与本章的核心意思应是一致的。

应该说明的是，"中人以上"或"中人以下"是可变的，敬业好学者会不断进取，逐步提高学识、修养、道德，"不进则退"的人也是会有的。

子曰："三人行，必有我师焉。择其善者而从之，其不善者而改之。"（7–22）

［**试译**］孔子说："三人同行，必有我的老师。选择长处学习之，看到短处反省自己并加以改正。"

［**浅析**］与朋友在一起，随时注意学习他们的优点，发现他们的缺点对照自省，时刻保持谦虚谨慎的态度，这是不易做到的。往往以己之长比人之短，既影响了自己的进步，同时也影响了朋友之间的相互尊重和持久真诚的交往。

子曰："可与共学，未可与适道；可与适道，未可与立；可与立，未可与权。"（9–30）

［**注释**］适道：追求道。适，往。　立：志向坚定不变。　权：本意为秤砣，它可在秤杆上左右移动。引申为随机应变，权衡轻重。

［**试译**］孔子说："可以与之共同求学，未必可以与之共同求道。可以与之共同求道，未必可以与之坚守原则。可以与之坚守原则，未必可以与之权衡轻重，灵活应变。"

［**浅析**］本章孔子告知向学者，一方面，欲取得真知灼见要经历求学、探道、坚守、应变的循序渐进过程，才能完成由必然王国向自由王国的过渡。另一方面，在探求真知的各个阶段都可能有同路人，但真正能彼此相携走到最后的，也许寥寥无几。我们在求学探道的过程中需做好这方面的精神准备。

子曰："论笃是与，君子者乎？色庄者乎？"（11–21）

［**注释**］论笃：言论笃实。　与：赞许。　色庄：外表庄重。

［试译］孔子说："言论笃实就得到赞许，是真正的君子呢？还是表面的庄重？"

［浅析］了解一个人不能仅从言论和表情就下结论。

司马牛忧曰："人皆有兄弟，我独亡。"子夏曰："商闻之矣：'死生有命，富贵在天。君子敬而无失，与人恭而有礼，四海之内皆兄弟也。'君子何患乎无兄弟也？"(12-5)

［试译］司马牛忧伤地说："别人都有兄弟，唯独我没有。"子夏说："我听说过：死生难料，富贵难求。我们只要保持谦恭避免过失，对人恭敬合乎礼制，天下人都是我们的朋友呀！君子又何愁没有兄弟呢？"

［浅析］子夏与司马牛同为孔门弟子，当同窗学友伤感之时，子夏给予他极真挚恳切的劝勉，语言十分感人。且"四海之内皆兄弟"已成千古佳句。子夏特别对司马牛指出了交友的要点：敬而无失，恭而有礼，正是孔子所教诲的"久而敬之"。不论多熟识的友人，也要避免放荡不羁，由于言语或行为之不慎伤害了朋友。

子贡问友。子曰："忠告而善道之，不可则止，毋自辱焉。"(12-23)

［试译］子贡问如何交朋友。孔子说："忠心劝告和善意引导他，如果不听就停止劝说，不要自取其辱。"

［浅析］朋友之间，不可勉强，要恰到好处，适可而止。允许朋友有一个思考与认识的过程，否则反伤和气。

曾子曰："君子以文会友，以友辅仁。"(12-24)

［试译］曾子说："君子通过文化思想的交流来聚会朋友，通过朋友间交流，彼此辅助以达到仁德的境界。"

［浅析］"以文会友"本应是极有意义的活动，因为"以友辅仁"才是会友之最高境界。如果聚会后主要是动用公款游山玩水，吃吃喝喝，也就背离了孔学所提倡的精神。

子曰："不得中行而与之，必也狂狷乎！狂者进取，狷者有所不为也。"(13-21)

[**注释**] 中行：行中庸之道的人。　狂：激进，狂妄。　狷(juàn)：耿直。拘谨、保守。

[**试译**] 孔子说："得不到行中庸之道的人，那就要与激进的人、耿直的人结交。激进的人一心向前，耿直的人不做坏事。"

[**浅析**] 孔子认为能得到有见地而又进退有度的中行者做朋友为上，但并不易得。求其次则应结交不流俗而积极进取的人，或结交生性耿直不同流合污的人，这类人乃真朋友。看来孔子并不欣赏缺少真诚的"谦谦君子"。

子贡问曰："乡人皆好之，何如？"子曰："未可也。""乡人皆恶之，何如？"子曰："未可也。不如乡人之善者好之，其不善者恶之。"(13-24)

[**试译**] 子贡问："乡里人都喜欢的人，怎么样？"孔子说："不能就说好呀！"子贡又问："乡里人都厌恶的人，怎么样？"孔子说："不能就说不好呀！不如乡里的善人都喜欢他，乡里不善的人都厌恶他。"

[**浅析**] 对一个人的好恶，如果都是一边倒的评价，要分析判断，不要人云亦云。

子曰："晋文公谲而不正，齐桓公正而不谲。"(14-15)

[**注释**] 晋文公：姓姬，名重耳。春秋时著名霸主。　谲(jué)：欺诈，玩弄权术阴谋。　齐桓公：姓姜，名小白。五霸之首。

[**试译**] 孔子说："晋文公诡诈，不正派。齐桓公正派，不诡诈。"

[**浅析**] 春秋战国时代，各诸侯国争夺霸业，"挟天子以令诸侯"，都有些权谋手段。孔子认为齐桓公较晋文公正派，在管仲辅佐下，曾九合诸侯，这使他能成为五霸

之首。孔子对他们的评价是以史实为依据的。

蘧伯玉使人于孔子。孔子与之坐而问焉，曰："夫子何为？"对曰："夫子欲寡其过而未能也。"使者出。子曰："使乎！使乎！"（14–25）

［**注释**］蘧（qú）伯玉：卫国大夫。

［**试译**］蘧伯玉派人去拜见孔子，孔子请他坐下后问道："先生在做些什么呢？"使人回答："先生想减少自己的过错，但还没有做到。"使人走后，孔子说："真是个好使者，真是个称职的使者！"

［**浅析**］蘧伯玉是卫国贤臣，孔子到卫国时曾住他家。孔子返鲁后，蘧派人看望孔子，孔子对其使者能得体地应对问题十分赞叹。可见使者言谈举止的重要性，既代表着上位者，也代表着个人的修养与学问。

子曰："骥不称其力，称其德也。"（14–33）

［**试译**］孔子说："好马不是称道它的力量，而是称道它的品格、德性。"

［**浅析**］我国对相马、驯马、用马皆留有许多佳话。名马、良马、千里马都可称为"骥"。人有人品，茶有茶品，马有马品。人、植物、动物皆可分为上、中、下三品，似可概而论之。良马，应将体态、脚力、忠诚、勇敢、聪慧等集于一身。识马与识人应该有相通之处吧！

或曰："以德报怨，何如？"子曰："何以报德？以直报怨，以德报德。"（14–34）

［**试译**］有人说："用恩德来回报仇冤，怎么样？"孔子说："那么，怎么样来报答恩德呢？应该用公平正直来回报怨恨，用恩德来回报恩德。"

［**浅析**］应该知道我们平日所说的"以德报怨"不是孔子的主张，"右脸被打，送上左脸"更不是孔子的教诲。孔子主张"以直报怨，以德报德"，可以理解为：以公平正直对仇怨，既不使怨恨加深，也不必刻意去忍让或愈加厚待之。这是公平合理

的,也是可以做到的。

原壤夷俟。子曰:“幼而不孙弟,长而无述焉,老而不死,是为贼。”以杖叩其胫。(14-43)

[**注释**] 原壤:鲁国人,孔子的老朋友。　夷俟(sì):双腿叉开坐叫“夷”。俟,等待。　孙弟:通“逊悌”,即谦逊,孝悌。　无述:没有作为。　胫:小腿。

[**试译**] 原壤叉开两腿坐着,等待孔子。孔子说:“年轻的时候不谦逊,也不友爱,成年后又无作为,老了还不死,真是个祸害。”用手杖轻敲他的小腿。

[**浅析**] 原壤是孔子相熟的老友。原壤叉开双腿,坐在地上等待孔子,样子极不礼貌。孔子也就揭他的短,与他开玩笑,并用手杖轻叩他的小腿,让他将腿收拢一些。后来的老人也常引“老而不死,是为贼”自嘲或相互戏谑。

阙党童子将命。或问之曰:“益者与?”子曰:“吾见其居于位也,见其与先生并行也,非求益者也,欲速成者也。”(14-44)

[**注释**] 阙党:即阙里,鲁国地名,今山东曲阜市内。　童子:未满十五岁的年轻人。　将命:在宾主之间传言。　益者:求上进的人。　居于位:古代礼节,童子无席位,成人才有位。居于位,指该童子坐在成人位子上,有失礼仪。

[**试译**] 阙党的一个年轻人来向孔子传话。有人问孔子说:“是个求上进的人吗?”孔子说:“我看他坐在成年人的位子上,又看他与前辈长者并肩而行,不像求上进的人,像急于求成的人。”

[**浅析**] 这是孔子通过对年轻人行为的观察,得出的判断。在现实生活中不乏实例。急于取得上位,急于与上位者平起平坐,缺乏谦虚谨慎,尊敬长者的作风。这样的年轻人喜欢浮夸,很难脚踏实地做成几件实事。不过也有的青年人为取悦于上级,学会了趋炎附势,看人下菜碟。在选拔任用人才时均当警惕之。

子曰:“可与言而不与之言,失人;不可与言而与之言,失言。知者不失

人，亦不失言。”(15-8)

［试译］孔子说：“可以与之倾心交谈而不谈，会失掉朋友（或人才）。不可与之倾心交谈而谈，白费了唇舌（还可能招灾引祸）。智者既不失掉朋友（或人才），又不白费唇舌。”

［浅析］这是识人与交友的智慧，做到却十分不易。

子曰：“臧文仲其窃位者与？知柳下惠之贤，而不与立也。”(15-14)

［注释］臧文仲：鲁国大夫。　柳下惠：鲁国贤者。姓展，名获，字禽。“柳下”指居住地，“惠”是谥号。

［试译］孔子说：“臧文仲是个不称职的官员吧！明知柳下惠贤良，却不举用。”

［浅析］柳下惠曾因“坐怀不乱”的行为，被广泛传为佳话。

子曰：“躬自厚而薄责于人，则远怨矣。”(15-15)

［注释］躬自厚：躬，反躬自问。自厚，即“自厚责”，即责己厚，对自己严格。因后文有“薄责于人”，故此处省略“责”字。

［试译］孔子说：“严于责己，少责怪别人，就会远离怨恨。”

［浅析］这是平淡而宝贵的生活格言。可惜现代人火气大，遇有矛盾，宽以待己，严以责人，争辩之中常恶语相加，非要吵个鱼死网破不可，情急中甚至凶器相向。随着社会日渐富足和谐，中华民族的优秀品德一定能够回归。

子曰：“群居终日，言不及义，好行小慧，难矣哉！”(15-17)

［试译］孔子说：“大家整天聚在一起，不谈正经事，却喜欢卖弄小聪明，这真难办呀！”

［浅析］社会在特殊的历史时期，在时代大潮中，人们可能有各种表现。警醒者，自觉身负使命，严于律己，奋力向前，始终做社会的脊梁。有的人则群而聚之，不务正业，饱食终日，无所用心。有的人则巧取豪夺，声色犬马，腐化堕落。孔子所处的

正是动乱的年代，社会现象也会复杂多变，故引起了孔子极大的担心。

子曰："众恶之，必察焉；众好之，必察焉。"（15-28）

［**试译**］孔子说："人人都厌恶他，必须仔细审察；人人都喜好他，也必须仔细审察。"

［**浅析**］在特殊情况下，真理可能在少数人一边，但在未被人们认识之前，又被反方有意造谣中伤，一时使人难辨真伪。也有人为达到个人目的，有意取悦众人而做一时伪装，达到目的后才逐渐暴露。所以，作为领导人，识人善任更当慎之。

孔子曰："益者三友，损者三友。友直，友谅，友多闻，益矣。友便辟，友善柔，友便佞，损矣。"（16-4）

［**注释**］谅：守信，诚实。　便（pián）辟（bì）：表面威仪，内心不真诚。　善柔：善于谄媚奉承（面善态柔）。　便佞：善于花言巧语。

［**试译**］孔子说："有益的朋友有三种，有损的朋友有三种。朋友直爽，朋友信实，朋友见闻、知识广博，这便有益。朋友虚伪做作，朋友圆滑，朋友巧嘴滑舌，这便有害。"

［**浅析**］孔子所指益友的长处正与损友不良品行相对，直爽对虚伪，诚信对圆滑，多闻对并无真知仅凭一张巧嘴。这些都是择友的重要参考。

孔子曰："益者三乐，损者三乐。乐节礼乐，乐道人之善，乐多贤友，益矣。乐骄乐，乐佚游，乐宴乐，损矣。"（16-5）

［**注释**］佚（yì）：通"逸"，安逸。

［**试译**］孔子说："有益的快乐有三种，有损的快乐有三种。喜欢用礼乐调节自己，喜欢赞扬别人的长处，喜欢结交贤良的朋友，这就有益。喜欢骄纵放肆，喜欢安逸游荡，喜欢宴饮作乐，这就有损。"

［**浅析**］孔子所说"益者三乐"，是提倡高尚的情操，有益于身心健康和社会和

谐，是人们正常生活状态所需要的。“损者三乐”，则对人们身心健康有害，是骄奢淫逸走向堕落的前奏。可惜，目前有些人纵欲无度，这的确是应该给予极度关注和下力气扭转的不良倾向。

子曰：“性相近也，习相远也。”(17-2)

[试译] 孔子说：“人的天性本来是相近的，因为习惯不同而使他们的差距加大了。”

[浅析]《三字经》内“性相近，习相远”源于此。表明后天的环境与培养对人成长之重要，与“近朱者赤，近墨者黑”同一道理，在儿童成长过程中不可不慎重对待此事。

子曰：“古者民有三疾，今也或是之亡也。古之狂也肆，今之狂也荡；古之矜也廉，今之矜也忿戾；古之愚也直，今之愚也诈而已矣。”(17-16)

[注释] 矜(jīn)：自以为是，自尊自大。 廉：原意是器物的棱角，这里引申为做人有棱角，行为方正、威严。 忿戾(lì)：骄横，无礼。

[试译] 孔子说：“古代的人有三种毛病，现在呢，可能连这些都没有了。古代狂妄的人肆意直言，现在的狂人放荡不羁；古代自大的人性格有棱角，现在自大的人骄横无礼；古代愚人是直率，今天的愚人是欺诈耍手段罢了。”

[浅析] 这是孔子指出的观察人的几项原则。每个时代或个人在性格上都会有弱点，但要不影响做人的本质，要有度。

子夏之门人问交于子张。子张曰：“子夏云何？”对曰：“子夏曰：‘可者与之，其不可者拒之。’”子张曰：“异乎吾所闻：‘君子尊贤而容众，嘉善而矜不能。’我之大贤与，于人何所不容？我之不贤与，人将拒我，如之何其拒人也？”(19-3)

[试译] 子夏的学生向子张求教交友之道。子张说：“子夏怎么说的？”学生回

答："子夏说：'可以交朋友的就和他交往，不可以交的就拒绝他。'"子张说："这和我所听到的不同：'君子尊敬贤人，也能容纳普通的人；称赞好人而怜悯无能的人。'如果我是很好的人，对人有什么不能包容呢？如果我不好，别人将会拒绝我，怎么还等到我去拒绝别人？"

[**浅析**] 子夏、子张均受教于孔子，因此他们对弟子教诲的观念应源于孔子，只是从不同角度来叙述同一个问题。对涉世未深的青少年应与贤者交友，正所谓"近朱者赤，近墨者黑"。待学有所成，能清楚分辨是非，有了比较坚定的立场时，广泛交友，则对于增长阅历，全面认识客观世界有益。

子贡曰："纣之不善，不如是之甚也。是以君子恶居下流，天下之恶皆归焉。"（19–20）

[**试译**] 子贡说："纣王无道，并不像说的那么严重！所以君子最怕处在不利的位置，使天下的恶名都归到他的身上。"

[**浅析**] 子贡的话是勇敢的、有见解的，也是老实话。俗话说："墙倒众人推。"当一个人身在高位，人皆敬之，很少有人直言相谏。一旦身败名裂，则成众矢之的，一切坏事皆归于一身，这不是科学的作风。我们应学会实事求是地分析一个人的成功与失败，即使在异口同声对某人加以否定或肯定之时。

第八章 积极入世

孔子曾说:“苟有用我者,期月而已可也,三年有成。”又说:“吾岂匏瓜也哉?焉能系而不食?”均表明孔子为其理想的实现随时准备着入世从政。孔子自述他的人生态度是:“发愤忘食,乐以忘忧,不知老之将至。”面对乱世他不主张避世隐居,并身体力行积极参与。孔子引导学生,面对现实,重视人间社会。孔子说:“未能事人,焉能事鬼?”“未知生,焉知死?”孔子提倡进取有为,自强不息的精神,他说:“譬如为山,未成一篑,止,吾止也。譬如平地,虽覆一篑,进,吾往也。”当孔子的政治主张得不到施展的机会,到处游说奔走时,曾屡遭隐者的奚落或贬损,面对不理解,孔子曾怅然应对:“鸟兽不可与同群,吾非斯人之徒与而谁与?天下有道,丘不与易也。”肺腑之言,感人至深。

子使漆雕开仕。对曰:“吾斯之未能信。”子说。(5-6)

[**注释**] 漆雕开:孔子弟子,字子若。　仕:指做官。　吾斯之未能信:是“吾未能信斯”的倒装句。斯,指做官。　说:通“悦”。

[**试译**] 孔子要漆雕开去做官,漆雕开回答:“我对做官还没有把握。”孔子很高兴。

[**浅析**] 孔子建议漆雕开入仕从政,但弟子说对此尚无信心。孔子鼓励其入仕为国家作出更大奉献,但又喜爱他谦逊进取,不为利禄所动的更高追求。

子见南子,子路不说。夫子矢之,曰:“予所否者,天厌之!天厌之!”(6-28)

[**注释**] 南子:卫灵公夫人,参政弄权,名声不大好。　矢:通“誓”,发誓。　予所……者:相当于“我假如……的话”。　否:不对,不是。　厌:厌弃。

[**试译**] 孔子礼见了南子,子路不高兴。孔子发誓说:“我假如做得不对的话,天厌弃我吧!天厌弃我吧!”

[**浅析**] 南子得卫灵公宠信,参予朝政,想见孔子,孔子谢绝不了,不得不见。对此《史记·孔子世家》有所记述。孔子见南子,依然以朝见国君的大礼参拜,南子亦回

拜，子路对此很不高兴。孔子对自己的行为十分自信，甚至达到对天发誓的地步。孔子与子路在是非曲直方面争辩之激烈被生动再现，由此可见师生之真性情。

子曰："富而可求也，虽执鞭之士，吾亦为之。如不可求，从吾所好。"（7–12）

［**注释**］执鞭之士：拿着鞭子为人开路或守门的人，指低等差役。

［**试译**］孔子说："富如果可以求得，即使做下等差役，我也去做。如果不可求得，就干我想干的事吧！"

［**浅析**］"富"究竟可求不可求？因为没有致富的实践经验，故在此不想妄加解释。如果请孔子为"执鞭之士"并能致富，孔子会不会走这条路？恐怕也不是本段文字讨论的目的。因为孔子早就说过："不义而富且贵，于我如浮云。"孔子之"所好"即："朝闻道，夕死可矣。"孔子的理想与志向是："老者安之，朋友信之，少者怀之。"这就是孔子的一贯思想与主张。其它也就不言而喻了。

冉有曰："夫子为卫君乎？"子贡曰："诺。吾将问之。"入，曰："伯夷、叔齐何人也？"曰："古之贤人也。"曰："怨乎？"曰："求仁而得仁，又何怨？"出，曰："夫子不为也。"（7–15）

［**注释**］为：辅佐、帮助。　卫君：指卫灵公之孙，姓蒯（kuǎi），名辄（zhé），太子蒯聩（kuì）之子。因蒯聩得罪了南子，灵公逐蒯聩离卫去晋。卫灵公死后，国人将辄立为国君，形成父子争权之势。　伯夷、叔齐：商代孤竹君的两个儿子，因互让王位，并弃王位出走，被后人传为佳话。

［**试译**］冉有说："老师会帮助卫君吗？"子贡说："好，我去问问老师。"进入孔子房内，说："伯夷、叔齐是什么样的人？"孔子说："古代的贤人。"子贡说："他们会怨悔吗？"孔子说："他们追求仁，而得到了仁，有什么怨悔的。"子贡走出去，说："老师不会帮助卫君。"

［**浅析**］子贡与老师谈话很讲技巧，并不直奔主题，表现了对老师的尊敬。得到

孔子答复后，立即理解其内涵，可见师生相知之深。孔子赞扬互让王位的伯夷、叔齐，当然不会辅佐父子争权的君主。这是子贡从老师对古代先贤的评价中完全可以领会到的。

子贡曰："有美玉于斯，韫椟而藏诸？求善贾而沽诸？"子曰："沽之哉！沽之哉！我待贾者也。"(9-13)

［注释］韫椟(yùndú)：收藏在柜子里。韫，收藏。椟，柜子。　善贾：识货的买主。贾，商人。　沽，卖出。

［试译］子贡说："有块美玉在这里，是放在柜子里藏起来，还是找个识货的买主卖掉呢？"孔子说："卖掉吧，卖掉吧，我等着买主哩。"

［浅析］这是师生一段幽默的对话。子贡问孔子，一块美玉是藏是卖？孔子当然明白弟子话中的含义，立即兴奋地应答："卖呀！卖呀！我正等着识货的买主呢。"这反映孔子为行其道，等待明君任用的紧迫心情。孔子从不愿以逃避现实、不食人间烟火的高雅隐士自居，而是主张以积极的人生态度，尽其所能奉献于社会。

子在川上，曰："逝者如斯夫！不舍昼夜。"(9-17)

［试译］孔子站在河岸上，说："逝去的光阴就像这河水呀！日夜不停地向前流去！"

［浅析］"不舍"，即不舍弃，不放弃，不论白天黑夜河水奔流不息，孔子在河岸上观水，引发出具有如此深刻哲理的感叹，寓意深远。后人常反复吟诵，并以此精神激励自己，不停息地向前，为理想事业毕生奉献。

子曰："譬如为山，未成一篑，止，吾止也。譬如平地，虽覆一篑，进，吾往也。"(9-19)

［注释］篑(kuì)：古时装土的筐子。　覆：翻，倒过来。

［试译］孔子说："好比堆土成山，只差一筐土了，停止，这是我自己停止的呀！

比如填土平地，虽然刚倒下一筐土，要继续下去，还得靠我自己干呀！”

［**浅析**］孔子在此告诫我们，要自强不息，就能积少成多；半途而废，就会前功尽弃。终点能否到达，全靠顽强的毅力，锲而不舍的精神。

季路问事鬼神。子曰：“未能事人，焉能事鬼？”曰：“敢问死。”曰：“未知生，焉知死？”（11–12）

［**注释**］季路：即子路。

［**试译**］子路问怎样侍奉鬼神。孔子说：“人都不能侍奉，怎么侍奉鬼？”子路又问：“冒昧地问一句死是怎么回事？”孔子说：“生的道理还没有弄明白，怎么能知道死？”

［**浅析**］孔子主张面对现实，奉献社会，使国富民强，彼此友善和谐。对鬼神之事既不肯定，也不否定。“子不语怪、力、乱、神。”“敬鬼神而远之。”这都是孔子一贯的主张。

子曰：“苟有用我者，期月而已可也，三年有成。”（13–10）

［**注释**］期月：再回到同一个月，即一年。

［**试译**］孔子说：“真有人用我的话，一年可初见成效，三年就会有显著的成果。”

［**浅析**］孔子的理想不能实现，不被重用，故有感而发。

陈成子弑简公。孔子沐浴而朝，告于哀公曰：“陈恒弑其君，请讨之。”公曰：“告夫三子！”孔子曰：“以吾从大夫之后，不敢不告也。君曰‘告夫三子’者？”之三子告，不可。孔子曰：“以吾从大夫之后，不敢不告也。”（14–21）

［**注释**］陈成子：齐国大夫，陈恒。　简公：齐国国君。　三子：即鲁国的季孙、孟孙、叔孙三家大夫。

［试译］陈成子杀了齐简公，孔子沐浴后上朝，向鲁哀公报告："陈恒杀了他们君主，请出兵讨伐他！"哀公说："你去向三位大夫报告吧！"孔子(退了出来)说："因为我曾做过大夫，不敢不报告呀！但是国君对我说：'去报告三位大夫吧！'"孔子又去报告了三位大夫，三位大夫都不同意出兵。孔子说："因为我以前做过大夫，不敢不报告呀！"

［浅析］鲁哀公时期，已是孔子晚年，为了伸张正义，按当时惯例，各诸侯国，若一国有叛逆行为，其他诸侯应共诛之。但哀公及季氏三权贵对此无动于衷，这使孔子深表哀叹，但又无能为力。

微生亩谓孔子曰："丘何为是栖栖者与？无乃为佞乎？"孔子曰："非敢为佞也，疾固也。"(14–32)

［注释］微生亩：姓微生，名亩。可能是位隐士。 是：如此。 栖栖：忙碌不安。 疾固：疾，恨。固，固执。

［试译］微生亩对孔子说："丘！为什么总这么忙忙碌碌四处游说，不是为了显示自己的口才吧？"孔子说："不敢显示口才呵，是讨厌那些顽固不化的人。"

［浅析］微生亩，直呼孔子名，可能是位年长者或老相识，他不解孔子终日奔走呼号为了什么，直问孔子难道是为了显示自己能言善辩的口才？对于微生亩与孔子的问答，两个人都用的是戏谑、幽默的语言。孔子对微生亩之问似有反唇相讥之意。

子路宿于石门。晨门曰："奚自？"子路曰："自孔氏。"曰："是知其不可而为之者与？"(14–38)

［注释］石门：鲁国都城的外门。 晨门：早晨看守城门的人。

［试译］子路在石门住了一夜。(次日进城)守门人说："从哪里来？"子路说："从孔子那里来。"说："就是那位明知做不到却一定要做的人吗？"

［浅析］这就是当时社会舆论对孔子的评价。孔子就在这样的舆论压力下，自信、执著、永不言败地艰难前行着。

子击磬于卫。有荷蒉而过孔氏之门者，曰："有心哉，击磬乎！"既而曰："鄙哉，硁硁乎！莫己知也，斯己而已矣。深则厉，浅则揭。"子曰："果哉！末之难矣。"(14-39)

[**注释**] 磬(qìng)：用玉石制成的敲击乐器。　蒉(kuì)：草筐。　有心：指有心思。　硁硁(kēng)：指击磬声。　深则厉，浅则揭：取自《诗经·邶风》。穿着衣服涉水叫"厉"，提起衣服涉水叫"揭"。

[**试译**] 孔子在卫国击磬，有个挑着草筐的人从孔子门前经过，说："击磬呀！有心事啊！"接着又说："鄙俗呀！硁硁的磬声，没有人知道自己，自己知道就行了。'水深就穿着衣服涉水，水浅就提起衣襟涉水。'"孔子说："果真如此就没有什么困难了。"

[**浅析**] 孔子击磬表露心声，门前过的人必是智者或隐士，认为事情要依情况随机应变，不必太执著。而孔子的主张和信念是不能轻易改变的。

公山弗扰以费畔，召，子欲往。子路不说，曰："末之也已，何必公山氏之之也！"子曰："夫召我者，而岂徒哉？如有用我者，吾其为东周乎？"(17-5)

[**注释**] 公山弗扰：人名，季氏的家臣。　以费畔：指公山弗扰伙同阳货在费邑反叛季氏。畔，通"叛"。　何必公山氏之之也：第一个"之"是助词，后一个"之"是动词，去、往的意思。全句说，何必一定要到公山氏那里去呢？

[**试译**] 公山弗扰盘踞费邑叛乱，要孔子去，孔子打算去。子路不高兴，说："没有地方去就算了，何必到公山氏那里去？"孔子说："那个叫我去的，会白白召我吗？如果有人肯用我，我也许能使东周振兴起来。"

[**浅析**] 据载，公山弗扰召孔子是在鲁定公八年，时孔子五十岁，尚未出仕，很想干一番大事业。公山虽是叛臣，但孔子相信自己能做到出淤泥而不染，利用施政的条件实现自己的理想与抱负。此事最后并未落实，但是，可以看出孔子要求积极入世的心态。

佛肸召，子欲往。子路曰："昔者由也闻诸夫子曰：'亲于其身为不善者，君子不入也。'佛肸以中牟畔，子之往也，如之何？"子曰："然。有是言也。不曰坚乎，磨而不磷。不曰白乎，涅而不缁。吾岂匏瓜也哉？焉能系而不食？"(17-7)

［**注释**］佛肸(bìxī)：晋国大夫范中行的家臣，晋国中牟邑宰。　中牟：晋国城邑，约在今河北省邢台与邯郸之间。　磷：薄、削损。　涅而不缁(zī)：涅，一种矿物，可染黑色，此处作动词用，染的意思。缁，黑。全句意为染而不黑。　匏(páo)瓜：葫芦的一种，多不供食用。故以此比喻人不受重用。

［**试译**］佛肸召孔子去，孔子想去。子路说："过去我曾听老师说过：'亲身做了不善之事的人，君子不会到他那里去。'佛肸在中牟造反，老师打算去，这怎么说呀？"孔子说："不错，我是说过这话。不是也说过，坚固的东西，磨也不会薄；不是也说过，洁白的东西，染也染不黑吗？我难道像一只匏瓜，总挂在那里不被人采食吗？"

［**浅析**］据载，晋佛肸来召，发生在鲁定公十四年，孔子五十六岁。孔子五十一岁出仕，为鲁中都宰，后升为司寇，五十五岁辞去鲁官职往卫国，此间晋佛肸曾来召，孔子欲往，虽又是无果而终，但所反映的孔子积极入世的心态与前文是相同的。

齐景公待孔子，曰："若季氏，则吾不能；以季、孟之间待之。"曰："吾老矣，不能用也。"孔子行。(18-3)

［**试译**］齐景公谈到对孔子的待遇，说："像鲁国待季氏那样，我做不到。只能介于季氏与孟氏之间的待遇。"后来又说："我老了，不能用他了。"孔子离开了齐国。

［**浅析**］齐景公主政时，孔子去过齐国，时年三十余岁，未仕返鲁。这应在"阳货欲见孔子"之前。直至鲁定公九年，孔子五十一岁，才出仕，任鲁中都宰。

楚狂接舆歌而过孔子，曰："凤兮凤兮！何德之衰？往者不可谏，来者犹可追。已而，已而！今之从政者殆而！"孔子下，欲与之言。趋而辟之，不

得与之言。(18–5)

[**注释**]接舆:楚国隐士。　谏:旧时规劝君主、尊长改正错误,称谏。　殆:危险。　辟:通“避”。

[**试译**]楚国的狂人接舆唱着歌从孔子身边过时说:“凤凰啊凤凰啊!为什么道德如此衰落?过去的就不用说了,未来若改弦更张还来得及。算了吧,算了吧!现在从政的人多危险啊!”孔子下车,想和他交谈,他却很快避开,孔子没有与他谈成。

[**浅析**]狂歌者并非真狂人,而是愤世嫉俗者的另类表现。狂者认为凤凰本是盛世的吉祥鸟,不该在乱世出现。本意是劝说孔子回避政治、明哲保身、洁身自好,免招灾祸。孔子始终将奉献社会当成自己不可推卸的责任,面对隐者只能感叹地说:“道不同,不相为谋。”

长沮、桀溺耦而耕,孔子过之,使子路问津焉。长沮曰:“夫执舆者为谁?”子路曰:“为孔丘。”曰:“是鲁孔丘与?”曰:“是也。”曰:“是知津矣。”问于桀溺。桀溺曰:“子为谁?”曰:“为仲由。”曰:“是鲁孔丘之徒与?”对曰:“然。”曰:“滔滔者天下皆是也,而谁以易之。且而与其从辟人之士也,岂若从辟世之士哉?”耰而不辍。子路行以告。夫子怃然曰:“鸟兽不可与同群,吾非斯人之徒与而谁与?天下有道,丘不与易也。”(18–6)

[**注释**]长沮(jù)、桀溺(nì):两个隐士,真实姓名不详。　耦(ǒu)耕:两人并头而耕。　津:渡口。　执舆(yú):拉着缰绳。　而:通“尔”,你。　辟:通“避”。　耰(yōu):种子播下后,用土覆盖。　怃(wǔ)然:怅然若失的样子。

[**试译**]长沮、桀溺两人在田中对耕。孔子路过,叫子路去问渡口处。长沮问子路:“那个在车上拉着马缰绳的是谁?”子路说:“是孔丘。”长沮又问:“是鲁国的孔丘吗?”子路说:“是的。”长沮说:“那他自然知道渡口之处了。”子路再问桀溺。桀溺问:“你是谁?”子路说:“是仲由。”桀溺说:“是鲁国孔丘的弟子吗?”子路说:“是。”桀溺说:“你看那滔滔的水流,天下是一样的。谁能去改变它呢?而且你与其跟随避

人之士（指孔子），何不跟从避世之士（指隐者）？”说完又不停地耕作。子路去见孔子并告之，孔子怅然地说：“鸟兽是不能同群的。我不与天下人同群，又能和谁同群呢？如果政治清明，我也不会去改变它了。”

［**浅析**］从此段对待乱世的态度，可以明显看出孔子的积极人生观。不逃避，不苟且偷生，中国知识分子为国分忧的优良传统渊源久矣。鸟兽生活于山林，与世隔绝，繁衍生息，自存自亡。社会中人则有社会责任，即使隐居山林或田间，也难躲避社会的动荡与变革。因此，孔子认为有良知的人，在乱世不应逃避，而应直面相对。

子路从而后，遇丈人，以杖荷蓧。子路问曰：“子见夫子乎？”丈人曰：“四体不勤，五谷不分，孰为夫子？”植其杖而芸。子路拱而立。止子路宿，杀鸡为黍而食之，见其二子焉。明日，子路行以告。子曰：“隐者也。”使子路反见之。至，则行矣。子路曰：“不仕无义，长幼之节，不可废也。君臣之义，如之何其废之？欲洁其身，而乱大伦。君子之仕也，行其义也。道之不行，已知之矣。”（18–7）

［**注释**］丈人：古时对老年人的尊称。 荷：扛，担。 蓧（diào）：古代除草用的农具。 芸：通“耘”，除草。 大伦：指当时社会的君臣关系。

［**试译**］子路随孔子出行落在后面。遇一老者，用拐杖担着锄草工具。子路问道：“您看见我老师了吗？”老者说：“四肢不劳动，五谷分不清，谁是你的老师？”放下拐杖就去除草。子路拱手站立。老人留子路过夜，杀鸡、煮饭给子路吃，又引见了他的两个儿子。次日，子路上路赶上孔子并告知。孔子说：“那是隐士。”叫子路返回去找他。子路返回，老者已出门了。子路说：“不去做官，是不适宜的。长幼有序不能废弃，君臣的关系又怎么能废弃呢？为了洁身自好，却破坏了君臣之间的伦常关系。君子出来做官，是履行义务。政治主张行不通，是早就知道了。”

［**浅析**］前面所引三个章节，反映的都是隐居者对孔子执著精神的劝谏，甚至带有讥讽的口吻。孔子面对这些避世的智者是尊敬的，想与之交换意见甚至辩论。

孔子当然知道推行自己的政治主张在乱世是极为困难的，但明知不可为而为之的根本原因是，他不能放弃社会责任，为一己之安而逃避现实。此处虽仅记录子路寥寥数语，却道出了其对孔子精神理解之深邃，捍卫之顽强。子路少孔子九岁，是孔子早年弟子之一，忠诚、勇猛、无私无畏，对孔子常直言不讳，孔子对子路也是批评多于赞扬，但师生内心相通，情感相系，此处可见一斑。

逸民：伯夷、叔齐、虞仲、夷逸、朱张、柳下惠、少连。子曰："不降其志，不辱其身，伯夷、叔齐与！"谓："柳下惠、少连，降志辱身矣。言中伦，行中虑，其斯而已矣。"谓："虞仲、夷逸，隐居放言，身中清，废中权。我则异于是，无可无不可。"（18-8）

［**注释**］逸民：古代称避世隐居，不做官的人。　言中伦：语言合乎伦理。　行中虑：行为合乎理智。　放言：高谈阔论。

［**试译**］隐逸的人有：伯夷、叔齐、虞仲、夷逸、朱张、柳下惠、少连。孔子说："不动摇自己的意志，不辱没自己的身份，是伯夷、叔齐吧！"又说："柳下惠、少连降低了意志，屈辱了身份，可是言语合乎规矩，行为经过思虑，也就是如此吧！"又说："虞仲、夷逸隐居起来，高谈阔论。行为廉洁，放弃官职也合乎权宜。我与这些人不同，没有什么一定可以的，也没有什么一定不可以的。"

［**浅析**］孔子列举了很多名人雅士，有赞誉也指出不足。孔子最后告诉我们的，也即点睛之笔是他自己与上述各位不同，没有一个框子框住自己，一切从国家根本利益出发，"用之则行，舍之则藏"，灵活处理个人与社会的关系。

第九章 论 政

在《论语》中，君、臣及弟子们，从不同角度，向孔子求教为政之道，孔子都针对性地做了回答。

对君——孔子认为最首要的是一个“正”字。孔子说：“政者，正也。”“其身正，不令而行；其身不正，虽令不从。”“不能正其身，如正人何？”领导者要重用贤才，孔子说：“举直错诸枉，则民服。”让奸佞之臣的谗言与诽谤“不行焉”，一个公正廉洁、死守善道的领导班子，怎么能不出清明的政治。

对臣——孔子的忠告甚为具体和实际：

(1)忠诚敬业：“居之无倦，行之以忠。”“先之劳之。”“无倦。”“事君，敬其事而后其食。”

(2)运用智慧：“多闻、慎言。多见，慎行。”“邦有道则知，邦无道则愚。”

(3)不辱使命：“周任有言曰：‘陈力就列，不能者止。’危而不持，颠而不扶，则将焉用彼相矣？”“虎兕出于柙，龟玉毁于椟中，是谁之过与？”

(4)修身，勤学：孔子说：“不患无位，患所以立。不患莫己知，求为可知也。”既然步入仕途，就担起了国事之重担，要修身养德，勤勉学习，不断提高水平、能力。无德无才者必须辞职，否则将误国误民。

对民——孔子主张民信、爱民、富民、教民。

(1)民信：孔子说：“民无信不立。”子夏说：“君子信而后劳其民，未信则以为厉己也。”

(2)爱民：“敬事而信，节用而爱人，使民以时。”“养民也惠，使民也义。”

(3)富民、教民：“富之”，“教之”。“临之以庄，则敬。孝慈，则忠。举善而教不能则劝。”“道之以德，齐之以礼，有耻且格。”得民心者得天下。孔了反对苛政、酷刑，认为那只能造成恐怖，而不能使百姓知耻而远离罪恶。

孔子对为政之道的精辟论述，今日读来仍倍感亲切，仍有很多可借鉴之处。

子曰：“道千乘之国：敬事而信，节用而爱人，使民以时。”(1–5)

［**注释**］道千乘之国：道，管理、治理。千乘，千辆兵车。“千乘之国”为当时大国。

［**试译**］孔子说：“治理有千辆兵车的国家，处事要认真谨慎，信实无欺，节约资财，爱护下属，役使百姓要用农闲时间。”

［**浅析**］这是《论语》里第一次出现论政、治国这个大题目。

处理国家大事要认真、谨慎，绝不能随心所欲、朝令夕改，这样才能取信于民。要节约用度、严防奢靡。古时广义的“人”指一切人群，狭义的“人”仅指士大夫以上官吏。这里与下句“使民以时”相对言，当是狭义。在农耕时代，“使民以时”，就是不违农时。敬、信、节、爱这几点虽浅显易懂，但做到实属不易，乃治国之本。

子曰：“为政以德，譬如北辰，居其所而众星共之。”（2–1）

［**试译**］孔子说：“以道德教化来治理国家，就会像北极星一样，居于一定位置，群星环绕在其周围。”

［**浅析**］政治领袖们能有高尚的品德，并能以德来教化百姓，这样才能取信于民，就像群星朝北斗一样，政令才有感召力，才可以顺利推行。

子曰：“道之以政，齐之以刑，民免而无耻；道之以德，齐之以礼，有耻且格。”（2–3）

［**注释**］道：治理。　格：正、纠正。

［**试译**］孔子说：“以行政命令治理国家，靠刑法来约束百姓，民众只求免于惩罚但不知羞耻；用德来治理国家，用礼来约束百姓，他们就有了羞耻之心，而且能自觉改正。”

［**浅析**］治理国家的指导思想不同，功效各异。孔子主张德化，主张礼治，反对苛政与酷刑。前者促使民众自觉守法，后者过犹不及，最终会走向反面。

子张学干禄。子曰：“多闻阙疑，慎言其余，则寡尤。多见阙殆，慎行其余，则寡悔。言寡尤，行寡悔，禄在其中矣。”（2–18）

[**注释**] 子张:孔子晚年弟子。　学:问。　干禄:求官职。干,求。禄,仕,官职。　阙(quē)疑:将疑问暂时放置。　寡尤:少过错。　阙殆:将感到不安全的事暂时放置。殆,危险,不安。

[**试译**] 子张问如何谋求官职。孔子说:"多听,疑问暂时搁置,谨慎说出其余肯定的部分,就会少犯错误。多看,不干危险的事,谨慎去干其余安全的部分,就会少因失误而后悔。言语少错误,行为少后悔,谋求官职之道就在其中。"

[**浅析**] 求学并非全为求官,孔子曾赞赏:"三年学,不至于榖,不易得也。"但当弟子问及干禄,孔子亦认真作答:多闻、多见,阙疑、阙殆,慎言、慎行,以达到寡尤、寡悔的工作业绩,讲得十分全面而实际。

哀公问曰:"何为则民服?"孔子对曰:"举直错诸枉,则民服。举枉错诸直,则民不服。"(2-19)

[**注释**] 哀公:鲁国国君。　举直错诸枉:举,提拔。直,正直。错,通"措",安置。诸,译成"之于"。枉,不正直,邪恶。全句意思是:提拔正直的人,安置于邪恶的人上面。　举枉错诸直:提拔邪恶的人,安置于正直的人上面。

[**试译**] 鲁哀公问:"怎么做才能使百姓服从?"孔子回答说:"举用正直的人,安置在不正直的人上面,民众便心服。举用不正直的人,安置在正直的人上面,民众则不服。"

[**浅析**] 能重用贤才,"举直错诸枉",当然需有明君。否则,"小人比而不周",必结党营私,造成"举枉错诸直",百姓惨遭涂炭,何言信服?历史已多有教训。

季康子问:"使民敬、忠以劝,如之何?"子曰:"临之以庄则敬,孝慈则忠,举善而教不能则劝。"(2-20)

[**注释**] 季康子:鲁国大夫。季孙氏家族成员之一。　以:连词,同"和"。　劝:劝勉。

［试译］季康子问："如何使民众敬上、尽忠和互相勉励？"孔子说："对他们庄重，他们就会尊敬。孝顺父母，慈爱幼小，他们就会效忠。提拔善良的人，教育能力不足的人，他们就会互相劝勉，且加倍努力。"

［浅析］所谓"上行下效"，在上位者严于律己，处处公正廉洁，以身作则，百姓自然拥戴并效仿之。

子曰："夷狄之有君，不如诸夏之亡也。"(3–5)

［注释］夷狄：古时汉族对文化落后的少数民族的称呼。　诸夏：指当时黄河流域华夏族各诸侯国。　亡：通"无"。

［试译］孔子说："蛮夷之地虽然有君主，还不如华夏族各诸侯国没有(君主)。"

［浅析］此段文字因对孔子当时讲话的背景不清楚，故今解众说纷纭。春秋时代诸侯蔑弃君命，无上下之分，虽有君而如无君，这是事实，但这并没有影响中原文化的传承。孔子认为文化落后的蛮夷地区虽有首领、酋长，但缺少文化，有君如无君。而华夏文化源远流长，所以虽无君也胜夷狄之有君，凸显了文化之重要。

定公问："君使臣，臣事君，如之何？"孔子对曰："君使臣以礼，臣事君以忠。"(3–19)

［注释］定公：鲁国国君，姓姬名宋。哀公之父。

［试译］鲁定公问孔子："君主使用臣子，臣子侍奉君主，应该怎么做？"孔子回答说："国君使用臣子，要合乎礼；臣子侍奉国君，要忠诚。"

［浅析］以上压下，简单粗暴，下属虽表面畏惧、服从，但心存不平，自然寻衅发泄于次下属，或对上搞阳奉阴违。若对之以礼，下对上则会尽忠、尽责。这就是感召力。

子曰："不患无位，患所以立。不患莫己知，求为可知也。"(4–14)

［试译］孔子说："不要担心没有官位，该担心自己拿什么立在这个位置上。不要担心没有人知道自己，要谋求为人可知的才干。"

［浅析］不要追求表面的显赫，而要追求真才实学。首先要立德，要有好的人品和修养。要钻研学问，有了真知灼见，不愁不被重用，不愁不受到人们的敬重。

子谓子产："有君子之道四焉：其行己也恭，其事上也敬，其养民也惠，其使民也义。"(5–16)

［注释］子产：春秋时郑国大夫。杰出的政治家。

［试译］孔子评论子产："有四种君子之德：他为人谦恭，对待国君礼敬，恩泽百姓，用民有度。"

［浅析］子产是被孔子称道的一代良相，今人知之不多。孔子赞他有四种君子之道：恭、敬、惠、义，即谦恭、敬业、惠民、爱民。一国宰相能有这样好的道德修养，实乃百姓之大幸。

子曰："宁武子，邦有道则知，邦无道则愚。其知可及也。其愚不可及也。"(5–21)

［注释］宁武子：卫国大夫。

［试译］孔子说："宁武子，在国家政治清明时，显得是个智者。在国家政治混乱时，就像个愚人。其表现智慧的时候尚可效仿，表现为愚钝时就难以学到了。"

［浅析］宁武子经历卫国两代的变动，由卫文公到卫成公，两个朝代政局不同。前者政治清明，可以充分发挥个人的智慧、才能；后者为乱世，环境险恶，只有将锋芒收敛起来，韬光养晦，才能避免祸患。所以孔子认为："其愚不可及也。"

子曰："雍也可使南面。"仲弓问子桑伯子。子曰："可也简。"仲弓曰："居敬而行简，以临其民，不亦可乎？居简而行简，无乃大简乎？"子曰："雍之言然。"(6–1、2)

[**注释**] 雍:人名,姓冉,名雍,字仲弓,孔子的学生。　南面:古代政治领袖的座位面向南方。南面,可用于天子、诸侯及卿大夫。　子桑伯子:人名,身世不详。　简:简约,简便。　居敬:做事严肃认真。　无乃:岂不是? 表反问。

[**试译**] 孔子说:"冉雍呵! 可以去做官。"仲弓(冉雍)向孔子问子桑伯子,孔子说:"还可以,他处事简约。"仲弓说:"态度认真严肃,处理事情力求简便,这样治理百姓,不是也可以吗?如果态度随便,办事又简单,岂不是太简单了?"孔子说:"冉雍说得对。"

[**浅析**] 冉雍是孔子得意门生之一,孔子认为他有治国之才。冉雍向孔子问到子桑伯子,并对孔子的评价提出了自己的观点。敬业与满不在乎是两种处世态度,前者缜密思考之后,办事力求效率与速度,这是对的,反之就是草率和不负责任。孔子马上同意了他的看法,孔子的民主教学作风使人敬佩。

子华使于齐,冉子为其母请粟。子曰:"与之釜。"请益。曰:"与之庾。"冉子与之粟五秉。子曰:"赤之适齐也,乘肥马,衣轻裘。吾闻之也,君子周急不继富。"原思为之宰,与之粟九百,辞。子曰:"毋! 以与尔邻里乡党乎!"(6-4、5)

[**注释**] 子华:即公西赤,孔子的学生。　冉子:即冉有,孔子的学生。　釜、庾、秉:均为古代称量的容器。　益:增加。　原思:即原宪,孔子弟子,孔子为鲁司寇时,用原思为宰(总管)。　毋:禁止词。

[**试译**] 子华出使齐国,冉有替子华的母亲申请补贴(小米)。孔子说:"给一釜(六斗四升)吧。"冉有要求再增加些。孔子说:"再给一庾(二斗四升)吧!"冉有给了五秉(八百斗)。孔子说:"赤到齐国出使,乘着高头大马,穿着轻暖的皮袍。我听说,君子救急而不添富。"

原思做孔子家的总管,孔子给他九百斗粟,原思不要这么多。孔子说:"不要推辞,可以给你的邻里乡亲。"

[**浅析**] 这节记载了孔子出仕当政时,财物分配的原则,虽然都是面对自己的

学生，对待讲排场摆阔气的子华，孔子认为他家不需要给予补贴。冉有提出后，孔子只同意象征性的馈赠，冉有私自做主给很多，孔子对此给予了批评和教诲。对待原思，孔子认为他应享受的常禄是不能少的，鼓励如数收下，多余者可赠乡里，这就是君子用财之道。当用则毫不吝惜，不当用不搞锦上添花。

子游为武城宰。子曰："女得人焉耳乎？"曰："有澹台灭明者，行不由径，非公事，未尝至于偃之室也。"(6-14)

［**注释**］子游：孔子的学生，姓言名偃。 武城：鲁国小城邑，今山东省费县。 得人：发现人才。 澹台灭明：人名，字子羽，后成为孔子的学生。 径：小路，引申为邪路。 偃：子游自称。

［**试译**］子游做武城的长官。孔子说："你得到人才了吗？"子游说："有个叫澹台灭明的人，他处事行正道，不为公事，从不到我屋里来。"

［**浅析**］孔子对人才的选用与培养十分重视，见到子游最关心的是问："汝得人否？"选拔贤才的首要条件是人品，走正道，光明磊落，不搞结党营私，这正是子游向孔子介绍澹台灭明的原因。澹台灭明貌丑，在此之前他曾见过孔子，孔子以为才薄，并不喜欢他。后来孔子做了自我批评说："以貌取人，失之子羽。"人不可以貌相。

子曰："不有祝鮀之佞，而有宋朝之美，难乎免于今之世矣！"(6-16)

［**注释**］祝：官名，管宗庙及国家祭祀。 鮀(tuó)：人名，卫国大夫。受卫灵公重用。 佞：能言善辩。 宋朝：宋国公子，名朝。貌美，投奔卫国，受到南子宠幸。

［**试译**］孔子说："没有祝鮀的能言善辩，而仅有宋朝那样的美貌，在当今社会就会很难生存啊！"

［**浅析**］在社会风气不正的世道，不但外貌要好，还要有能言善辩的口才，否则难以取用，这是孔子对当时时政的感叹。提醒上层引以为戒。

子曰："齐一变，至于鲁；鲁一变，至于道。"(6-24)

［试译］孔子说："齐国若变革可达到鲁，鲁国若变革，可以达到道的理想境界。"

［浅析］由于齐原是姜太公的封地，有一定的文化基础，但不及鲁。鲁是周公后代的封地，周文化遗风得以较多保存，故孔子认为鲁再进一步改变可以达到道的高度。可惜孔子对两国的期望都未能实现。

子曰："泰伯，其可谓至德也已矣！三以天下让，民无得而称焉。"（8-1）

［注释］泰伯：太伯，周文王的大伯，周朝祖先古公亶父的长子。古公亶父想将王位传给三子。长子、次子为实现其父的意愿而让位出走他国，使三子（周文王的父亲）顺利继位。　至德：极高尚的品德。　无得而称：找不到恰当的言语称颂。

［试译］孔子说："泰伯，可以说有着至高无上的德行，多次将天下让给别人，老百姓找不到恰当的语言来称颂他。"

［浅析］我国古代先贤，有很多推让王位，或在位时殚精竭虑为百姓造福的故事，为中华民族的后代树立了光辉的榜样。

子曰："民可使由之，不可使知之。"（8-9）

［试译］孔子说："对于老百姓，可以让他们跟着去做，不一定让他们明白为什么要这样做。"

［浅析］此种解读让现代人听起来，感觉很不民主，是愚民政策。可以理解为时代的局限性，不能苛求。但还有另外一种解读："民可使，由之；不可使，知之。"意思是："老百姓愿意听从差遣，就让他们放手去干；不愿意干的，就向他们解释，让他们明白道理。"这样断句在今天就不至于引起非议了，也符合孔子"养民也惠"和"使民也义"的一贯主张。

子曰："笃信好学，守死善道。危邦不入，乱邦不居。天下有道则见，无

道则隐。邦有道,贫且贱焉,耻也。邦无道,富且贵焉,耻也。"(8-13)

[**试译**] 孔子说:"坚守信念,喜爱学习,誓死捍卫大道。危险的国家不进入,动乱的国家不居住。天下有道,就应该有所表现。天下无道就应该隐退。国家有道,自己贫贱,是耻辱。国家无道,自己富贵,也是耻辱。"

[**浅析**] 政治清明,将自己的智慧、才干奉献于社会。政治黑暗,要重气节操守,不能做背信弃义之事。一切的出发点都是为了捍卫自己的信念,忠诚于自己的信念。至于孔子周游列国、传道授业,明知不可为而为之,其目的与死守善道的主张是一致的。

子曰:"不在其位,不谋其政。"(8-14)

[**试译**] 孔子说:"不在那个职位上,对那个职位上的事就不要妄加干预。"

[**浅析**] 孔子此言乃经验之谈,甚为有理。因为不论在何职位,均有其内在的情况与特点,非局外人全部理解,妄加干涉可能适得其反。当然这与"事不关己,高高挂起"是两回事。俗话说"旁观者清",对有些事提出合理化意见和建议是好的。只是防止强加于人,越俎代庖而已。

子曰:"巍巍乎!舜禹之有天下也,而不与焉。"(8-18)

[**注释**] 不与:不参与。

[**试译**] 孔子说:"真伟大呀!舜禹作为天子,拥有天下,而不参与。"

[**浅析**] 对于"不与"有多种解释:一说是舜禹能任用贤能的人,分层负责,自己不参与实际政务,更无私利可贪。一说是舜禹的王位乃先贤禅让所得,并非自己争夺而来。一说是舜禹对坐天下处之泰然,不因此而为所欲为。总之,尧舜禹是我国古代三位被长期歌颂的圣明贤德之君,成为后来的楷模。

子曰:"大哉尧之为君也!巍巍乎!唯天为大,唯尧则之。荡荡乎,民无能名焉。巍巍乎其有成功也,焕乎其有文章!"(8-19)

［注释］名：用言语称颂。　焕：光明的样子。　文章：礼仪典章制度。

［试译］孔子说："了不起啊！尧这样的君主。伟大呀！最广阔的天，只有尧能效仿。难以表达呀！百姓没有合适的语言称颂他。伟大呀！他的功绩。光辉灿烂呀！他留下的礼仪典章制度。"

［浅析］孔子对古代先王发出了由衷的赞叹，赞誉他们可与天齐名。正如孔子说："天何言哉，四时行焉，百物生焉。"这些先贤都是替天行事，也许这正是孔子的理想王国。

舜有臣五人而天下治。武王曰："予有乱臣十人。"孔子曰："才难，不其然乎？唐、虞之际，于斯为盛。有妇人焉，九人而已。三分天下有其二，以服事殷，周之德，其可谓至德也已矣。"(8-20)

［注释］乱臣：指能治理国家的大臣。乱，治理。　斯：指周武王时代。　妇人：武王之妻邑姜，负责治理宫内之事，不参与朝政。

［试译］舜任用了五位大臣就使天下大治。武王说："我任用了十位治国之臣。"孔子说："人才难得，不正是这样吗？唐尧和虞舜的时代，以及武王时代人才昌盛，武王的十个治国大臣中还有一位妇女，所以说只有九人罢了。文王得了三分之二的天下，还向商朝称臣，周文王的道德，真是达到最高境地了。"

［浅析］孔子又一次赞颂先王，同时指出任用贤才的极端重要性。

子曰："禹，吾无间然矣。菲饮食而致孝乎鬼神，恶衣服而致美乎黻冕，卑宫室而尽力乎沟洫。禹，吾无间然矣！"(8-21)

［注释］间然：批评、挑剔。　菲：不厚。　黻(fú)：古代祭祀时穿的衣服，即丧服。　沟洫(xù)：田间水道，即沟渠。

［试译］孔子说："禹，我对他真没有什么可批评的。他饮食很简单，祭品却很丰盛；穿戴不讲究，祭祀的服装帽子却很华美；宫室很简朴，却尽力修沟渠兴水利。禹，我对他真是没有可挑剔的了。"

［浅析］孔子对禹的品德给予了由衷的赞美。隆重真诚地祭奠先人是我国自古传承的美德，对于后人不忘自己的根十分重要。禹自己的衣、食、住极为简朴，却心系治水，为世代所景仰，是中华民族的骄傲。

子曰："凤鸟不至，河不出图，吾已矣夫！"(9–9)

［注释］凤鸟：古代传说，凤凰是一种象征祥瑞的神鸟。 河不出图：传说黄河中有龙背负八卦图出现，预示着"圣王"将要出世。

［试译］孔子说："凤凰不飞来了，黄河也没有图画出现了，我这一辈子恐怕是完了吧！"

［浅析］孔子用凤鸟不出现及黄河不出图来比喻他企盼的清明政治的到来无望了，并由此发出感叹，认为虽然穷其一生，为实现理想而奔走呼号，但到自己老死，可能理想的太平盛世也看不到了。

鲁人为长府。闵子骞曰："仍旧贯，如之何？何必改作？"子曰："夫人不言，言必有中。"(11–14)

［注释］鲁人：指鲁国的执政大臣。 为：指改建、扩建。 长府：国库名。

［试译］鲁国当权者，要对长府进行改建，闵子骞说："仍然用旧的不行吗？为什么一定要改建？"孔子说："这个人不多说，说话就必然说到点子上。"

［浅析］这段论述对我们现在的各项工程建设，仍很有借鉴作用。建筑工程应以牢固实用为原则，配以适当装饰。如果换一位负责人，就大刀阔斧新建、改建、扩建一批工程，或建设"形象工程"，都是劳民伤财，十分不可取的。

子张问明。子曰："浸润之谮，肤受之愬，不行焉，可谓明也已矣。浸润之谮，肤受之愬，不行焉，可谓远也已矣。"(12–6)

［注释］明：明智。 浸润之谮(zèn)：像水浸渍物体慢慢渗透进来，不易觉察地暗中诬陷中伤。谮，诬陷、谗言。 肤受之愬：切肤之痛的诬告。愬，在这里指诬

告。

[**试译**] 子张问怎样才能见事明白。孔子说:“点点滴滴,慢慢渗透的谗言,有切肤之痛的诬告,在你这里都行不通,那就可以说你是明白人了。点点滴滴,慢慢渗透的谗言,有切肤之痛的诬告,在你这里都行不通,那就可以说你是看得远的人了。”

[**浅析**] 这里主要指有一定官职、可操纵人事权力的人。这种人能不听谗言、诬告,明辨是非,准确判别忠奸,是很不容易的。因为进谗言者必迎合上司的心理,涉及上司的利益,日久天长谎言也就变成了事实。明理清醒的长官也可能渐变为昏庸之辈,从而使忠良惨遭陷害或杀戮,历史上实例是很多的,孔子的提醒点中了要害。

子贡问政。子曰:“足食、足兵,民信之矣。”子贡曰:“必不得已而去,于斯三者何先?”曰:“去兵。”子贡曰:“必不得已而去,于斯二者何先?”曰:“去食。自古皆有死,民无信不立。”(12–7)

[**试译**] 子贡问为政之道。孔子说:“充足的粮食,充足的军备,百姓对当局的信任。”子贡说:“如果迫不得已要去掉一项,三项中先去掉哪一项?”孔子说:“去掉军备。”子贡又问:“迫不得已,两项中还要去掉一项,去哪项?”孔子说:“去掉粮食。自古人都免不了一死,但如果失去百姓的信任,国家就站不住了。”

[**浅析**] 子贡问政,孔子最初给出的排序是:足食,足兵,民信。善问的子贡,将问题一步一步深入探究,最终抓到了问题的要害。这与孔子在卫国时对冉有说“既庶矣,当富之;既富矣,当教之”是同样的道理。不得已的特殊情况下,必舍去其中一二项,孔子认为先去兵,再去食,最后留下的是民信,因为“民无信不立”。

哀公问于有若曰:“年饥,用不足,如之何?”有若对曰:“盍彻乎?”曰:“二,吾犹不足,如之何其彻也?”对曰:“百姓足,君孰与不足?百姓不足,君孰与足?”(12–9)

[**注释**] 有若:孔子的学生。　盍(hé):何不。　彻:一种田税制度,即从收获中抽出十分之一作为田税。

［试译］哀公问有若说:“荒年收成不好,国家开销不够,怎么办?”有若回答说:“为什么不实行十抽一的税制呢?”哀公说:“十成抽二,我都不够,怎么能十抽一呢?”有若回答说:“只要百姓足了,您怎么能不足?若百姓都不足,您又怎么能足?”

［浅析］这里说明孔门弟子有若的财政观点。他主张藏富于民,只有百姓生活安定,才能增加生产能力,国家才会随之富足。若饥年反加重税收,百姓贫困,必导致经济越加萧条,民众怨声载道,国家又如何征得税收?但乱世,政治黑暗,统治者往往只知横征暴敛,这必然孕育着民众的最终暴动。

子张问崇德、辨惑。子曰:“主忠信,徙义,崇德也。爱之欲其生,恶之欲其死。既欲其生,又欲其死,是惑也。‘诚不以富,亦祇以异。’”(12-10)

［试译］子张问怎样才能推崇道德,辨别是非?孔子说:“以忠诚信实为宗旨,追随义,这就是推崇道德。喜欢时希望他活,厌恶时又盼他死,既要他活,又要他死,这就是不辨是非了。”(“诚不以富,亦祇以异”,有学者认为是错简,故未译。)

［浅析］崇尚道德的关键是“忠信”。修养的提高需要用理性思维约束个人的感情,不能遇事走极端。尤其是负一定责任的人,若依据个人好恶决定下属的升迁、贬谪、奖惩甚至生死,对事业对工作必定有害无益,从古至今这样的实例不胜枚举。

齐景公问政于孔子。孔子对曰:“君君、臣臣,父父、子子。”公曰:“善哉!信如君不君,臣不臣,父不父,子不子,虽有粟,吾得而食诸?”(12-11)

［注释］齐景公:齐国国君。好治宫室,赋税繁重,刑罚残酷,大失民心。 得而食诸:诸,疑问词。相当于问:“我能吃得到吗?”

［试译］齐景公问孔子执政之道。孔子回答说:“君要像君,臣要像臣,父亲要像父亲,儿子要像儿子。”齐景公说:“对呀!如果君不像君,臣不像臣,父不像父,子不像子,即使有粮食,我能吃得到吗?”

［浅析］整个社会群体必须有一定的结构秩序,各在其位,各司其职,干什么得像什么。所谓“社会人”与“生物人”之不同,在于他要受到一系列社会关系和文化模

式的制约，这样才能形成群体，形成合力。孔子在此要强调的是，齐景公应尽国君之道，才能使臣子尽臣子之道，进一步才能将国家各种关系理顺。齐景公虽问政于孔子，但并未听从孔子的劝谏。最后导致陈氏弑君篡国，即历史上的“田氏代齐”。

子曰：“听讼吾犹人也。必也使无讼乎！”(12-13)

[**注释**] 必也：转接语，意思是如果一定要如何。

[**试译**] 孔子说：“审理诉讼案件，我与别人差不多。如果一定要说有什么不同，那就是我希望没有诉讼。”

[**浅析**] 诉讼不可能全无，但可以减少，按照“正确处理人民内部矛盾”的原则，有些事可以通过协调而和解，不必事无巨细均对簿公堂，这是我国的传统，与西方人的习惯有所不同。

子张问政。子曰：“居之无倦，行之以忠。”(12-14)

[**试译**] 子张问为政之道。孔子说：“在官位上不要厌倦懈怠，推行政务要出以忠心。”

[**浅析**] 孔子在此处告诫大小官员，为官一天就要恪尽职守，忠诚信实，绝不可敷衍塞责混饭吃，这是为官之本。

季康子问政于孔子。孔子对曰：“政者，正也。子帅以正，孰敢不正？”(12-17)

[**试译**] 季康子问为政之道。孔子回答说：“政就是端正，你率先端正自己，谁敢不端正？”

[**浅析**] 为政者是替群众办事，关系到众多人的利害得失，故必须公正、正派、廉洁、自律。下有不正应向上追究责任。

季康子患盗，问于孔子。孔子对曰：“苟子之不欲，虽赏之不窃。”(12-

18）

［试译］季康子苦于盗贼的猖獗，向孔子求教。孔子回答说："如果你不贪欲，你就是鼓励偷盗，也没人去干。"

［浅析］在上位者贪得无厌，不择手段地搜刮民财，搞得贫富悬殊，民不聊生，必有人铤而走险；如果绝大多数官员都能洁身自好，爱民、助民，使社会有良好的风气，百姓丰衣足食，民众缘何走盗贼之路？

季康子问政于孔子，曰："如杀无道以就有道，何如？"孔子对曰："子为政，焉用杀？子欲善而民善矣。君子之德风，小人之德草。草上之风，必偃。"（12-19）

［注释］就：成全，成就。　偃：仰面倒下，放倒。

［试译］季康子向孔子请教为政之道说："如果杀死无道之人成就有道者，怎么样？"孔子回答说："你治理政事，为什么要用杀人的手段？你心向善，民众也会走善道。君子的道德像风，百姓的道德像草，草随风倒。"

［浅析］孔子认为民风不正责任在上不在下，应追究上位者的责任。当然，不论在什么情况下，总有清廉无私、刚正不阿的官员，百姓中也总有保持清醒头脑，不随风倒的有识之士，只是权势大小，数量多寡是否占有决定性比例的问题。不良的社会风气一旦形成，纠正起来谈何容易。要造就一个时代的良好风尚，必须从上做起，只有官员中的绝大多数能以身作则，使百姓心悦诚服，并持之以恒，才有说服力，才有榜样的力量。因此，这是一项非常艰巨的工程。

子张问："士何如，斯可谓之达矣？"子曰："何哉，尔所谓达者？"子张对曰："在邦必闻，在家必闻。"子曰："是闻也，非达也。夫达也者，质直而好义，察言而观色，虑以下人，在邦必达，在家必达。夫闻也者，色取仁而行违，居之不疑，在邦必闻，在家必闻。"（12-20）

［**注释**］下人：甘居人下，对人谦恭有礼。

［**试译**］子张问："读书人如何才可以做到'达'？"孔子说："你所说的达是什么意思？"子张回答说："在邦国中有名声，在宗族中也有名声。"孔子说："那是出名，不是贤达。所谓贤达，是正直而讲信义，善于观察别人的神色，分析别人的语言，存心甘居人下。这样的人在邦国或在宗族中都会受到敬重。好虚名的人，表面装作仁而行为是相违的，自己却心安理得不怀疑自己，这样的人在邦国或家族中可能会有虚名。"

［**浅析**］从本章中可以体会到孔子对弟子的谆谆告诫，以及循循善诱的教育精神。我们还是按照孔夫子的教导，实实在在做些有益的事，不要做徒有虚名的人。

樊迟问仁。子曰："爱人。"问知。子曰："知人。"樊迟未达。子曰："举直错诸枉，能使枉者直。"樊迟退，见子夏，曰："乡也吾见于夫子而问'知'，子曰：'举直错诸枉，能使枉者直。'何谓也？"子夏曰："富哉言乎！舜有天下，选于众，举皋陶，不仁者远矣。汤有天下，选于众，举伊尹，不仁者远矣。"（12–22）

［**注释**］乡也：前时，刚才。　皋陶（gāoyáo）：舜时掌管刑法的大臣。　伊尹：汤时宰相，辅助汤灭夏兴商。

［**试译**］樊迟问什么是"仁"？孔子说："爱人。"樊迟又问什么是"智"？孔子说："了解别人。"樊迟听不明白。孔子说："提拔正直的人，安置在不正直的人之上，能使不正直的人变正直。"樊迟退出去，看见子夏，说："刚才，我看见老师，问他'智'，老师说：'举荐正直的人，安置在不正直的人之上，能使不正直的变正直。'这是什么意思？"子夏说："这话含意太丰富了。舜有了天下，从众人中把皋陶选拔出来，不仁德的人就远去了。汤有了天下，从众人中选拔了伊尹，不仁德的人也都远去了。"

［**浅析**］孔子认为，仁者爱人，智者知人善任。要了解人，选用正直的人，也就是品德、才能都好的人，才能使作风不正的人远离核心权力，国家才能长治久安。当然，要注意的是权力的监督以及人的可变性。

子路问政。子曰："先之，劳之。"请益。曰："无倦。"（13-1）

［**注释**］请益：请求多讲一些。益，增加、更。

［**试译**］子路问为政之道。孔子说："自己带头，勤奋劳作。"子路请求再多讲一些。孔子说："按上面说的作，不要倦怠就可以了。"

［**浅析**］主政要不忘其根本，带头勤劳俭朴，要谨防民风怠惰，走上不劳而获、好逸恶劳、巧取豪夺、为富不仁之路，那将是社会的灾难。子路请孔子再多作教诲，孔子认为持之以恒是关键，多说不做并无益处。

仲弓为季氏宰，问政。子曰："先有司，赦小过，举贤才。"曰："焉知贤才而举之？"曰："举尔所知，尔所不知，人其舍诸？"（13-2）

［**注释**］仲弓：即冉雍。　有司：负责具体事务的各级官员。

［**试译**］仲弓做了季氏的总管，向孔子问为政之道。孔子说："先将办事官员管理好，使之各司其职，对小的过错不要揪住不放，提拔优秀的人才。"仲弓说："怎么才知道谁是优秀人才而提拔呢？"孔子说："推举你所了解的人，你所不了解的，别人难道会埋没他吗？"

［**浅析**］孔子对不同的人求教为政之道都有针对性地做了回答，此处对冉雍谈到的是：先管好手下的干部，使之各司其职，小过不必苛责，发现和举用贤能的人，这可能也是针对冉雍不足之处吧！

子路曰："卫君待子而为政，子将奚先？"子曰："必也正名乎？"子路曰："有是哉！子之迂也！奚其正？"子曰："野哉由也！君子于其所不知，盖阙如也。名不正，则言不顺；言不顺，则事不成；事不成，则礼乐不兴；礼乐不兴，则刑罚不中；刑罚不中，则民无所错手足。故君子名之必可言也，言之必可行也。君子于其言，无所苟而已矣。"（13-3）

［注释］卫君：指卫出公辄，卫灵公之孙。　正名：订正名分。　盖：发语词，表示"不能确定"，"大概"。　阙如：空缺，指存疑，不表态。

［试译］子路说："卫国国君等着您去主持政事，您打算先做什么呢？"孔子说："首先是订正名分。"子路说："真是要这样吗？您也太迂腐了，为什么要去正名？"孔子说："由啊！你太粗野了，君子对自己不懂的事，应该保持沉默（或采取存疑的态度）。如果名分不正，说话就不顺当；说话不顺当，事情就办不成；办不成事，礼乐就复兴不起来；礼乐不复兴，刑罚就不会恰当；刑罚不恰当，老百姓就不知如何是好。所以君子确定了名分必然就可以说话了，说了话必然能够执行。君子对自己说的话，是要认真负责一丝不苟的。"

［浅析］卫灵公时，太子蒯聩欲谋杀灵公的夫人南子，谋泄出逃。灵公卒后，卫人立蒯聩之子辄继位，形成子居内为君，父被拒外为寇的局面。所以此处子路问政，孔子认为应先正辄与聩间父子之名，以改变子拒父的状态。但，此时，辄已为君多年，群臣拥戴，形势已定，要改变当然十分困难。故子路认为："子之迂也！"但孔子从人心大义出发，认为不如此则事难成，不过，此后孔子并无施政的机会。卫国形势发展的结果，证实了孔子的预见，蒯聩最终攻入卫国，辄则出亡于鲁，故谥号"出公"。"名不正，则言不顺"是符合一定客观规律的，已成习语，源于此。

子曰："诵《诗》三百，授之以政，不达；使于四方，不能专对。虽多，亦奚以为？"（13-5）

［试译］孔子说："熟读了《诗经》三百篇，让他处理政务，却办不通；派他出使四方，又不能独立应对。书虽读了很多，有什么用呢？"

［浅析］孔子提倡学以致用，孔子曾说过："不学诗，无以言。"如果学了诗还是"无以言"，诗即白学了。可见孔子教人博学多才，是为了对社会多作奉献，不是当书呆子。

子曰："其身正，不令而行；其身不正，虽令不从。"（13-6）

［试译］孔子说："自己品行端正，不待下令就会去做。自己品行不端正，即使下令也没人听从。"

［浅析］榜样的感召力是巨大的。以理服人是真心信赖，以势压人永远是压而不服。

子曰："鲁卫之政，兄弟也。"（13–7）

［试译］孔子说："鲁国与卫国的政治，就像兄弟一样。"

［浅析］这是孔子对鲁国和卫国政治状况的一种感叹，针对两国的什么具体情况，说法不一。

子适卫，冉有仆。子曰："庶矣哉！"冉有曰："既庶矣，又何加焉？"曰："富之。"曰："既富矣，又何加焉？"曰："教之。"（13–9）

［注释］适：动词，到、往。 仆：动词，驾车。 庶：多。

［试译］孔子到卫国去，冉有替他驾车。孔子说："卫国的人真多啊！"冉有说："人多了，又该做什么？"孔子说："让他们富起来！"冉有说："富起来了，再做什么？"孔子说："对他们进行教育。"

［浅析］孔子主张的治国之道，在正常情况下应把富民放在首位，古人云："仓廪实而知礼节，衣食足而知荣辱。"经济的繁荣与教育的发展应是相辅相成的，人们生存条件得到基本保障之后，正确的教育引导即应紧紧跟上，社会的进步才能顺利进行。因此在"富之"之后，"教之"是孔子积极倡导的。

子曰："'善人为邦百年，亦可以胜残去杀矣。'诚哉是言也！"（13–11）

［试译］孔子说："古人说过'有善心的人，治理国家相继百年，也可以战胜残暴，去除杀戮。'这话说得确实正确啊！"

［浅析］孔子时代，诸侯相争，战争不断，残杀酷刑延续日久，孔子渴望"老者安之，朋友信之，少者怀之"的和谐关系，故借用古人的话表达自己的心声。

子曰:“如有王者,必世而后仁。”(13–12)

[**注释**] 王者:理想中的帝王。 世:三十年为一世。

[**试译**] 孔子说:“如果有圣明君主,也一定要用三十年左右的时间,才能使仁之道行于天下。”

[**浅析**] 人心的转变,不可能一蹴而就,需要引导和教育,稍有松懈,又会滑回老路,所以孔子说,即使是圣明君主,也要经历一世(三十年)的过程,足见人心转变之不易。

子曰:“苟正其身矣,于从政乎何有?不能正其身,如正人何?”(13–13)

[**试译**] 孔子说:“如果自己的品行端正,从政又有什么困难?如果不能端正自己,又怎么能端正别人?”

[**浅析**] 孔子多次谈到在上位者要正人先正己的问题,足见孔子对此问题的重视。

定公问:“一言而可以兴邦,有诸?”孔子对曰:“言不可以若是其几也。人之言曰:‘为君难,为臣不易。’如知为君之难也,不几乎一言而兴邦乎?”曰:“一言而丧邦,有诸?”孔子对曰:“言不可以若是其几也。人之言曰:‘予无乐乎为君,唯其言而莫予违也。’如其善而莫之违也,不亦善乎?如不善而莫之违也,不几乎一言而丧邦乎?”(13–15)

[**注释**] 定公:鲁国的国君。 几:差不多,接近。

[**试译**] 鲁定公问:“一句话可以振兴国家,有吗?”孔子回答:“话不是这么说,与这差不多的话是有的。有人说:‘做国君难,做臣子也不容易。’如果知道做国君难,不就差不多等于一句话可以振兴国家了吗?”定公又问:“一句话可以丧失国家,有吗?”孔子回答:“话不是这么说,与这差不多的话是有的。有人说:‘我做国君没什

么快乐，只是我说的话没有人敢违背。’如果说的话正确而无人违抗，不也很好吗？如果说的话不对却没人敢违抗，不就是差不多一句话可以丧失国家吗？”

［**浅析**］此段教诲作为领导者、政策制定者应牢记之。虽然一言不一定达到“兴邦”或“丧邦”的程度，但给国家、事业带来的胜利或重大损失是极易列举的。

叶公问政。子曰：“近者说，远者来。”（13–16）

［**试译**］叶公问为政之道。孔子说：“近处的人欢悦（生活安定，心情舒畅），远处的人来投靠。”

［**浅析**］“近者说，远者来”，这当然是太平盛世，表明一个国家治理的成功，政治清明而稳定，政权极具向心力。用于今日国家之外交也同此理，与邻国友好和睦相处，距离远的国家也愿友好往来，这当然是政绩上的成功。

子夏为莒父宰，问政。子曰：“无欲速，无见小利。欲速，则不达；见小利，则大事不成。”（13–17）

［**注释**］莒（jǔ）父：鲁国的一个城邑。

［**试译**］子夏做莒父这个地方的官长，向孔子求教管理政事的方法。孔子说：“不要图快，不要贪小利。只求快，反而达不到目的。贪小利就办不成大事。”

［**浅析**］“欲速则不达”，“见小利，则大事不成”，已成众所周知的格言。当牢记之，施行之。

子贡问曰：“何如斯可谓之士矣？”子曰：“行己有耻，使于四方不辱君命，可谓士矣。”曰：“敢问其次。”曰：“宗族称孝焉，乡党称弟焉。”曰：“敢问其次。”曰：“言必信，行必果，硁硁然小人哉！抑亦可以为次矣。”曰：“今之从政者何如？”子曰：“噫！斗筲之人，何足算也。”（13–20）

［**注释**］士：春秋时“士”多为卿大夫的家臣，属最低等的贵族阶层。不单纯指

后来所说的知识分子。　硁（kēng）：敲打石头的声音。　小人：这里指一般的人。　斗筲（shāo）：古代盛饭的竹器，容一斗二升，或说五升。此处形容见识短，无作为。　噫：心不平叹声。

［**试译**］子贡问："怎样才算士？"孔子说："能用羞耻之心约束自己的行为，出使国外，能很好完成国君的使命，这就可以说是士。"子贡说："请问次一等的。"孔子说："宗族中都称他孝顺，家乡人都称赞他尊敬长者。"子贡说："请问再次一等的。"孔子说："说话必然讲信用，行为必然果断有成效，像硁硁响的石头，这是一般的人，但这也可算次一等的士了。"子贡说："现在那些从政者怎么样？"孔子说："唉！这些见识短浅的人，就不必再提了。"

［**浅析**］子贡在这里又用了逐层深入的提问方法。从子贡与孔子的问答中可以看出，古代对士的要求是比较高的，起码要做到言必信，行必果。要讲孝悌，要有羞耻心。为国家做事要有真才实学，而且要德才兼备。

子曰："善人教民七年，亦可以即戎矣。"（13-29）

［**试译**］孔子说："有道德修养的人，教化百姓七年，也就可以用其当兵打仗了。"

［**浅析**］孔子在不同场合曾说过："苟有用我者，期月而已可也，三年有成。"又说过："善人为邦百年，亦可以胜残去杀矣。""如有王者，必世而后仁。"此处又用了："善人教民七年，亦可以即戎矣。"几种说法虽时间各异，但其首要条件都是，必须有品德高尚、学问渊博、能力出众、智勇双全的优秀领导者，以引导民众不屈不挠、勇敢奋斗，富国强兵的宏图大业是一定会实现的。

子曰："以不教民战，是谓弃之。"（13-30）

［**试译**］孔子说："用没有受过军事训练的民众去打仗，就是要他们去送死。"

［**浅析**］这里孔子强调了一个国家备战与国防的重要性。可以备而不战，但绝不能忽略国防与战备。如果放弃战备，一旦外敌入侵，首当其冲遭涂炭者必是平民

百姓。

子曰:“邦有道,危言危行;邦无道,危行言孙。”(14-3)

[注释] 危言危行:说话正直,行为端正。危,即正。 言孙:说话要谦逊,随和。

[试译] 孔子说:“国家政治清明,就言语正直,行为正直。国家政治黑暗,就行为正直,言语谨慎。”

[浅析] 这是孔子教人处世的臣道,做干部的基本原则。青年时期血气方刚,以为“言孙”是懦弱的表现,岂不知乱世里无章法可循,可因“危言”而断送性命或前程,而这种牺牲是没有任何意义的。在乱世能做到“危行”,即有所不为,不同流合污,不助纣为虐,但言语要谨慎。

南宫适问于孔子曰:“羿善射,奡荡舟,俱不得其死然。禹稷躬稼而有天下。”夫子不答。南宫适出,子曰:“君子哉若人!尚德哉若人!”(14-5)

[注释] 南宫适(kuò):《史记》作南宫括,孔子的学生。孔子曾将侄女嫁给他。 羿(yì):相传为夏代有穷国的君主,善射箭。曾夺夏太康的王位,后被他的臣下寒浞(zhuó)所杀。 奡(ào):相传为夏代寒浞的儿子,是个善于水战的大力士,后被夏少康所杀。 禹:夏代开国君主,善于治水,注重发展农业。 稷(jì):传说周朝国君的祖先,教民种植庄稼,被尊为谷神。 若人:这个人。

[试译] 南宫适问孔子说:“羿擅长射箭,奡善水战,都没得好死。禹和稷亲身耕种,却得到了天下。”孔子对这话没有回答。南宫适退出去后,孔子说:“这个人真是个君子呀!这个人真是一个崇尚道德的人呀!”

[浅析] 后羿射日的故事家喻户晓。后羿凭武力篡夺了王位,奡可将水中行船用手抓到旱地上拖着走,力大无穷,但最后两人均遭杀戮。倒是禹、稷躬身劳作,为民排忧解难,得到了百姓的拥戴,最后都获得善终。南宫适正反各举两例,清楚说明了事物发展的规律,以及因果关系。故孔子已无需再多言,对南宫适深邃的观察力和分析力只有赞叹。

子曰："为命，裨谌草创之，世叔讨论之，行人子羽修饰之，东里子产润色之。"（14-8）

［注释］命：外交文告。　裨谌（bìchén）：裨谌、世叔、子羽、子产四人皆郑国大夫。　行人：古代外交官名。　东里：地名，子产居住地。

［试译］孔子说："发布外交文告，裨谌先起草，世叔提出意见，外交官子羽加以修改，子产在文字上加以润色。"

［浅析］孔子通过郑国对外交文件创制过程的认真严肃性，告诫弟子，从政的人制定文告关系重大，一字一句关系到国家利益和国际关系，因此绝不能草率从事。

或问子产。子曰："惠人也。"问子西。曰："彼哉！彼哉！"问管仲。曰："人也。夺伯氏骈邑三百，饭疏食，没齿无怨言。"（14-9）

［注释］子西：春秋时史料记载有三个子西，此处可能指郑国大夫，子产的同宗兄弟，先子产执政。　管仲：齐桓公时的宰相。　伯氏：齐国大夫。　骈（pián）邑：地名，在齐国。　没齿：死。齿，指年龄。

［试译］有人向孔子问到子产，孔子说："是（对民众）有恩惠的人。"问到子西，孔子说："他呀！他呀！"问到管仲，孔子说："这真是个人才。（他）剥夺了伯氏在骈邑的三百户封地，使伯氏只能粗茶淡饭度日，但到死也没有怨言。"

［浅析］有人向孔子问对当时几位高官的评价。对管仲评价最高，其次是子产，对子西未给评价。孔子对政绩不佳的人，并未贬损，只是略过不谈而已。管仲、子产都是国家的良相，孔子对他们是很赞赏的。

子曰："孟公绰为赵、魏老则优，不可以为滕、薛大夫。"（14-11）

［注释］孟公绰：鲁国大夫。　赵、魏：晋国最有权势的大夫。　老：大夫的家臣，也叫室老。　优：绰绰有余。　滕、薛：鲁国附近的两个小诸侯国。

［试译］孔子说："孟公绰，若叫他做赵氏、魏氏的家臣，那是有余力的。但是不

能做滕、薛这样小国的大夫。”

[**浅析**] 孟公绰是孔子尊敬的人，现以他为例，说明知人善任、量才而用的重要性。有人适合做具体工作，有人却能担负统帅的重任。

子言卫灵公之无道也，康子曰：“夫如是，奚而不丧?”孔子曰：“仲叔圉治宾客，祝鮀治宗庙，王孙贾治军旅。夫如是，奚其丧?”(14-19)

[**注释**] 卫灵公：卫国国君。 奚：为什么。 丧：衰亡。 仲叔圉(yǔ)：即孔文子。

[**试译**] 孔子谈到卫灵公的昏庸无道，季康子说：“既然如此，为什么国家没有衰亡?”孔子说：“有仲叔圉接待宾客，祝鮀管理祭祀，王孙贾治军，像这样，怎么会衰亡。”

[**浅析**] 卫灵公虽昏庸，但原来任用的重臣都是优秀人才，尚且在位。由他们撑起了朝中事务的管理，所以延迟了国家衰亡的时间，可见用人之重要性。

子路问事君。子曰：“勿欺也，而犯之。”(14-22)

[**试译**] 子路问怎样侍奉君主。孔子说：“不要欺骗他，可以触犯他。”

[**浅析**] 对君主要直言无欺，不要怕担犯上之嫌。但这是面对愿意集思广益的君主。否则，孔子也说过：“事君数，斯辱矣！”“邦无道，危行言孙。”可见这里需要审时度势，不能一概论之。

子曰：“无为而治者其舜也与?夫何为哉?其恭己正南面而已矣。”(15-5)

[**注释**] 无为而治：君主不必亲自主政，而使国家得到治理。 夫：代词，指舜。 恭己正南面：庄严、端庄地坐在王位上。南面，指王位。

[**试译**] 孔子说：“自己不亲自主政，就能治理天下的，只有舜吧！他做什么了?只是端庄地坐在王位上而已。”

［浅析］“圣君”必有“良相”辅佐。“君”主要掌握大政方针，知人善任，放手分层负责，并非事必躬亲，但也绝非无所作为。“相”则日理万机，主管各项具体事务。这就是领导艺术吧！

子曰：“直哉史鱼！邦有道，如矢；邦无道，如矢。君子哉蘧伯玉！邦有道，则仕；邦无道，则可卷而怀之。”（15-7）

［注释］史鱼：卫国大夫。临死时，还从侧面劝告卫灵公进用蘧伯玉，古人称之为“尸谏”。　如矢：像箭一样，直行，无迂回。　蘧（qú）伯玉：卫国大夫。

［试译］孔子说：“真刚直呀，史鱼！国家政治清明时像箭一样刚直，政治不清明时也像箭一样刚直。真是君子呀，蘧伯玉！政治清明时就出来做官，政治黑暗时就把自己收藏起来。”

［浅析］史鱼与蘧伯玉不同。前者是不论邦有道邦无道都刚直不阿，为了给君主举荐贤才，一次不成，就反复举荐，直至“尸谏”，终于收到了实效。后者是邦有道则仕，邦无道则藏。两个人表现不同，却都受到了孔子很高的赞誉，说明孔子不拘泥于僵死的教条，而赞赏依据具体情况决定各自的应对态度。

颜渊问为邦。子曰：“行夏之时，乘殷之辂，服周之冕，乐则《韶》、《舞》。放郑声，远佞人。郑声淫，佞人殆。”（15-11）

［注释］辂（lù）：天子所乘的车。　舞：即“武”。周武王时的一种乐曲。　放：禁绝，抛弃。　佞人：能言善辩、谄媚取宠的人。　殆（dài）：危险。

［试译］颜渊问如何治理国家。孔子说：“推行夏朝的历法，乘坐殷朝的车子，戴周朝的礼帽，演奏《韶》乐和《武》曲，舍弃郑国的音乐，疏远谄媚的小人。郑国的音乐不健康，谄媚的小人危险。”

［浅析］孔子主张治理国家要有很大的包容性，可以汇集历代治国之大成，继承并进一步发扬之。

子曰："人无远虑，必有近忧。"（15-12）

［试译］孔子说："人没有长远的考虑，必然有近期的烦恼。"

［浅析］这两句话已成为家喻户晓的格言。居安思危，千百年来成为大到国家命运、小到为人处世的指导原则。

子曰："巧言乱德，小不忍，则乱大谋。"（15-27）

［试译］孔子说："花言巧语可以扰乱道德。在小事情上不容忍，就会坏了大事。"后句也有解释为："在小事情上不忍心，不当机立断，就会坏了大事。"

［浅析］顺耳之言当然容易接受，但作为领导者要区分说话者是否为了投其所好。孟子曰："上有好者，下必有甚焉者矣。"这是需要警惕的。

子曰："知及之，仁不能守之，虽得之，必失之。知及之，仁能守之，不庄以莅之，则民不敬。知及之，仁能守之，庄以莅之，动之不以礼，未善也。"（15-33）

［试译］孔子说："用智慧得到的，仁德不能守护，虽得到了，必失掉。用智慧得到的，仁德守住了，不能严肃认真对待，也得不到百姓的尊敬。用智慧得到的，仁德守住了，态度是严肃认真的，行为表现不合礼法，还是不能做到完美。"

［浅析］孔子在此指出了"智、仁、庄、礼"的相互关联性，缺一不可。不论做人、做事、从政、致学，运用智慧，施以仁德，待之庄重，遵守礼法，事情才会做得比较完美。这里主要指治国与安民。

子曰："事君，敬其事而后其食。"（15-38）

［试译］孔子说："侍奉国君，把敬守职责放在首位，把俸禄的事放在后面。"

［浅析］"敬业"即对所担当的工作认真负责。人要生存，只工作不取报酬是不现实的，但若只重报酬，对工作却不负责，甚至拿着国家的工资搞阳奉阴违，或出工不出力，或损公肥私，都是为君子者所不齿的，古今中外概莫能外。

季氏将伐颛臾。冉有、季路见于孔子，曰："季氏将有事于颛臾。"孔子曰："求！无乃尔是过与？夫颛臾，昔者先王以为东蒙主，且在邦域之中矣，是社稷之臣也。何以伐为？"冉有曰："夫子欲之，吾二臣者皆不欲也。"孔子曰："求！周任有言曰：'陈力就列，不能者止。'危而不持，颠而不扶，则将焉用彼相矣？且尔言过矣！虎兕出于柙，龟玉毁于椟中，是谁之过与？"冉有曰："今夫颛臾，固而近于费，今不取，后世必为子孙忧。"孔子曰："求！君子疾夫舍曰'欲之'而必为之辞。丘也闻：有国有家者，不患寡而患不均，不患贫而患不安。盖均无贫，和无寡，安无倾。夫如是，故远人不服，则修文德以来之。既来之，则安之。今由与求也，相夫子，远人不服而不能来也，邦分崩离析而不能守也，而谋动干戈于邦内。吾恐季孙之忧，不在颛臾，而在萧墙之内也。"(16-1)

[**注释**] 颛臾(zhuānyú)：鲁国的附庸国，故址在今山东费县西部。　无乃：不就是。　东蒙：即蒙山。　夫子：指季孙氏。　周任：周朝官吏。　陈力就列：陈，摆出来。列，官位。全句意为摆出能力，充任官职。　相：搀扶盲人的人叫"相"，引申为辅助、助手之意。　兕(sì)：雌犀牛。　柙(xiá)：关猛兽的笼子。　龟玉：占卜用的龟壳，祭礼用的玉器。　椟(dú)：匣子。　疾：痛恨，憎恶。　舍曰：避而不谈。　远人：指本国以外的人。　萧墙：屏风，照壁。这里指内部。

[**试译**] 季氏将要兴兵攻打颛臾，冉有、子路去见孔子，说："季氏将对颛臾用兵了。"孔子说："求！这不就是你的过错吗？这个颛臾，从前先王封它为东蒙山之主，而且就在鲁国境内，是国家的臣属，为什么去攻打它？"冉有说："我们主公想打，我们两个人都不主张打。"孔子说："求，周任曾经说过：'能展示才能则就其职位，否则就该辞去其职位。'遇到危险不救助，要跌倒了不赶快搀扶，还要助手干什么？而且你的话是不对的，猛兽从笼子里跑出来，贵重的东西毁坏在匣中，是谁的过错？"冉有说："现在的颛臾，城郭坚固，离费城又很近，现在不攻取，将来必给后世子孙带来麻烦。"孔子说："君子厌恶不说'想要'而另找借口。我也听说过，一个国，一个家，不

要怕财富少，而要防止分配不公平，不要怕臣民少，而要防止不安定。如果财富均，就无所谓贫，和睦相处，就无所谓寡，安定了，也就没有了倾覆之祸。做到这样，如果远方的人还不归服，就要加强自身的德业修养吸引人家来。招徕到的远人，要加以安抚。现在你们两个人帮助季氏，远方的人不归服，也就不可能来。国家内部离心离德濒临崩溃，你们不能好好把守，却要在国内动武，我担心季孙氏值得忧虑的并不在颛臾，而在国君的门屏之内。"

［**浅析**］首先孔子给子路、冉求分析并指出了，出兵颛臾是一项于情于理都不合的决策。中间一段讲明，国家重臣的为臣之道：①危时要持，颠时要扶。失去进言献策的最佳时机，等于失职。就好比，已俘获的猛兽外逃，珍藏的瑰宝被毁，首先要直接追究负责看管者的责任。②如果臣子没有本事，关键时刻不能分析利害，不能辅助国君做出正确的决策，就应请辞。而不能把责任归于国君，推卸个人责任。最后孔子阐明了治国安邦之道：国内分配合理，安定团结，崇尚德行礼仪，使远人归服，友邦和好往来，太平盛世则指日可待矣。并点出了当时国内危机之所在。

文中"不患寡而患不均，不患贫而患不安"，"既来之，则安之"等名言，已被后人广泛引用。"祸起萧墙"之成语，源于此。

孔子曰："天下有道，则礼乐征伐自天子出；天下无道，则礼乐征伐自诸侯出。自诸侯出，盖十世希不失矣。自大夫出，五世希不失矣；陪臣执国命，三世希不失矣。天下有道，则政不在大夫，天下有道，则庶人不议。"（16–2）

［**注释**］希：通"稀"，很少。　失：失掉爵禄、官位。　陪臣：卿大夫的家臣。

［**试译**］孔子说："国家安定，政治上轨道，制礼作乐出兵打仗由天子决定。国家混乱，制礼作乐出兵打仗由诸侯决定。由诸侯决定，大概能传到十代，很少能再继续的。由大夫决定的，传到五代，很少能再继续的。若是大夫的家臣把持国家政权，传到三代就很少能再继续的。国家安定，政治上轨道，最高政治权力就不会把持在大夫手里，老百姓就不会议论纷纷。"

[**浅析**] 春秋战国时代,周天子已无发号施令的力量,各诸侯争雄。卿大夫,甚至家臣也有专政者。孔子从亲眼所见的事实中,总结出政权更替的某些规律性。

孔子曰:"禄之去公室,五世矣。政逮于大夫,四世矣,故夫三桓之子孙,微矣。"(16-3)

[**注释**] 禄:爵禄,此处指政权。　五世:五代,自鲁君失去政权到孔子时,经历了五代。　逮:及。　四世:自季氏最初把持鲁国政权到孔子时,经历了四代。　三桓:鲁国的三位卿大夫:季孙、叔孙、孟孙(即仲孙)三家,都是鲁桓公的后代,故称"三桓"。

[**试译**] 孔子说:"国家政权旁落已经五代了。政权到了大夫之手四代了。所以桓公的三房子孙也衰微了。"

[**浅析**] 这与上一节内容与思想相呼应,也是对社会历史演变的预言,这些预言都被言中了。

子之武城,闻弦歌之声。夫子莞尔而笑,曰:"割鸡焉用牛刀?"子游对曰:"昔者偃也闻诸夫子曰:'君子学道则爱人,小人学道则易使也。'"子曰:"二三子!偃之言是也。前言戏之耳。"(17-4)

[**注释**] 之:动词,去、往。　武城:鲁国一座小城。　子游:孔子弟子。姓言,名偃,字子游。

[**试译**] 孔子去武城,听到弹琴唱歌的声音。孔子微微一笑说:"杀鸡,何必用宰牛的刀呀!"子游(时任武城宰)回答说:"以前我听老师说过:'君子学礼乐之道就会爱人,老百姓学礼乐之道就容易服从政令。'"孔子说:"弟子们!子游的话对呀。我刚才所讲的不过是一句戏言。"

[**浅析**] 读此章有两重感受。①杀鸡焉用牛刀,比喻治理小城,不必用礼乐大道。若此,确实有些小题大做。从这层意思上看,孔子的第一感受可能是对的。也就顺便开了一句玩笑。②面对学生的反问,孔子毫无骄矜之气,认为弟子认真按他的

教诲去做，是不该对此说玩笑话的。立即正色，对众随行弟子肯定了子游的做法，孔子这种律己精神十分难能可贵。

柳下惠为士师，三黜。人曰："子未可以去乎？"曰："直道而事人，焉往而不三黜？枉道而事人，何必去父母之邦？"（18-2）

［**注释**］柳下惠：鲁国的大夫，姓展，名获。 士师：掌管刑罚的官吏。 黜(chù)：罢免、贬退。 枉道：不合正道。

［**试译**］柳下惠做法官，三次被撤职。有人对他说："您不能离开鲁国吗？"他说："坚持正道侍奉君主，到哪里去能免遭罢黜呢？如果以非正道去侍奉君主，又何必要离开自己的国家呢？"

［**浅析**］如果立志做正直的官吏，就要做好被罢黜的精神准备，因为这种官吏不论走到哪里都有可能遇到困难。

周公谓鲁公曰："君子不施其亲，不使大臣怨乎不以。故旧无大故，则不弃也。无求备于一人！"（18-10）

［**注释**］周公，鲁公：周公即周公旦。鲁公是周公的儿子伯禽，受封于鲁，是鲁的开国君主。 施：通"弛"，放松，引申为怠慢、疏远的意思。 以：用。 故旧：指老臣。

［**试译**］周公对鲁公说："君子不怠慢他的亲族，不让大臣抱怨没有被重用，老臣故旧没有大的过失，就不要抛弃他们。不要对一个人求全责备。"

［**浅析**］这是周公对儿子作为一国之君处事原则的教诲。1.不疏远或怠慢亲族。当然不等于重用亲族，更不等于任人唯亲。2.任用干部给予信任，使之有职有权。3.念旧、爱人，不搞过河拆桥。4.一分为二看干部，不可求全责备。作为领导有原则，也有领导艺术，否则，若就职环境对手下干部不利，非但不能发挥他们的专长，反而可能失去人才或逼走人才。

周有八士：伯达、伯适、仲突、仲忽、叔夜、叔夏、季随、季騧。（18–11）

［试译］周朝有八位名士：伯达、伯适、仲突、仲忽、叔夜、叔夏、季随、季騧。

［浅析］周朝的兴旺，有赖于人才济济。对于上述八位名士，因资料不多，故不再详述。

子夏曰："君子信而后劳其民，未信则以为厉己也；信而后谏，未信则以为谤己也。"（19–10）

［试译］子夏说："在上位者得到百姓信任后，再役使他们，若未得信任，就会以为是在伤害他们。得到国君信任后再进言，若未得信任，国君会以为是在毁谤他。"

［浅析］君与民之间或臣与君之间，思想上不断沟通、了解以及彼此信任是事业成功的基础。而信任的取得在于，让彼此看到所作所为的一件件事实，因为事实胜于雄辩。

尧曰："咨！尔舜！天之历数在尔躬，允执其中。四海困穷，天禄永终。"舜亦以命禹。曰："予小子履，敢用玄牡，敢昭告于皇皇后帝，有罪不敢赦。帝臣不蔽，简在帝心。朕躬有罪，无以万方；万方有罪，罪在朕躬。"周有大赉，善人是富。"虽有周亲，不如仁人。百姓有过，在予一人。"谨权量，审法度，修废官，四方之政行焉。兴灭国，继绝世，举逸民，天下之民归心焉。所重：民食、丧、祭。宽则得众，信则民任焉，敏则有功，公则说。（20–1）

［注释］咨：感叹词，表示赞美。　天之历数：天命决定帝王相承的次序。　在尔躬：在你身上。　允执：允，诚实。执，坚持。　予小子履：履是商汤的名字。予小子，上古帝王自称，意思是天地的儿子。　玄牡（mǔ）：玄，黑色。牡，公牛。　周有大赉（lài）：赉，赏赐。全句指周朝分封诸侯。　谨权量：权，秤锤。量，斗斛（hú）。全句指整顿审查度量衡。　逸民：遗落的人才。

［试译］尧说："啊！你舜！天命已经落到你身上了，诚实地保持着正道吧！天下若困苦贫穷，天赐的禄位就永远终结了。"舜也用这些话告诫禹。汤说："我小子履，

谨用黑公牛做祭品，禀告光明伟大的天帝，有罪过不敢求赦免，上帝的子臣的善恶不敢隐瞒，上帝心里明白。我有罪，不要惩罚各方百姓；各方有罪，都由我来承担。”周朝大封诸侯，使善人都富贵起来。“我虽然有至亲，却不如有仁德的人。百姓有过错，责任在我一人身上。”谨慎审定度量衡，审查法规制度，恢复废掉的官职，国家的政令就畅通了。复兴被灭亡的国家，承续已被中断了的氏族，提拔被遗落的人才，天下的百姓从心里归顺服从。应该重视的是：百姓的饮食生活、丧礼、祭礼。宽厚就会获得群众，诚信就会得到民众信任，勤敏就会有功绩，公平百姓就高兴。

［**浅析**］本篇较《论语》前面的语言表达形式有所不同，没有确切说话人的姓名，也没有“子曰”二字，对此虽有多种解释，但均不能确定。只能从中感悟到，孔子的思想正是延续了上古传统文化之精髓。如“兴灭国，继绝世，举逸民”，“重民食、丧、祭”，“宽则得众，信则民任焉，敏则有功，公则说”，均已成为后世名言，体现了孔学的一贯思想。

子张问于孔子曰：“何如斯可以从政矣？”子曰：“尊五美，屏四恶，斯可以从政矣。”子张曰：“何谓五美？”子曰：“君子惠而不费，劳而不怨，欲而不贪，泰而不骄，威而不猛。”子张曰：“何谓惠而不费？”子曰：“因民之所利而利之，斯不亦惠而不费乎？择可劳而劳之，又谁怨？欲仁而得仁，又焉贪？君子无众寡，无小大，无敢慢，斯不亦泰而不骄乎？君子正其衣冠，尊其瞻视，俨然人望而畏之，斯不亦威而不猛乎？”子张曰：“何谓四恶？”子曰：“不教而杀谓之虐；不戒视成谓之暴；慢令致期谓之贼；犹之与人也，出纳之吝，谓之有司。”（20-2）

［**注释**］斯：就。　屏（bǐng）：通“摒”，摒弃、排除。　尊其瞻视：保持尊严，正目而视。　不戒视成：不先告诫而要求立刻成功。　慢令致期：开始对命令懈怠，而后突然限期完成。　犹之与人：犹之，同样。与，给予。全句的意思是同样要给予人。　有司：负责具体事物的小官吏，职务卑微，这里意译为“小家子气”。

［**试译**］子张问孔子说："怎样就可以从事政治工作了？"孔子说："尊崇五种美德，去掉四种恶政，就可以从政了。"子张说："什么是五种美德？"孔子说："君子施恩惠但又不耗费，役使百姓又不招致怨恨，有欲求但不贪婪，神情泰然而不骄傲，威严而不凶猛。"子张说："什么是惠而不费？"孔子说："民众可以得到好处的事，让民众去干，并使他们从中获得福利，这是不是施恩惠于民众，自己又没有耗费？选择可以承当的劳动叫百姓去做，谁又会埋怨？想得到仁德就获得了仁德，还有什么可贪求的？无论人数多少，势力大小，君子都不敢怠慢，这不就是神情泰然而不骄傲吗？君子衣帽整齐，保持尊严，正目而视，使人看了有所敬畏，这不就是威严却不凶猛吗？"子张说："什么是四恶？"孔子说："不教育就杀戮叫残酷；不事先告诫就要成绩叫做粗暴；开始轻慢政令，不曾郑重交代，到期限又硬不通融（像有意陷害人）叫贼。同样是要给予人的，但给出时又吝啬，就叫小家子气。"

［**浅析**］在《论语》中多人曾向孔子问政，唯子张之问政，孔子的回答最为具体，并诸条给予了解释，概括起来即"尊五美，屏四恶"。其核心思想是一切政令都要顺乎民心，合乎民意，并施以仁政和廉政。将此问答放在全书最后一篇，似作为总结。

第十章 颜回与其他弟子

相传孔子先后培育出三千余弟子，其中登堂入室者达七十余人。七十余人中有十人（颜回、闵子骞、冉伯牛、仲弓、宰我、子贡、冉有、季路、子游、子夏）被称为孔门十哲，而孔子给予最高赞誉的只有颜回。《论语》中所叙述到的弟子共三十一人，现将“颜回与其他弟子”设一专题（以颜回为主），便于读者学习参考。从《论语》简约的叙事中，使后人了解到：颜回勤学不止，安贫乐学，深思问学，用功在内心深处。聪慧过人，能举一反十。品德高尚，志在高远。孔子说：“有颜回者好学，不迁怒，不贰过。”“回也，其心三月不违仁……”“贤哉回也！一箪食，一瓢饮，在陋巷。人不堪其忧，回也不改其乐。”“用之则行，舍之则藏，唯我与尔有是夫！”“惜乎！吾见其进也，未见其止也。”颜回是孔子明确表示寄予传道厚望的唯一弟子。对于颜回的早逝，孔子对天恸哭：“噫！天丧予！天丧予！”

在《孔子家语》一书中，曾引用下面几段话。孔子说：“自吾有回，门人日益亲。”颜回答鲁定公说：“臣闻之，鸟穷则啄，兽穷则攫（jué，夺取），人穷则诈，马穷则佚（yì，逃散）。自古及今，未有穷其下而能无危者也。”孔子要颜回谈个人理想，回说：“回愿得明王圣主辅相之，敷其五教，导之以礼乐，使民城郭不修，沟池不越，铸剑戟以为农器，放牛马于原薮。室家无离旷之思，千岁无战斗之患。”这一切都表现出颜回心地的纯洁与善良，以及他准备广施于人间的大爱。颜回正是在该结实收获的不惑之年不幸逝去，既未能实现其政治抱负，也未能留下传世之作，实在令人痛惜不已。强健的体魄，乃事业成功之本，学子当以颜回为戒，这是不言而喻的。了解颜回生平的人，无不为其精神所感动，愿颜子精神长在！

除颜回外，《论语》中对勇敢忠诚的子路，才智过人的子贡，以贤孝著称的闵子骞，以及后起之秀曾参、子张、子夏、子游等也都有生动的记述。本专题中也都做了相关的摘录。

子曰：“吾与回言终日，不违，如愚。退而省其私，亦足以发，回也不愚。”（2-9）

［**注释**］回：姓颜名回，字子渊。孔子早年的学生。　省其私：省（xǐng），查看，观

察。其,代词,指颜回。私,离开老师后的个人言行表现。

[**试译**] 孔子说:"颜回整天听我讲学,他从没有表示过不同的看法,像比较愚钝。待他退下,我观察他的个人言谈举止,对所学甚能发挥,回呀!他并不愚笨呀!"

[**浅析**] 从孔子的评价看,想是在收颜回做学生之初,对颜回的品德及才学尚无深入了解,故有"如愚"之感。在以后孔子对颜回的评述中大都用了最高的赞誉之词。在孔子心目中,颜回是别的学生无法替代的,是他最为深爱的弟子。

子贡问曰:"赐也何如?"子曰:"女,器也。"曰:"何器也?"曰:"瑚琏也。"(5-4)

[**注释**] 赐:子贡名,与老师对话时只用名,示敬。 瑚琏:古代祭祀时的器物,用玉装饰,华美贵重。

[**试译**] 子贡问道:"我怎么样?"孔子说:"你是一件器物呀!"又问:"什么器物呢?"孔子说:"敬神的玉器。"

[**浅析**] 子贡必是听到孔子评议别的子弟,也想听听老师对自己的评价。孔子说子贡是个器物(尚未做到"君子不器"),但又是一件高贵的器物。这里不乏师生间的戏谑,是一段十分有趣的对话。子贡是孔子喜爱的弟子之一,可谓德才兼备,发展全面。

子曰:"道不行,乘桴浮于海。从我者,其由与?"子路闻之喜。子曰:"由也好勇过我,无所取材。"(5-7)

[**注释**] 桴(fú):渡河用的木筏。

[**试译**] 孔子说:"我的主张行不通,打算乘木筏到海上去,跟随我的人只有仲由吧?"子路听了很高兴。孔子说:"仲由呀,勇敢精神胜过我,可是怎么弄到合适的材料呢?"

[**浅析**] 孔子感叹实现自己主张的困难,戏言同仲由到海上漂游,传道于国门之外。这是师生间一段有趣的对话,也是孔子对子路勇敢忠诚的嘉许。看到子路当

真时，孔子又笑言渡船的材料不好找呀！表达了师生间真挚的情怀，也体现了孔子幽默、风趣的性格。

也有人将“无所取材”译为“不能裁度事理”，是批评子路之意。这种解释前半句与后半句从情感上似不甚贯通。

孟武伯问：“子路仁乎？”子曰：“不知也。”又问。子曰：“由也，千乘之国，可使治其赋也。不知其仁也。”“求也何如？”子曰：“求也，千室之邑，百乘之家，可使为之宰也。不知其仁也。”“赤也何如？”子曰：“赤也，束带立于朝，可使与宾客言也。不知其仁也。”(5-8)

[**注释**] 治其赋：执掌军事工作。赋，古代的兵役制度。 邑(yì)：古代百姓聚集之地。 宰：古代的县长称谓，或大夫家的总管。 赤：即公西赤，孔子的学生。 束带：束紧衣带，整理好礼服。

[**试译**] 孟武伯问孔子：“子路仁吗？”孔子说：“不知呀！”孟又问。孔子说：“子路啊，千辆军车的大国，可以让他去执掌军事工作，不知道他是不是够得上仁。”“冉求怎么样？”孔子说：“冉求，千户人家的地域，百辆兵车的部族，可以让他去做总管，不知道他是否够得上仁。”“公西赤怎么样？”孔子说：“赤啊，穿上礼服，立于朝上与国宾交谈应对自如，不知他是否够得上仁。”

[**浅析**] 鲁国大夫孟武伯向孔子征询人才，并点出几个优秀弟子的姓名要求介绍。孔子对弟子之所长了如指掌，逐一介绍了他们的特长并给予了较高的评价。但是这些弟子是否达到了“仁”的境界，孔子在此有所保留，可见孔子对仁的要求是极为严格的，与一个人的工作能力不可相提并论。

子谓子贡曰：“女与回也孰愈？”对曰：“赐也，何敢望回！回也闻一以知十，赐也闻一以知二。”子曰：“弗如也。吾与女弗如也。”(5-9)

[**注释**] 女：通“汝”，你。 孰愈：谁更好，更强？ 弗如：不如。

[**试译**] 孔子对子贡说：“你与颜回谁更强些？”子贡回答说：“赐呀！哪敢比颜

回？他听到一件事能推知十件事；我听了一件，只能推知两件。”孔子说：“不如啊！我和你都不如他。”

［**浅析**］子贡是孔子喜爱的学生之一，小颜回一岁。从其与孔子的对话中，可以感受到师生间坦诚融洽的情感。子贡赞颜回乃由衷之言，对颜回充满敬爱。能举一反三的学生，已使孔子满意，而颜回可举一反十（即全面领会之意），足见颜回学识之渊博，知识运用之灵活。孔子的谦虚、宽厚、爱才、惜才之情更使人感佩于心。

子曰：“吾未见刚者。”或对曰：“申枨。”子曰：“枨也欲，焉得刚？”（5-11）

［**注释**］申枨（chéng）：孔子的学生。

［**试译**］孔子说：“我还没见过够得上刚强不屈的人。”有人回答说：“申枨。”孔子说：“枨有私欲，怎么谈得上刚呢？”

［**浅析**］孔子所谈到的“刚”是不为私欲所动，刚直不阿。“无欲则刚”已成习语，刚与欲是相反的。私欲多的人，会因有人投其所好而失节。所以孔子认为做到这点是很不容易的。这是由其品质、智慧、修养、追求多方面决定的。

子贡曰：“我不欲人之加诸我也，吾亦欲无加诸人。”子曰：“赐也！非尔所及也。”（5-12）

［**试译**］子贡说：“我不想别人强加给我的事，我也不想强加给别人。”孔子说：“赐呀，这不是你能做到的。”

［**浅析**］孔子认为子贡所说是做不到的，因为现实生活中，不打扰别人、不干预别人的事几乎是不可能的，只能尽量少打扰别人，少干预别人的事。

子路有闻，未之能行，唯恐有闻。（5-14）

［**试译**］子路听到一个道理，在尚未做到之前，就害怕再听到另一项。

［浅析］ 孔子说："君子耻其言而过其行。"子路无私无畏，大义凛然，身体力行，说到做到，是品德高尚的真君子。

颜渊季路侍。子曰："盍各言尔志？"子路曰："愿车马衣轻裘，与朋友共，敝之而无憾。"颜渊曰："愿无伐善，无施劳。"子路曰："愿闻子之志。"子曰："老者安之，朋友信之，少者怀之。"(5-26)

［注释］ 盍(hé)：何不。　敝(bì)：破旧。　伐善：夸耀自己的好处。伐，夸耀。　施劳：将劳苦之事给予他人。

［试译］ 颜回、子路立在孔子身旁。孔子说："何不各自谈谈志向？"子路说："我愿意车马、皮袍与朋友共享，即使用坏了也无遗憾。"颜回说："我愿意有善行而不夸耀，不将劳苦之事给予别人。"子路说："愿听老师的志向。"孔子说："我希望老年人能安乐，朋友之间互相信任，年轻人受到关爱。"

［浅析］ 颜回、子路的个性跃然纸上。寥寥数语生动体现了颜回虚怀若谷之美德，子路有福同享、有难同当的侠肝义胆。孔子之志乃千古名言，是孔子对大同世界的向往。读至此，感受到孔子与弟子之间常常谈论交换的心得体会，以及令人羡慕的纯洁、高尚、亲密的师生关系。

哀公问："弟子孰为好学？"孔子对曰："有颜回者好学，不迁怒，不贰过。不幸短命死矣！今也则亡，未闻好学者也。"(6-3)

［注释］ 迁怒：转移愤怒。如怒于上，迁于下。　贰过：重复过错。

［试译］ 鲁哀公问孔子："你的学生谁好学呀？"孔子回答说："有个叫颜回的好学。他不把怒气发泄在不相干的人身上，也不重复犯同样的错误。不幸早早死了，现在没有了，没有听到谁好学了。"

［浅析］ 颜回是孔子最爱并最加褒扬的弟子，死于鲁哀公十四年，享年四十一岁，时年孔子七十一岁。此处鲁哀公问孔子谁好学，孔子只说是颜回，并未详谈颜回如何好学，却特别提到了颜回的"不迁怒，不贰过"，因为做到这两点对于一般人是

不容易的。迁怒是常有之事，例如受了上级的责备拿下级出气，单位有不顺心的事对家人出气，夫妻之间、家长与孩子之间的迁怒更是多见。另外有了过失总是寻找理由掩盖或回避，将自己的过失归罪于别人或客观原因也是司空见惯的。可见颜回的个人修养已达到了极高的境界，吾辈确应对照反省自己，深入体会并学习之。

子曰："回也，其心三月不违仁，其余则日月至焉而已矣。"(6-7)

[**试译**] 孔子说："颜回呀！他的心能长时间不违背仁德，其他的人不过一日或一月做到罢了。"

[**浅析**] 回，三月不违仁，是指他长时间不背离仁德，已完成了由必然王国向自由王国的飞跃。"仁"已幻化于内心而自然支配行动。其他学生则偶尔想到仁，才以仁德为指导原则，故时间比较短暂。这是孔子从另一个重要方面赞美颜回。

季康子问："仲由可使从政也与？"子曰："由也果，于从政乎何有？"曰："赐也可使从政也与？"曰："赐也达，于从政乎何有？"曰："求也可使从政也与？"曰："求也艺，于从政乎何有？"(6-8)

[**注释**] 季康子：鲁国大夫。　达：通达事理。　艺：有才能技艺。

[**试译**] 季康子问孔子："仲由可以从政吗？"孔子说："仲由刚毅果敢，从政有什么困难呀！"又问："赐(子贡)可以从政吗？"孔子说："赐通达事理，怎么不可以从政呢？"再问："冉求可以从政吗？"孔子说："求多才多艺，从政有什么困难？"

[**浅析**] 孔子自卫返鲁后，季康子任政卿，可以举荐人才。季康子问到孔子三位优秀的弟子，孔子认为都是政治人才，并逐一指出每位弟子之所长，使用人者量才而用，扬长避短。孔子对每位弟子的才能品德了如指掌。

季氏使闵子骞为费宰。闵子骞曰："善为我辞焉，如有复我者，则吾必在汶上矣。"(6-9)

[**注释**] 闵子骞:孔子弟子。有名的孝子。　费:地名,季氏的封邑。　复我:再来召我。　汶上:指汶水的北面,属齐国。汶,指山东大汶河。

[**试译**] 季氏派人请闵子骞到费县为官。闵子骞对来人说:"好好替我辞掉吧。如果再来找我,我就一定要到汶水以北去了。"

[**浅析**] 闵子骞断然拒绝在季氏手下为官,一方面由于对季氏弄权的不满,不愿与之同流合污,另一方面闵子骞是有名的孝子,有很高的道德修养,淡泊名利。

伯牛有疾,子问之,自牖执其手,曰:"亡之,命矣夫!斯人也,而有斯疾也!斯人也,而有斯疾也!"(6–10)

[**注释**] 伯牛:孔子弟子,姓冉,名耕。　牖(yǒu):窗户。

[**试译**] 伯牛生了重病,孔子去探问他,从窗户握住他的手,说:"我要失去他了,这真是命呀!这样的人,竟得了这样的病!这样的人,竟得了这样的病!"

[**浅析**] 冉伯牛,孔子曾赞其德行与颜回、闵子骞并列,现染有重病,危在旦夕,孔子对此无限感慨和悲痛,情景感人。至于伯牛所患的疾病,无从考据,从文中推测可能是患有传染性恶疾。

子曰:"贤哉回也!一箪食,一瓢饮,在陋巷。人不堪其忧,回也不改其乐。贤哉回也!"(6–11)

[**注释**] 箪(dān):古代盛饭的竹器。

[**试译**] 孔子说:"好贤德的颜回呀!一碗饭,一瓢水,住在简陋的巷子里,别人都忍受不了贫困带来的忧愁,颜回却不改变他自有的快乐。好贤德的颜回呀!"

[**浅析**] 颜回非为居陋巷、一箪食、一瓢饮而乐,颜回之乐在于学有所得,学有所悟,在于内心有着高尚的追求和探寻真理的渴望。无涯的学海吸引着他,激励着他。有屋住,有饭吃,有水喝,虽清苦,但已基本满足了生活所需。这与其恩师"发愤忘食,乐以忘忧","饭疏食,饮水,曲肱而枕之,乐亦在其中矣","君子之居,何陋之有",何其相似乃尔。

子谓颜渊曰:“用之则行,舍之则藏,唯我与尔有是夫!”子路曰:“子行三军则谁与?”子曰:“暴虎冯河,死而无悔者,吾不与也。必也,临事而惧,好谋而成者也。”(7-11)

[**注释**]行三军:指挥三军。　暴虎:空着两手与虎搏斗。　冯(píng)河:不用船而趟水过河。冯,通“凭”。

[**试译**]孔子对颜回说:“用就实行主张,不用就隐藏,只有我和你能这样吧!”子路说:“您若指挥三军,又和谁在一起呢?”孔子说:“空手与老虎搏斗,凭双脚涉水过河,死了也不后悔的人,我是不与他共事的。必须要临事有所畏惧,经过周密谋划而能将事办成的人。”

[**浅析**]孔子认为颜回是与自己有共同抱负的弟子。有用武之地时,可以提出独到的见解和主张,充分施展才华。无用武之地时,不怨天,不尤人,另辟蹊径,依然学有所为,自得其乐。这种思想境界不是人人都可以达到的。子路自知弗如,但认为自己也有过人的优势。下面,他与老师生动有趣的对话使人忍俊不禁。子路说:“打仗的时候,老师总离不了我吧!”孔子回答:“有勇无谋,冒险求胜的人,我不会和他在一起。”子路勇猛、率直、好胜的性格表露无遗。孔子对子路的谆谆告诫则贯彻始终。

曾子曰:“以能问于不能,以多问于寡,有若无,实若虚,犯而不校。昔者吾友尝从事于斯矣。”(8-5)

[**试译**]曾子说:“有才能的人向才能不如己的人请教,知识渊博的人向知识少于己的人请教,有就像没有,充实就像空虚,别人无理犯己并不计较,从前我的朋友就是这么做的。”

[**浅析**]“吾友”注者多认为指颜回,被尊为有这样高深修养和高尚品德的人,颜回当之无愧。

子曰："语之而不惰者，其回也与！"（9-20）

［试译］孔子说："对他讲了而不怠惰的，就是颜回吧！"

［浅析］孔子说："语之而不惰者，其回也与！""语之"可能是泛指对众多弟子的谈话，而从不怠惰、真心诚意去身体力行的，孔子认为只有颜回。颜回不是勉强、被动，而是真心尊崇老师的教导。带着热情、带着责任，使之变成自己分内之事，这就是内心的觉醒。做到这点当然是十分不易的，故孔子感叹之。

子谓颜渊曰："惜乎！吾见其进也，未见其止也。"（9-21）

［试译］孔子提到颜渊时说："可惜呀！我只看到他不断进取，未见他停下呀！"

［浅析］也可理解为孔子因未看到颜渊的最终成就而为之痛惜。因下一节孔子说："苗而不秀者有矣夫！秀而不实者有矣夫！"即："庄稼出苗而不吐穗开花的有吧！吐穗开花而不灌浆结实的有吧！"颜回正是一株好苗未能最后结实，太可惜了。

子曰："衣敝缊袍，与衣狐貉者立，而不耻者，其由也与？'不忮不求，何用不臧？'"子路终身诵之。子曰："是道也，何足以臧？"（9-27）

［注释］敝：破旧。 缊（yùn）：乱絮，丝棉絮。 狐貉（hé）：狐和狸。 不忮不求，何用不臧：出自《诗经·邶风·雄雉》。忮（zhì），嫉妒。臧（zāng），善好。

［试译］孔子说："穿着破旧的棉袍，与穿狐裘皮袍的人站在一起，而不感到羞耻的，只有仲由吧！《诗经》上说：'不忌妒，不贪求，怎么能不好？'"子路以后就经常诵读此诗。孔子说："这样做是对的，但还不够好呀！"

［浅析］此处可看出子路可爱的人品。不论与穿着如何华丽的人站在一起，面无愧色，气度不凡。这是与其个性豪爽、慷慨仗义，以及跟随孔子多年的学习修养分不开的。孔子对子路的教育方式以表扬肯定为主，但总在后面加上适当的提醒和告诫，这也是根据子路的性格特点因材而施教。

子曰:“从我于陈、蔡者,皆不及门也。”德行:颜渊、闵子骞、冉伯牛、仲弓。言语:宰我、子贡。政事:冉有、季路。文学:子游、子夏。(11-2、3)

[**试译**] 孔子说:“跟随我在陈、蔡两地的学生,现在都不在我门下了。”德行好的像:颜渊、闵子骞、冉伯牛、仲弓。言语方面如:宰我、子贡。政事方面有:冉有、季路。文学有:子游、子夏。

[**浅析**] 孔子晚年对弟子们思念着、回忆着。特别是对曾患难与共的弟子们,按照他们各自的特长,择其优秀代表一一褒扬。门人各有特长,并非都是全才。孔子对有的学生,如宰我,曾给予过严厉的批评,但仍充分肯定了他的才华,师生情谊之深绝非一般,使人深受感动。上述十人被后人称颂为孔门十哲。

子曰:“回也,非助我者也,于吾言无所不说。”(11-4)

[**试译**] 孔子说:“颜回呀!不是对我有帮助的人,对我说过的话都心悦诚服。”

[**浅析**] 孔子所谓的“助我者”是指有疑问、有不同见解的弟子,可与之共同探讨、切磋学问,做到教学相长。如,对子夏问《诗》,孔子说:“起予者商也,始可与言《诗》矣。”而颜回“闻一以知十”,对老师的话理解得又快又深入,并能有所发挥,故无问可发。对此,孔子一方面是赞扬和欣慰,另一方面也有所遗憾。孔子的治学态度及其渴望的师生关系,由此可见一斑。

南容三复白圭,孔子以其兄之子妻之。(11-6)

[**注释**] 白圭:《诗经·大雅·抑》篇:“白圭之玷(diàn),尚可磨也。斯言之玷,不可为也。”意思是白玉上的污点,还可以磨掉,语言中的污点没办法去掉。

[**试译**] 南容把“白圭”的诗句读了又读,孔子把侄女嫁给了他。

[**浅析**] 前面已介绍过南容,是孔子的弟子,为人谨慎。孔子曾评价他:“邦有道,不废,邦无道,免于刑戮。”觉得他一生不会出现大的闪失,所以将哥哥的女儿放心地嫁给他。

季康子问:“弟子孰为好学?”孔子对曰:“有颜回者好学,不幸短命死矣。今也则亡。”(11-7)

[**试译**] 季康子问:“弟子哪个好学?”孔子说:“有个叫颜回的好学,不幸短命死了,现在没有了。”

[**浅析**] 季康子是鲁国大夫。他的提问与鲁国国君哀公所问相同。只是此处孔子回答得比较简单,回答哀公则突出介绍了颜回“不迁怒,不贰过”的优秀品德。

颜渊死,颜路请子之车以为之椁。子曰:“才不才,亦各言其子也。鲤也死,有棺而无椁。吾不徒行以为之椁,以吾从大夫之后,不可徒行也。”(11-8)

[**注释**] 颜路:颜回的父亲,也是孔子的学生,小孔子六岁。 椁(guǒ):棺材外层的套棺。 才不才:才,有才能,此指颜回。不才,无才华,指孔鲤。 鲤:孔子的儿子,字伯鱼。年五十死,时年孔子六十九岁。

[**试译**] 颜回死了,颜回之父颜路请求孔子用他的车换个椁。孔子说:“有才华没有才华,都在说自己的儿子。孔鲤死的时候,也是有棺无椁。我没有徒步而行为其置办椁,因我尚从大夫之列,不能徒步而行啊!”

[**浅析**] 颜回是孔子最爱的学生,但爱在内心,并不需在外在形式上过分表现。孔子对待颜回之死像对待亲生儿子一样,只准备按一般常规下葬,不赞成厚葬。颜回之父的请求,既脱离了自身的经济条件,也没有考虑到儿子的实际情况。孔子尚在大夫之列,又要经常外出,且年已古稀,车对他作为代步工具是绝对需要的。孔子没有回避此点,而是实事求是直言道来,十分难能可贵。

颜渊死,子曰:“噫!天丧予!天丧予!”(11-9)

[**试译**] 颜回死了,孔子说:“啊!上天要断送我呀!上天要断送我呀!”

[**浅析**] 孔子对颜回曾寄予厚望,认为他是自己学问的最忠诚的继承者与传人。可惜颜回先于老师而亡,未能履行他生前的诺言:“子在,回何敢死?”孔子痛失

爱徒，又使满怀希望落空，故面对苍天呼唤，以抒发内心的悲痛。情真意切，感人至深。

颜渊死，子哭之恸。从者曰："子恸矣。"曰："有恸乎？非夫人之为恸而谁为？"(11-10)

［**注释**］恸(tòng)：极悲哀，大哭。　夫人：这个人，指颜回。

［**试译**］颜渊死了，孔子哭他，哭得过度哀伤。跟随的人说："您过分哀伤了。"孔子说："过分伤心了吗？我不为这个人过分哀伤，还为谁呢？"

［**浅析**］七十一岁痛失颜渊，七十二岁又痛失子路，对老年孔子精神上的打击无以复加，孔子七十三岁卒，令后来人亦为之感伤不已。

颜渊死，门人欲厚葬之。子曰："不可！"门人厚葬之。子曰："回也，视予犹父也，予不得视犹子也。非我也，夫二三子也。"(11-11)

［**试译**］颜渊死后，同学们想厚葬他。孔子说："不要这样做！"同学们依然厚葬了颜回。孔子说："回呀！你把我看做父亲一样，我却不能把你像儿子一样对待。这不是我要这样，是同学们要如此呀！"

［**浅析**］颜渊去世，师兄师弟也因失去这位优秀的学友而陷于悲痛之中。想到颜渊一生清贫，大家必欲集资将其厚葬，以表达热爱与崇敬之情。孔子则希望如自己的儿子伯鱼一样从简安葬。众弟子此处没有听从孔子的劝导，厚葬了颜渊。由此可以看出，老师和同学对颜回的情谊皆深厚至极，只是考虑问题的角度有所不同。

闵子侍侧，訚訚如也；子路，行行如也；冉有、子贡，侃侃如也。子乐。"若由也，不得其死然。"(11-13)

［**注释**］訚訚(yín)：正直恭敬的样子。　行行(háng)：刚强的样子。　侃侃如也：温和快乐的样子。

［试译］闵子骞站在孔子旁边，一派中正之气，子路则是刚强之气，冉有、子贡则表现出和悦之气。孔子很高兴，又说："像仲由这样，恐怕不得善终。"

［浅析］孔子与弟子们共坐，看到他们日渐成长与成熟，内心甚感欣慰，从弟子们平日的表情神态，可以看出他们的性格特点。这里孔子特指仲由，表现出对他的担心，认为他刚强之气过盛，恐不得善终，后来子路不幸死于卫国父子争王位的战乱之中，的确被孔子言中了。

柴也愚，参也鲁，师也辟，由也喭。（11-18）

［注释］柴、参、师、由：均为孔子弟子。分别为高柴、曾参、子张、仲由。　辟：固执。　喭（yàn）：莽撞、卤莽。

［试译］高柴朴拙，曾参愚直，子张固执，仲由卤莽。

［浅析］孔子指出四位弟子的四种性格类型。可见孔子门下的弟子绝非以死板的教育模式培养出来的，而是每人的个性都十分鲜明。孔子正是因材施教，发挥其各自的特长。

子曰："回也其庶乎，屡空。赐不受命，而货殖焉，亿则屡中。"（11-19）

［注释］庶：庶几，差不多，接近。　屡空：常陷于贫困。　不受命：未受公家之命。　货殖：囤积货物以增值牟利。　亿：通"臆"，猜度。

［试译］孔子说："颜回的道德学问差不多吧，却常陷于贫困。赐（子贡）未受命，而经商赚钱，揣测行情却屡测屡中。"

［浅析］孔子深知弟子们的个性特点、能力和才华，并不限制他们各自发挥自己的特长。此处孔子先谈到颜回的道德学问是最好的，"屡空"，有人解释为颜回常处于生活贫困状态，也有人解释为颜回对贫富、成败、荣辱皆可释怀，即达到了佛学所言"空"的境界，这种解释亦很贴切。子贡对孔子十分景仰，也是孔子的得意门生，可谓智勇双全，能凭才智致富，在商业的判断上更显精明，对孔子所从事的活动，在财力上给予了很大的支持。

子畏于匡，颜渊后。子曰："吾以女为死矣。"曰："子在，回何敢死？"（11-23）

［注释］畏于匡：在匡这个地方被围困。

［试译］孔子在匡地被围，颜渊后到。孔子说："我以为你死了。"颜渊说："您还活着，回哪敢轻易去死呀！"

［浅析］遇到危难，老师惦念学生，学生关切老师，师徒如父子般情深义重。

季子然问："仲由、冉求可谓大臣与？"子曰："吾以子为异之问，曾由与求之问！所谓大臣者：以道事君，不可则止。今由与求也，可谓具臣矣。"曰："然则从之者与？"子曰："弑父与君，亦不从也。"（11-24）

［注释］季子然：季氏子弟。　具臣：称职的臣子。

［试译］季子然问："仲由和冉求可以说是大臣吗？"孔子说："我以为你要问别的什么事，原来问的是仲由和求。说到大臣，是以正道来侍奉君主，行不通就辞职。现在由和求二人，可以算得上是忠于职守的臣子。"季子然又问："那么他们会唯命是从吗？"孔子说："杀父、杀君的事是不会顺从的。"

［浅析］孔子对大臣应有的德、能是有很高标准的，因为他们要为君主出谋划策，对国家命运起到举足轻重的作用。为人要刚直不阿，谏言不可则止，绝不能趋炎附势。就这样的德、能而言，孔子认为子路和冉求还不够，他们比较适合做尽职尽责的臣子。

子路使子羔为费宰。子曰："贼夫人之子。"子路曰："有民人焉，有社稷焉。何必读书，然后为学？"子曰："是故恶夫佞者。"（11-25）

［注释］子羔：即高柴。孔门弟子。　费宰：费县县令。　贼：残害。　佞者：诡辩的人。

［试译］子路安排子羔（高柴）做费县县令。孔子说："这是害了人家的孩子。"子

路说:“这里有百姓、官员,有土地庄稼。为什么一定要读书才是学呀?”孔子说:“正因为有你这样的人,所以我讨厌狡辩的人。”

［**浅析**］子路当时是季氏家臣,所以他举荐子羔为费县县令。时子羔尚年轻,学业未成,孔子不同意他过早从政。人才的培养可经不同的途径,按常规是先打下一定学习基础再去实践,通过实践后可再接受更深层次的教育。也有早年由于各种原因不能按部就班完成学业,先参加到社会实践中去,遇有机遇,再深造学习。各种方式都有成功的实例。子羔早年从政的具体情况不详,故不易判断孔子对子路的批评为何用语如此之重。

子路、曾皙、冉有、公西华侍坐。子曰:“以吾一日长乎尔,毋吾以也。居则曰:‘不吾知也!’如或知尔,则何以哉?”子路率尔而对曰:“千乘之国,摄乎大国之间,加之以师旅,因之以饥馑;由也为之,比及三年,可使有勇,且知方也。”夫子哂之。“求!尔何如?”对曰:“方六七十,如五六十,求也为之,比及三年,可使足民,如其礼乐,以俟君子。”“赤,尔何如?”对曰:“非曰能之,愿学焉。宗庙之事,如会同,端章甫,愿为小相焉。”“点,尔如何?”鼓瑟希,铿尔,舍瑟而作。对曰:“异乎三子者之撰。”子曰:“何伤乎?亦各言其志也。”曰:“莫春者,春服既成。冠者五六人,童子六七人,浴乎沂,风乎舞雩,咏而归。”夫子喟然叹曰:“吾与点也!”三子者出,曾皙后。曾皙曰:“夫三子者之言何如?”子曰:“亦各言其志也已矣。”曰:“夫子何哂由也?”曰:“为国以礼,其言不让,是故哂之。”“唯求则非邦也与?”“安见方六七十如五六十而非邦也者?”“唯赤则非邦也与?”“宗庙会同,非诸侯而何?赤也为之小,孰能为之大?”(11-26)

［**注释**］曾皙(xī):姓曾,名点,字子皙。曾参的父亲,也是孔子的学生。 毋吾以也:意思是不要把我看得多么高。 居:平时。 不吾知:“不知吾”的倒装,即不了解我。 率尔:急忙,率直。 摄:夹。 知方:懂得道义。方,道义。 哂

(shěn):微笑。 方:方圆。 如:或者。 俟(sì):等待,俟机。 宗庙之事:指祭祀活动。 会同:诸侯会见。 端章甫:端,古代礼服的名称。章甫,古代礼帽的名称。 相:司仪。 希:通“稀”。 莫春:莫通“暮”,暮春指三月末。 冠者:成年人。 沂:沂水,流经曲阜。 舞雩(yú):祭天求雨的地方,有坛有树,在山东曲阜南。 喟(kuì)然:叹息的样子。

[**试译**] 子路、曾皙、冉有、公西华在孔子旁边陪坐。孔子说:“我不过比你们年长一些,你们不必有什顾虑。你们常说:‘没有人了解我呀!’如果有人想了解你们,你们想做什么?”子路立即回答说:“有一千辆兵车的国家,夹在几个大国之间,有境外军队侵犯,国内有饥荒。这样的国家,让我去治理,只需三年,可使人人有勇气,并且明白道理。”孔子听了对他微微一笑。“求,你怎么样?”冉有回答说:“方圆六七十里,或五六十里的地方,我去治理,只要三年,可以使百姓富足。至于礼乐教化,就要等待君子了。”“赤,你怎么样?”赤回答说:“不是说我有能力,而是愿意学习。祭祀的事情,如诸侯相会时,穿着礼服,戴着礼帽,做一个小司仪。”“点,你怎么样?”曾点正轻轻鼓瑟,(听到老师唤他)铿一声停下手,将瑟放下站起来,回答说:“(我的志向)不同于他们三人所说的。”孔子说:“那有什么关系,也就是各人说说自己的志向吧!”曾皙说:“暮春三月,已换了春装,成年同伴五六人,孩子六七人,到沂水去戏水,到舞雩台去临风,吟咏作歌,然后取道返回。”孔子叹息一声,说:“我赞成点呀!”

三位弟子走出后,曾皙留在后面。曾皙说:“三位同学的话怎么样?”孔子说:“也就是各人谈谈自己的志向吧!”曾点说:“老师为什么笑仲由?”孔子说:“治理国家要靠礼,他的话不够谦虚,所以笑他。”“求讲的是不是国家呢?”“方圆六七十里,五六十里的地方怎么不算国家?”“那么赤讲的是不是国家?”“有宗庙祭祀,有国际间的盟会,不是国家是什么?赤如果只是个小司仪,谁能担当大司仪?”

[**浅析**] 孔子与四位弟子闲坐谈心,要他们以放松的心情,各表其志。此时,曾点正在弹瑟,伴着舒缓轻柔的瑟声,子路、冉求、公西华都一一谈了自己的志向。孔子最后问到曾点,曾点停下手,恭敬又直率地谈出,自己最向往的是春日结伴畅游于山水之间,孔子表示赞赏。这真是一组感人的动态画面。弟子们毫无顾忌,各抒情

怀，孔子一一给予肯定，肯定他们都能有所作为，并尽量扬其所长。不论志向大小，都以鼓励为主，绝无贬损或小视，实在难能可贵。

需要探讨的是，前三位弟子所谈皆为报国之志，孔子听后没有立即表态，只对曾点的志向当即表示赞同。曾点是曾参的父亲，孔子早年的学生，在《论语》中只出现过这一次。从他的话语中可以听出与其子曾参的不同，不是处事"如临深渊，如履薄冰"，"吾日三省吾身"的谦谦君子，而是一位恬淡、逍遥之士，最渴望亲朋相聚，长幼同乐，共赴暮春郊野之游。孔子何尝没有这样的憧憬，他希望民间无诉讼，老者安之，朋友信之，少者怀之的大同世界。但要得以实现，需要的是国泰民安，丰衣足食，有余钱余兴才行。故孔子听后既向往又感叹，小我与大我之别是否含蕴其中呢?

子曰:"片言可以折狱者，其由也与？"子路无宿诺。(12-12)

[**注释**] 片言:单方面的言词。　折狱:断案。　宿诺:拖了很久尚未兑现的诺言。

[**试译**] 孔子说:"凭单方面的言词，就可以断案的，只有由吧！"子路履行诺言从不拖延。

[**浅析**] 子路性情直率，处事果断，在断案上有充分表现。一方面勇敢、果断是好事，另一方面听信片面之词可能造成对案件的误判。

第十一章 师 赞

从《论语》中摘录出对孔子赞誉的有关章节，列为最后一个专题——“师赞”，作为全书的尾声。赞誉大部出自弟子之口，也有社会中人的评论，弟子中以子贡所言最多。因为，被视为孔学传承最佳人选的颜回，不幸早逝。对孔子忠心耿耿，常护卫于孔子左右的子路，也先孔子离去。后起之秀曾参、子张、子夏、子游等年纪尚轻。子贡恰在前后辈弟子之间，且已功德彰显，为世人所敬慕。故子贡承担起宣扬孔子、维护孔子之重担，成为众弟子之代表。有学者评论说：“古今中外任何恭维孔子的文章，所说的话，都被子贡讲完了。”除赞誉之词外，还有弟子们对老师待人、处事、生活起居等方面的生动记载，使我们有如见到了栩栩如生的孔子。专题中也包括了一部分孔子的自我评价和自喻、自嘲。

孔子逝世后，弟子们皆为老师服丧三年，三年后大家聚首痛哭依依惜别，子贡则守墓六年后离去。弟子和鲁国的其他人，相继到墓旁定居者有一百多家，此处被称之为“孔里”。孔子及其弟子们的居所，后来就地改建成圣庙，世世代代拜谒者绵延不绝。子贡喻孔子之学可与日月同辉，《论语》中所表达的师生之情同样可感召日月。

子禽问于子贡曰：“夫子至于是邦也，必闻其政。求之与？抑与之与？”子贡曰：“夫子温、良、恭、俭、让以得之。夫子之求之也，其诸异乎人之求之与！”(1-10)

［**注释**］子禽：姓陈，名亢(kàng)，字子禽。孔子弟子。　夫子：对孔子的尊称。　邦：指诸侯国家。　抑：关联词，相当于“还是”、“或是”。　其诸：表示推测的语气，相当于“大概”。

［**试译**］子禽问子贡说：“夫子每到一个国家，必然听到那个国家的政事。是求来的呢？还是别人自动告诉他的呢？”子贡说：“夫子是凭借温和、善良、恭敬、节制和谦逊来取得的。夫子的求，与别人的求法大概有所不同吧！”

［**浅析**］子贡用“温、良、恭、俭、让”五个字，生动地描绘出孔子的风度与修养，认为老师是以美好的品德赢得各国国君的仰慕与信任，从而将本国的政事详告孔

子。当然这也正是孔子所欲求的,因为孔子主张积极入世,为社会作出实际贡献。

仪封人请见,曰:“君子之至于斯也,吾未尝不得见也。”从者见之。出,曰:“二三子,何患于丧乎?天下之无道也久矣,天将以夫子为木铎。”(3-24)

[**注释**]仪封人:指在仪地镇守边界的官吏。仪,卫国的地名,在今河南省兰考县境内。封,边界。 丧:指失掉官职(孔子原在鲁国任司寇)。 木铎(duó):木舌铜铃,古代政府发布政令时摇木铎召集听众。

[**试译**]仪地的封疆官吏求见孔子,说:“凡君子到这个地方,我没有不见一见的。”从人带他见了孔子后,说:“各位,何必担忧你们老师失掉官职呢?天下无道已经很久了,天意将把孔子当做木铎,以传道于天下。”

[**浅析**]孔子在鲁国曾任司寇之职,现去鲁适卫,即失去了鲁的官职,从游弟子当然有所遗憾。仪封人求见孔子,谈话内容不详,但听了孔子一席话,肯定受益匪浅,故有感而发,认为孔子讲学,传道、授业、解惑正是天意,发出对孔子从事文化教育事业的由衷赞叹!

子贡曰:“夫子之文章,可得而闻也。夫子之言性与天道,不可得而闻也。”(5-13)

[**注释**]文章:指孔子讲述《诗》《书》《礼》《乐》《易》等古代文献的学问。 性:指人的本性。 天道:古代天道多指自然和人类社会吉凶祸福的关系。

[**试译**]子贡说:“老师关于古代文献方面的学问,我们听得到。老师关于人性和天道的言论,我们听不到。”

[**浅析**]自《论语》中引述的孔子言论可见,孔子主张从近处、从实际出发,针对具体的言行举止加以分析评论,深奥的哲理即贯穿其中。孔子一生为实现自己的政治理想而奋斗不息。孔子的教诲是指导如何做人、做事、施政,从不发空论。对天道、

鬼神,孔子则取存而不论的态度。

子曰:“述而不作,信而好古,窃比于我老彭。”(7–1)

[**注释**] 述:传述他人旧作而不加自己的创见。 作:创作,创见。 老彭:殷代大夫,事迹不可考,作风可能就像孔子在此所描写的,孔子是殷人后代,所以语气亲切。也有人说是指老子和彭祖两人。

[**试译**] 孔子说:“阐述而没有创作,相信而且喜爱古代文化,私下把自己比作老彭。”

[**浅析**] 孔子在学习并深刻理解的基础上笃信和热爱古代文化,并加以整理传承,如人们所说:“删诗书、定礼乐、系易辞、著春秋”等。这其中当然不只是“述”,还有大量的“作”,实际是“述”而作,只是孔子谦逊而已。

子之燕居,申申如也,夭夭如也。(7–4)

[**注释**] 燕居:指家居闲暇无事时。 申申:舒展(也有人译作“衣冠整齐”)。夭夭(yāo):和乐,愉悦。

[**试译**] 孔子在家闲居时,神态和乐而舒展。

[**浅析**] 此为弟子记述孔子闲居时的形象,舒展放松,自由安乐,并不是板着面孔的学究。

子曰:“甚矣吾衰也！久矣吾不复梦见周公。”(7–5)

[**试译**] 孔子说:“我真的很衰老了,我很久没有梦见周公了。”

[**浅析**] 周公即周公旦,周文王的儿子,周武王的弟弟,是孔子最敬佩的先贤。孔子想推行周公之道,现年老力衰恐壮志难成,故发此感叹并以梦托之。

子食于有丧者之侧,未尝饱也。子于是日哭,则不歌。(7–9、10)

[**试译**] 孔子在有丧事的人旁边吃饭,从来吃不饱。孔子在一天哭过,就不唱

歌。

[**浅析**] 通过弟子对老师平日生活的观察描述，我们仿佛见到了感情丰富、极富同情心的孔子，以及孔子性格活跃，很会自得其乐的一面。不哭的日子总是多数，想必孔子所在之处常有歌声。

子之所慎：齐、战、疾。（7-13）

[**注释**] 齐：通"斋"，斋戒，祭祀前虔诚的准备工作。

[**试译**] 孔子以慎重态度对待斋戒、战争、疾病。

[**浅析**] 孔子曾说过："我不与祭，如不祭。"提倡对祭祀的诚敬。战争关系到众多人群的生死存亡，更需慎对。孔子重视身体保健，讲求饮食卫生，因此，对疾病的态度也是十分慎重的。

子曰："饭疏食，饮水，曲肱而枕之，乐亦在其中矣。不义而富且贵，于我如浮云。"（7-16）

[**试译**] 孔子说："吃粗食，喝白水，将臂膊弯起来当枕头，这种生活也很有乐趣呀。用不义手段得到富贵，对我来说就如天上的浮云一般。"

[**浅析**] 这是孔子的一段名言，讲孔子的生活状况及苦乐观。孔子内心修养已达极高的境界，对虚荣及物质上的诱惑视如聚散无定的浮云，为其弟子及后人树立了崇高的榜样。

叶公问孔子于子路，子路不对。子曰："女奚不曰：其为人也，发愤忘食，乐以忘忧，不知老之将至云尔。"（7-19）

[**注释**] 叶(shè)公：楚国大夫。 奚：为何。 云尔：如此说。

[**试译**] 叶公问子路孔子是怎样的人，子路一时难以对答，告知孔子。孔子说："你何不说：他这个人，发奋用功可以忘记吃饭，心有所得无上快乐就忘了忧愁。自己快要老了也感觉不到。就这么说吧！"

［浅析］人可用多种方式得到快乐，真正的快乐则来自从探求知识中有所感悟。如孔子所赞："朝闻道，夕死可矣！"孔子学而不厌、诲人不倦的精神光照后人。千百年来，中国的知识分子有意无意中均以此作为楷模。

子曰："天生德于予，桓魋其如予何？"（7-23）

［注释］桓魋（tuí）：宋国的司马（军事统帅）。

［试译］孔子说："上天赋予我这种品德，桓魋又能把我怎么样？"

［浅析］孔子离开卫国，去曹国。路经宋国时，一次孔子正与弟子们在大树下习礼。这时，宋国司马桓魋欲拔其树，并要加害孔子。弟子们表示应该赶快逃走，为此，孔子说了上面的话，表现了孔子的自信与镇定自若，同时也表明了孔子的社会责任，深信自己的所作所为顺乎天理，因此无所畏惧。

子钓而不纲，弋不射宿。（7-27）

［注释］纲：网上的大绳叫纲，可以横断水流，上面设很多钓钩。　弋（yì）：以生丝系在箭上，一旦射中就会缠绕起来，使鸟坠地。　宿：在巢中休息或哺育的鸟。

［试译］孔子钓鱼但不用大网，射鸟但不射归巢或哺育的鸟。

［浅析］钓和射是古代男子比较普遍的休闲娱乐活动。表明孔子多方面的生活情趣。不过，他主张适可而止，不做过分之举。这是孔子做人的原则，也是中华民族传统的美德。

子曰："若圣与仁，则吾岂敢？抑为之不厌，诲人不倦，则可谓云尔已矣。"公西华曰："正唯弟子不能学也。"（7-34）

［注释］抑：转折语气词，"只不过是"的意思。　云尔：这样说。

［试译］孔子说："如果说圣与仁，我怎么敢当？只不过是不厌地学，不倦地教，只可以这样说吧！"公西华说："这正是我们弟子学不到的。"

［浅析］从文中可知当时的学生已把孔子看成圣人。而孔子强调的是，"不厌"

与"不倦"是韧性精神。只有百折不回,岁寒不凋,才能有所作为。

子疾病,子路请祷。子曰:"有诸?"子路对曰:"有之。《诔》曰:'祷尔于上下神祇。'"子曰:"丘之祷久矣。"(7-35)

[**注释**] 疾病:疾病连用,表示病重。　诔(lěi):哀悼死者的祷文,此处表示向神明祈福的祷文。　神祇(qí):古代称天神为神,地神为祇。神祇泛指神明。

[**试译**] 孔子病重,子路请求祈祷。孔子说:"有这样的事吗?"子路回答说:"有的,《诔》文上说:'替你向天地神灵祈祷。'"孔子说:"我早就祈祷过了。"

[**浅析**] "祷尔于上下神祇"这是当时流行的《诔》文中的一句话,表明了子路对孔子病重的焦虑与祈祷的虔诚。但孔子对此不以为然,认为君子"尽人事而听天命",人生只要尽其天职,则生而无怨,死而无悔,不要向天地祈祷什么。

子温而厉,威而不猛,恭而安。(7-38)

[**试译**] 孔子温和而庄严,有威仪而不凶猛,谦恭而安详。

[**浅析**] 这是弟子们记载孔子的学问修养表达在外的神态。孔子对人温和亲切但又使人不敢随便无礼。孔子说过:"君子不重则不威,学则不固。"修养高的人自有威仪,但绝不是凶暴。孔子对人恭敬,但仪态安详,使人乐于就教与聆听。品德高尚有学识的人,内心修养的外在表达,孔子当为典范。

达巷党人曰:"大哉孔子!博学而无所成名。"子闻之,谓门弟子曰:"吾何执?执御乎?执射乎?吾执御矣。"(9-2)

[**试译**] 达巷地区有人说:"孔子真伟大呀!博学多才却没有成名的专长。"孔子听到后对弟子说:"我在哪方面取得专长呢?驾车还是射箭?我驾车好了。"

[**浅析**] 孔子对别人的议论,表现出一种风趣与幽默,以掌握低等的技能比喻自己,是自谦的表示吧!实际上孔子也的确是驾车的能手。

子绝四:毋意,毋必,毋固,毋我。(9–4)

[**试译**]孔子绝对没有这四种弊端:不凭空臆测,不绝对肯定或否定,不固执己见,不唯我独尊。

[**浅析**]古代“毋”与“无”通用,“意”同“臆”。这是弟子们对孔子平日待人处世的记述。仅八个字,但含义深邃,需用心揣摩学习之。

颜渊喟然叹曰:“仰之弥高,钻之弥坚,瞻之在前,忽焉在后。夫子循循然善诱人,博我以文,约我以礼,欲罢不能。既竭吾才,如有所立卓尔,虽欲从之,末由也已。”(9–11)

[**注释**]弥(mí):更加,越发。 瞻(zhān):看。 循循然:有次序地。 博我以文:即“以文博我”。讲授各种文献典籍使我知识广博。 约我以礼:即“以礼约我”。用礼节使我得到约束。 卓尔:高大的样子。 末由:末,无、没有。由,途径、办法。

[**试译**]颜渊深有感叹地说:“越仰望,越感到高大,越钻研,越感到坚深,看着好像在前面,忽然又像在后面。老师善于一步一步诱导着我们,用广博的知识丰富我,用礼制规范我,使我欲罢不能。我用尽了自己的才力,好像已有所建树,但想要继续跟着前进,又找不到途径了。”

[**浅析**]颜回对孔子之道有深刻领悟。首先,越学越感到其高大、精深,难以透彻掌握。其二,赞叹孔子的育人是如此善于诱导,因材施教,不但使弟子博学多才,且有思想原则及法礼规范,求知的渴望已达到“欲罢不能”的程度。其三,个人竭尽全力攀登,似觉学有所获,学有所成,但又深感学无穷尽,如欲更上一层楼,则途径难觅。

对于“如有所立卓尔”一句有两种解释:其一,自觉“好像学有所成”。其二,孔子之道“似仍矗立在面前”,不可及之。今从前者。因孔子之道既平易近人,又高深难及。凭颜回的悟性及学习精神,学有所成是必然的,但完全领会孔子之道的真谛,又与个人的经验、阅历、深入实践的程度密切相关,故颜回所言发自肺腑。“循循善诱”已成广为人知的日常习语。

孔子于乡党，恂恂如也，似不能言者。其在宗庙朝廷，便便言，唯谨尔。(10-1)

［**注释**］恂恂(xún)：恭顺信实的样子。　便便：同“辩辩”，健谈，说话清楚明白。

［**试译**］孔子在家乡，对人温厚谦逊，好像不能说话的人。他在宗庙朝廷，十分健谈，说话明白流畅，但很注意掌握分寸。

［**浅析**］通过弟子们的观察，记录了孔子在不同人中间的言语态度。在乡里之间，不卖弄显示，对人十分谦恭，在必要的场合则显露出横溢的才华。

食不厌精，脍不厌细。食饐而餲，鱼馁而肉败，不食。色恶，不食。臭恶，不食。失饪，不食。不时，不食。割不正，不食。不得其酱，不食。肉虽多，不使胜食气。唯酒无量，不及乱。沽酒市脯，不食。不撤姜食，不多食。祭于公，不宿肉。祭肉不出三日。出三日，不食之矣。食不语，寝不言。虽疏食菜羹，瓜祭，必齐如也。(10-8~11)

［**注释**］厌：通“餍”，满足的意思。　脍(kuài)：切细的肉。　饐(yì)：陈旧。　餲(ài)：变味。　鱼馁(něi)：鱼腐烂，不新鲜。　失饪(rèn)：烹调不当。　不时：不合时令。　食气：指主食，饭量。　沽酒市脯：街上买来的酒及熟肉干。　不宿肉：肉不存过夜。　菜羹：用菜做成的汤。

［**试译**］饭食不嫌做得精致，肉类不嫌切得细。陈旧变味的食物、腐败变质的鱼肉不吃。变了颜色的不吃。发臭的，不吃。烹调不当的，不吃。反时令的，不吃。不按一定方法切割的，不吃。调味料不对的，不吃。(席上)肉虽多，吃的量不超过主食。只有酒不限量，但不喝醉。街上买的酒和肉干，不吃。姜虽不撤席，但不多吃。参加公祭之后，带回来的祭肉不超过第二天。家祭用的肉，不超过三天。超过三天，就不再吃。吃饭的时候，不讨论。睡觉的时候，不说话。即使是用粗饭菜汤、瓜果祭拜，也

一定要斋戒。

[浅析] 此节文字已广为传颂，看来孔子对饮食卫生十分讲求。在医药卫生尚不甚发达的年代，孔子寿高七十三岁，注重饮食卫生及生活起居的合理性，当是重要原因之一。

席不正，不坐。（10–12）

[试译] 坐席没放端正，不坐。

[浅析] 古人坐席设置、朝向十分有讲究。故不符合礼仪的放置，不就坐。

乡人饮酒，杖者出，斯出矣。乡人傩，朝服而立于阼阶。（10–13、14）

[注释] 傩（nuó）：迎神驱逐疫鬼的一种宗教仪式。　阼（zuò）阶：大堂前东面的台阶，主人站立迎客的地方。

[试译] 与乡里人一起饮酒，要等年长的离开，自己再离开。乡里人举行驱逐疫鬼的仪式时，穿上礼服站在东边的台阶上。

[浅析] 论述了孔子在乡里同乡亲们相处之和谐，尊敬长者，尊重民俗。

问人于他邦，再拜而送之。

康子馈药，拜而受之。曰："丘未达，不敢尝。"（10–15、16）

[试译] 托人向别国的友人问候，两次作揖送别。

季康子馈赠的药品，作揖接受。曾说："我还没有弄清药性，不敢服用。"

[浅析] 托人办事，接受馈赠，均要真诚以礼相待，以示敬重与感谢。所赠药品自然贵重，但未弄清药理之前，不用。据说孔子通晓药理。

厩焚。子退朝，曰："伤人乎？"不问马。（10–17）

[试译] 家中马棚失火，孔子退朝回家，问："伤人了没有？"没有问到马。

[浅析] 孔子历来主张"养民也惠"，"使民也义"，所以他对待车夫、马夫也一样

尊重,马棚失火首先关心的是人。

君赐食,必正席先尝之。君赐腥,必熟而荐之。君赐生,必畜之。侍食于君,君祭,先饭。疾,君视之,东首,加朝服,拖绅。君命召,不俟驾行矣。(10-18~20)

[**注释**] 绅:束在腰间的大带。

[**试译**] 国君赐给食品,必然摆正坐席,端坐后先尝一尝。国君赐给生肉,煮熟后一定先给祖宗上供。国君赐给活畜,一定先圈养起来。陪侍国君吃饭,在国君行祭礼时,抽空先吃饭(不动菜)。生病了,国君来探视,要头朝东而卧,披上朝服,还要拖着束带。国君召唤,不等驾好马车,已经先步行在前了。

[**浅析**] 这是古代臣子对国君的礼仪,孔子十分认真地完成,以视对君主的敬重和忠诚。

朋友死,无所归,曰:“于我殡。”朋友之馈,虽车马,非祭肉,不拜。(10-22、23)

[**试译**] 朋友死了,没有人帮助料理后事,说:“我来负责丧葬之事。”朋友的馈赠,虽然贵如车辆、马匹,如果不是祭祀用的肉,就不拜谢。

[**浅析**] 此节记孔子交友重情义,是雪中送炭,而非锦上添花。不以赠物是否华贵而决定对待朋友的态度。

寝不尸,居不客。见齐衰者,虽狎,必变。见冕者与瞽者,虽亵,必以貌。凶服者,式之。式负版者。有盛馔,必变色而作。迅雷风烈,必变。(10-24、25)

[**注释**] 居不客:不像接待客人那样跪坐。 齐衰:孝服。 狎(xiá):亲近,亲热。 亵(xiè):熟悉,常见。 凶服:丧服。 式:通“轼”,车前扶手用的横木。

版：古代用木板写的国家图籍。

[**试译**] 睡觉不像挺尸(不拘谨僵卧)，坐姿随意。看见穿丧服的人，就是亲近的人也要改变态度(以表同情)。看见戴礼帽的人与盲人，即使是熟人，也要以礼相待。在车中遇见穿丧服的人或背负国家图籍的人，都要手扶车前横木，欠身以表心意。有丰盛的宴席，要端正神色向主人致意。遇到迅雷狂风，必然表现出对天敬畏的神色。

[**浅析**] 此节记述了孔子平日行动坐卧、待人处事的情况，使人如见到了生活中的孔子。

升车，必正立执绥。车中，不内顾，不疾言，不亲指。(10–26)

[**注释**] 绥(suí)：登车用的扶绳。

[**试译**] 上车，一定先端正站好，手拉住扶绳上车，在车中不回头看，不急促说话，不指指点点。

[**浅析**] 这是孔子登车时的礼仪神态。想到现在有人在公交车中大声喧哗，高声呼叫，打手机等，实在不用借鉴外国人的礼仪，老祖宗在两千多年前已经清清楚楚告诉我们乘车时应该怎么做了。

子曰："君子道者三，我无能焉。仁者不忧，知者不惑，勇者不惧。"子贡曰："夫子自道也。"(14–28)

[**试译**] 孔子说："君子之道有三，我还未能做到。仁德的人没有忧烦，智慧的人不迷惑，勇敢的人无所畏惧。"子贡说："君子的三个条件老师都做到了，所说的正是老师自己呀！"

[**浅析**] 孔子以谦逊的自责来勉励别人，认为君子若做到智、仁、勇兼备，即可无惑、无忧、无畏。事实上孔子已三道尽备，子贡说出了弟子们想说的话。

子曰："吾之于人也，谁毁谁誉？如有所誉者，其有所试矣。斯民也，三

代之所以直道而行也。”(15-25)

[**注释**] 试:考察、验证。 斯民:当世之民。 三代:指夏、商、周。

[**试译**] 孔子说:“我对于别人,诋毁过谁?称赞过谁?如果有我称赞的人,必然是经过考验的。夏、商、周三代人都是这样做的,所以三个朝代都能走在正道上。”

[**浅析**] 孔子对别人的毁誉并不计较,也不诋毁别人,即使是不同政见者。对人的赞誉也是有根有据,经得住时间的检验,不掺杂个人的得失恩仇在其内,这就是为人的正道。

师冕见,及阶,子曰:“阶也。”及席,子曰:“席也。”皆坐,子告之曰:“某在斯,某在斯。”师冕出。子张问曰:“与师言之道与?”子曰:“然,固相师之道也。”(15-42)

[**注释**] 师冕:师,即乐师。冕,乐师的名字。古乐官多由盲人充当。 相:帮助。

[**试译**] 师冕来见孔子,到台阶前,孔子说:“这是台阶。”到坐席前,孔子说:“这是坐席。”大家就座后,孔子告诉师冕:“某人坐在这里,某人坐在那里。”师冕离去后,子张问道:“这就是同乐师讲话的方式吗?”孔子说:“对了,这就是帮助乐师的方式。”

[**浅析**] 孔子对乐师或盲人,以及其他需要帮助的人,都以一颗真诚的心,谦逊的态度,对被帮助者体贴入微。

齐人归女乐。季桓子受之,三日不朝。孔子行。(18-4)

[**注释**] 归:通“馈”。 季桓子:鲁国大夫,名斯,时为执政上卿,有决定权。

[**试译**] 齐国人送歌舞伎给鲁国,季桓子接受了,为此三日不上朝,孔子就离职走了。

[**浅析**] 事情发生在鲁定公十三年,孔子时任鲁国司寇,年五十五岁,从五十一岁出仕,至五十五岁离鲁去卫,共做了四年的官,颇有政绩。“道不同,不相为谋”,孔子见在上位者为观女乐,三日不朝,他不能容忍这种失职、失道的行为,愤然离去,

从此，孔子再也没有遇到出仕的良机。

卫公孙朝问于子贡曰："仲尼焉学？"子贡曰："文武之道，未坠于地，在人。贤者识其大者，不贤者识其小者，莫不有文武之道焉。夫子焉不学？而亦何常师之有？"（19–22）

［**注释**］公孙朝：卫国大夫。 仲尼：孔子的字。 焉学：从哪里学到的。 坠于地：引申为失传、散失。 在人：在人间流传。 常师：固定的老师。

［**试译**］卫国的公孙朝问子贡说："仲尼的学问是从哪里学来的？"子贡说："（周）文王、武王之道，并没有失传，仍散在人间。贤能的人能抓住大的方面，不贤能的人只抓些细枝末节，但都有文武之道在其中。我的老师何处不能学？又何必要固定的老师、专门的传授呢？"

［**浅析**］卫国公孙朝之问，想搞清孔子师从何人？也许有探究是否出自名师名门之意。子贡的回答，准确而至诚。孔子学而不厌，以能者为师，无处不学之精神，贯穿于《论语》全书始终。

叔孙武叔语大夫于朝，曰："子贡贤于仲尼。"子服景伯以告子贡。子贡曰："譬之宫墙，赐之墙也及肩，窥见室家之好。夫子之墙数仞，不得其门而入，不见宗庙之美，百官之富。得其门者或寡矣。夫子之云，不亦宜乎？"（19–23）

［**注释**］叔孙武叔：鲁国大夫。 子服景伯：鲁国大夫。 宫墙：围墙。 仞（rèn）：古说七尺（或说八尺）为一仞。 官：房舍，"官"的本义为房舍，其后才引申为官职之义。

［**试译**］叔孙武叔在朝廷中对官员们说："子贡比仲尼更贤呀。"子服景伯把这话告诉了子贡。子贡说："好比围墙，我的墙只有肩膀高，可以看见房屋有多好。我老师的围墙有几丈高，若找不到大门走进去，就看不到宗庙的壮美，众多房舍之富丽

堂皇。能够找到大门的或许不多吧！叔孙武叔先生那样说，不也就很自然吗？”

［浅析］《史记》中用了较多篇幅记述了子贡救鲁的过程，子贡的智勇双全依稀可见。所以鲁国大夫发此议论，不足为怪，原因是他非孔子门生，对孔学知之不多，易于看到表面显赫的现象。对于一个人、一个学说的了解绝非易事，出于对老师的挚爱与崇敬，子贡的话是极中肯的。对一知半解的事，就发出绝对肯定或绝对否定的评论，往往是浅薄无知的表现。

叔孙武叔毁仲尼。子贡曰：“无以为也。仲尼，不可毁也。他人之贤者，丘陵也，犹可逾也。仲尼，日月也，无得而逾焉。人虽欲自绝，其何伤于日月乎？多见其不知量也。”（19-24）

［试译］叔孙武叔毁谤孔子。子贡说：“不要这样做。仲尼，是不可毁谤的。别的贤者，好比山丘，还可以超越过去；仲尼，好比太阳、月亮，是不可能超越的。一个人要打算自绝于日月，对日月又会有什么损害呢？只能显示此人不自量力而已。”

［浅析］对孔子的毁谤虽始于春秋战国，其延续时间却从古至今，也许还会延续下去。毁谤多种多样，包括出语不敬、歪曲事实、恶意伤人等等。如此看来子贡对这类人的反驳之词可适用到永远。那些中国人须臾不可离开的名言警句，有多少出自先贤之口，也许这类人并没有注意到。正如日月光辉的照耀，因习以为常，应有的感念之情却变成了麻木不仁，甚至相反。联想到“文革”期间，号召学生揭发批判校长、老师的情景，甚者达到人身攻击的程度，岂不是对学生进行了错误的引导，完全违背了师生之道？确应记取深刻的教训。那些曾参与污辱老师的学生，也应抱愧于心吧！

陈子禽谓子贡曰：“子为恭也？仲尼岂贤于子乎？”子贡曰：“君子一言以为知，一言以为不知，言不可不慎也。夫子之不可及也，犹天之不可阶而升也。夫子之得邦家者，所谓立之斯立，道之斯行，绥之斯来，动之斯

和。其生也荣，其死也哀，如之何其可及也。”（19-25）

［**试译**］陈子禽对子贡说：“您是谦虚吧！仲尼怎么能比您贤？”子贡说：“君子的一句话可以表现出他的有知，一句话也可以表现出他的无知，说话不能不慎重啊！他老人家之不可能赶上，就像天不可能登着阶梯升上去一样。他老人家如果能得国而为诸侯，那真会像所说的，教民立，民就立，导民行，民就行，通过安抚都来归服，通过动员都协力同心。他活着，受到大家尊崇，他死后，受到大家的哀悼。这样的人，怎么能赶得上啊！”

［**浅析**］由文中可见，子贡晚年之功业非同一般，所以才有如此美誉。但孔子逝世后，弟子贤者众多，且各有千秋，显见孔子教育成就之伟大。子贡以谦逊的态度，真诚恳切的语言，表达出对先师的由衷敬佩与感念之情，使阅者为之动容，真实体会到子贡进德修业功底之深厚，对孔子道德核心之忠诚守候，令人感佩至极。

附 录

一、孔子生平简介

孔子(公元前551~公元前479),姓孔,名丘,字仲尼。孔子的先世是商代的王室微子启[①]。周灭商,周成王[②]封微子启于宋,遂从王室转为诸侯。孔子是微子启的后代,其先祖始为宋地贵族,因避宋国内乱,后迁居鲁地。

孔子父叔梁纥娶鲁施氏,生九女,无子。有一妾生男,名孟皮,孟皮有足疾。叔梁纥又求婚于颜氏(名征在)。因叔梁纥与颜氏共祷于尼丘[③]后生孔子,因此取名为丘,字仲尼。

鲁襄公二十二年(公元前551年),孔子出生于鲁国昌平乡陬邑。当时叔梁纥为陬邑大夫。孔子三岁父亲去世,母子迁居鲁国国都阙里。孔子生于士族家庭,为士族者必习礼,孔子儿时耳濡目染,以礼为嬉戏。

按孔子的话说:“吾十有五而志于学。”在当时,士大夫阶级的子弟通常十三岁就开始学诗文、习礼乐。然而孔子十五岁之前还没有受过正式教育,真正懂得学问的重要,开始产生求学的念头及热望是在十五岁之后。但十七岁时母亲又去世了。由于家庭贫困,他不得不去从事管理谷仓、照顾家畜等各式各样的行当。这一切也成为孔子日后多才多艺的基础。

孔子十九岁娶宋亓官氏为妻。二十岁得子名鲤,字伯鱼(公元前531~前481)。

孔子三十,在家设教授徒。

当时的鲁国,季孙、叔孙、孟孙三家大夫专权,通称三桓专权[④],以季氏为甚。逢大祭,舞者皆往季氏私庙,而鲁君太庙舞者只有两人。古时地位低的大夫在祭祀、出行规模、城郭建设等方面超过地位高的诸侯,这种现象称作僭越。在鲁国僭越已到不可容忍的地步。鲁昭公二十五年三家共攻鲁君,鲁昭公兵败奔于齐。当年孔子三十五岁也到齐国。在齐国,孔子认真学习了“韶乐”。孔子自曰:“志于道,据于德,依于仁,游于艺。”艺又分为艺文和艺技[⑤]。孔子乃鲁国一士,流居来齐,而齐景公特邀相见,并问以为政之道,可见当时孔子已名闻诸侯。

孔子三十六岁时回到鲁国,继续从事教育事业。当时的鲁国,鲁昭公出走他国,三桓专政，而三桓中最强者季氏的大权又落在家臣阳货的手中，而反阳货的人也很多，各派势力都想利用孔子的声誉，拉孔子加盟自己的阵营。但孔子之意，出仕为政，应以道行，如不能行道，不如居家设教以实现行道的愿望。在此期间出现一批优秀的弟子，年长者如：颜无繇、子路、曾皙、冉伯牛、闵子骞等，年幼者如颜回、仲弓、子贡、冉有、宰我、高柴、公西赤等。

孔子四十二岁时鲁昭公卒，鲁定公继位，三桓由于内讧，势力开始减弱。鲁定公九年，孔子五十一岁，阳货势力垮台，阳货奔齐。其后鲁定公用孔子为中都宰，一年后由中都宰升为司空，再由司空升为大司寇。⑥

鲁定公十年，齐景公与晋争霸。郑国、卫国已服齐，莱国早已被齐灭。齐景公约鲁定公在夹谷相会（夹谷在今山东莱芜附近）。鲁君外出必有相随行，以便为鲁君相礼。鲁三家上卿畏惧齐强，恐遭挫辱，不敢前往，乃推荐孔子伴鲁君前往。齐君臣果然武装莱人威胁鲁君，以求得志。幸亏孔子以大义正道之言辞折服之。孔子又临机应变，将阳货奔齐所带走的汶阳、郓、龟阴三地要回，维护了鲁国的利益。

孔子为鲁司寇所进行的第二件大事为堕三都⑦。鲁定公十三年，孔子提出把季孙氏、叔孙氏、孟孙氏三家上卿都城的围墙高出鲁国都城的部分拆掉。为形势所迫，当时季孙氏同意堕费邑（季氏的都城），叔孙氏也同意堕郈邑（叔孙氏的都城）。孟孙氏居成邑（孟孙氏的都城），在鲁、齐边境上，担心城墙低了易被齐攻占而亡，因此不同意堕成邑。季氏、叔孙氏看孟氏不堕成邑，自己也不行动。为此孔子堕三都计划受到大挫。此事在鲁国内议论纷纷。齐国担心鲁国在孔子的辅佐下日益强大，设计用赠送女乐（歌、舞女）来腐蚀鲁国君臣。鲁君臣因观赏女乐多日不上朝，孔子被冷落一旁。在国内外势力的压迫之下，孔子决定离开鲁国，去寻找能够理解治国大道的明君。自鲁定公九年至十三年孔子出仕四年，为大司寇三年。

孔子当年离开鲁国，部分弟子陪同前往。当时诸侯列强各自争霸，天下战乱不断，何处是理想王国？鲁卫接壤，卫又多君子，故孔子离开鲁国首先来到卫国。初至卫，没有马上见到卫灵公，在卫国也无人能赏识孔子的能力与作用。孔子在卫国南北各地走了一走，见到失去国土封地的人群，见到各种远离政界的隐士，他们含蓄地告诫孔子:在乱世当中,任何努力都是没有用的,只有洁身自律。当时晋大夫佛肸来召孔子入晋,以抗晋大夫赵鞅(赵简子)的侵蚀(赵简子在晋国不断蚕食邻近的封邑)。孔子想往北入晋,还没有过界河,听说晋国三上卿赵、魏、韩正在酝酿架空晋定公,做三分晋国的准备,孔子又返回卫国。

在卫期间,卫灵公向孔子问兵阵之事,孔子说:"俎豆之事,则尝闻之矣;军旅之事,未之学也。"孔子的意思是让卫灵公停止向外扬武之念,应就国内政事讲求礼乐。卫灵公始慕孔子名,仅是礼遇有加,但是正式以政事问,乃一语不合,礼貌骤减。孔子见此状态,离开卫国。

孔子离开卫国,路经曹国到宋国。孔子在宋与弟子们在大树下习礼,当时宋司马向魋要加害孔子一行。孔子及其弟子微服离开宋国,司马向魋命手下把大树伐倒,意思是不许孔子一行在宋停留。孔子离开宋国前往陈国。

孔子从离开卫,经曹到宋,再离开宋,此一番经历花费了三年多时间。这一路都处在危难之中,无处可投。陈国司城贞子收留了孔子一行。

孔子在陈期间,北方的晋已经衰弱,南方的楚、东南方的吴开始强大,正在不断扩充势力范围。吴当时已打败越勾践,正举师伐陈。陈湣公无力抗吴,求救于楚。蔡国与陈国相邻,原封地为上蔡,因屡遭楚方面的兵乱迁到州来,离陈很近,在吴国保护之下。上蔡则被楚占领,楚臣叶公诸梁掌管上蔡,楚君欲召孔子入楚,孔子决定前往楚国(上蔡)会见叶公。

叶公诸梁是楚国的贤臣,见到孔子礼貌相待并希望得到指导。《论语》记载:"叶公问政,子曰:'近者说,远者来。'"叶公虽对孔子仰慕尊重,但不了解孔子的为人,故又私下问于子路,子路没有回答。孔子知道后说:"女奚不曰,其为人也,发愤忘食,乐以忘忧,不知老之将至云尔。"由此看出大圣人学习态度、克服困难的精神已达到极高的境界,非他人所能形容。离开鲁国数年来,一路辛苦,饥困频频,若言有忧,都能理解,而孔子乐观对待,不觉有所谓忧,不知老之将至。此种心态,确实令人佩服。

孔子入楚(上蔡)途中,曾遭遇楚狂接舆、长沮、桀溺以及荷蓧丈人等(他们是蔡国的遗民,不愿为楚出力)的讥讽,孔子无意在楚久留,于是路经陈国回到卫国。

孔子返卫,卫灵公已经去世,卫灵公的孙子辄当政,称卫出公[8]。卫灵公的儿子蒯聩,卫灵公在世时因欲谋杀南子,被逐出奔,投靠与卫国有夙仇的晋国赵鞅(赵简子)。按当时的礼法,卫灵公不立子而立孙属名不正,而子为君父流亡在外名也不正。

卫出公等待孔子参政,孔子始终没有答应,为此子贡、子路都曾问过孔子:什么条件才能参政?孔子明确回答:"当先正名。"正名即是正父子之名,不当以子拒父。

孔子六十八岁,鲁国上卿季康子当政时期召孔子,孔子返鲁。至此离鲁共计十四年之久。

回鲁之后,孔子把主要精力用在教学和著述上。此后又一批优秀的弟子如:有子、曾子、子夏、子游、子张等出现。

孔子六十九岁时,儿子孔鲤去世,老年丧子是很不幸的事,孔子忍受着丧子之痛,把很大的精力放在整理古籍和著作上。

古时诗有三千余篇,孔子去其重复,并按不同内容,施于礼义,从商代的祖先契和周代的祖先后稷教化民众治水、耕种等开始,到殷周兴盛时期的状况,删选编辑成《诗经》共三百零五篇。

孔子以诗教学,曾告知伯鱼:"不学诗,无以言","不学礼,无以立"。

孔子晚年喜《易》,"读《易》,韦编三绝"。

孔子作《春秋》是晚年最大的一件事,他根据鲁国历代史官的记载,进行了整编修正,其内容不限于鲁国,而是记载了从鲁隐公元年周王朝东迁之后的历史。孔子一生重礼,在春秋时期,各诸侯国中所发生的事情,孔子用"礼"进行了分析,对"世衰道微,邪说暴行有作",臣弑君、子弑父等都进行了批判。因此孔子曰:"知我者,其惟《春秋》乎?罪我者,其惟《春秋》乎?"鲁哀公十四年颜渊去世,孔子曰:"噫!天丧予!天丧予!"孔子原希望颜渊能继承他的事业,颜渊去世对孔子是一极大的打击。

鲁哀公十五年,孔子七十二岁,卫乱,子路被杀,对孔子又是一次打击。

鲁哀公十六年(公元前 479 年),孔子七十三岁去世。安葬在鲁城北泗上,弟子皆服孝三年,唯子贡服孝六年。

注:

① 微子:周代宋国的始祖。子姓,名启(一作开)。商纣王的庶兄,商朝时封于微(今山东梁山西北),故称微子。数谏纣王不听,遂出走。周武王灭商时,降周。周公旦攻灭武庚后,周成王封微子于商朝故都商丘(今河南商丘南)地区,国号宋。微子从商朝的王室转变为周朝的诸侯。

② 周成王:周武王的儿子。武王灭商后不久去世,成王年幼,周公旦摄政,商纣王的儿子武庚联合管叔、蔡叔、霍叔及东方夷族进行叛乱,终为周公旦平定。此后周王朝大规模分封诸侯。

③ 尼丘:也称尼山或尼山丘陵。在山东省南部,海拔 200~500 米。主峰凤凰山(649 米)。

④ 三桓专权:周王朝建立后,周公旦封地在鲁国,周公旦的儿子鲁公执政之后,经过六代到了鲁桓公,鲁桓公执政十八年之后去世,由长子鲁庄公继位,鲁庄公有三个弟弟,仲公子庆父,叔公子牙,季公子友,他们是鲁国的三上卿(大夫),因为都是鲁桓公的儿子,所以历史上称为三桓。三桓的子孙世袭上卿职位,三家的后代也称为三桓。在孔子生活的年代,已是三桓的第六、七代,因此有时也称为季孙氏、孟(仲)孙氏(仲为排行第二,孟指第一个兄弟,所以在此孟和仲是一个意思)、叔孙氏。鲁襄公十一年建立三军,由季孙氏、叔孙氏、孟孙氏各掌一军,鲁国的公事各有三分之一的决定权。鲁昭公五年改为两军,鲁国的公事决定权分成四份,季孙氏得其二,从此三桓专权中季孙氏更甚。

⑤ 艺:艺有艺文与艺技之分。艺文之六艺者,即《礼》、《乐》、《诗》、《书》、《易》、《春秋》。艺技之六艺者,即礼、乐、射、御、书、数。前者是治国安邦之经籍,后者是安身立命之学业。

⑥ 大司寇:当时在鲁国,季氏为司徒,叔孙氏为司马,孟孙氏为司空。孔子任司空时在孟氏之下,为小司空,任司寇时在三桓之上,司马迁特称大司寇。相当于后来的宰相职务。

⑦ 堕三都:在周朝不同等级的贵族,都有自己的封地,在封地上都建有自己的邑(都城)。由于三桓的权势很大,他们在各方面都凌驾在鲁君之上。孔子为大司寇之后,为整顿这种僭越现象,首先提出拆掉三上卿的都城城墙高出鲁都城墙的部分。历史上称为堕三都。

⑧ 卫出公：卫灵公的孙子，姓姬，名辄。卫灵公去世后，辄继位，当时他的父亲蒯聩流亡在晋国。辄在位十一年后，蒯聩依靠晋国大夫赵简子（名赵鞅）的力量，夺取卫国君位，辄被赶出卫国，流亡在鲁国。因此，后人称他为卫出公。

二、《论语》产生的历史背景

《论语》是孔子去世后，弟子们在为先生守陵的三年中开始回忆、搜集先生的教诲，以后又经弟子的弟子们反复整理、补充，大约在孔子去世后三十年问世。孔子及其弟子都生活在春秋晚期，现把当时的历史作一简单的介绍。

周文王姬昌带领次子姬发伐纣，周文王去世后，周武王姬发灭商（公元前 11 世纪），建立周王朝，国都为镐（今陕西长安附近），武王把灭纣战争中有功劳的大臣、他的兄弟以及周王朝以前各朝的贵族（如夏、商王室的后代），分成不同的等级（公、侯、伯、子、男），并按等级分了封地，成为不同等级的诸侯国。各诸侯国国君要服从王（周朝天子）命，定期朝贡述职，同时有出军赋与服役的义务。按“礼”其所属上卿应由天子任命，但从开始各诸侯国就世袭占有封地及其封地的百姓，在其封疆内，世代掌握统治大权。武王去世后，他的儿子周成王又大规模分封诸侯，当时分封的大小诸侯国上百，其中大诸侯国有十二个，如：周文王的太师太公望俗称姜太公，封在齐；文王之子、武王的弟弟姬旦，通常称为周公，助武王灭商有功，分封在鲁；武王的弟弟姬奭，即召公奭，分封在燕；武王的弟弟康叔封在卫；商朝老臣微子（孔子的祖先）封在宋；等等。

当时对周朝各方面影响最大的是周公。武王去世后他的儿子继位为周成王，成王年幼，由周公摄政，周公把封地交给儿子鲁公伯禽。临走时对鲁公反复训诫：“君子不施其亲，不使大臣怨乎不以。故旧无大故，则不弃也。无求备于一人！”周公的“明德慎罚”训诫之辞，鲁人传诵而不忘。

周公辅佐成王，制礼作乐，建立典章制度，巩固了西周王朝的统治，并决定修建东都洛阳。孔子所维护的即周公之礼。

公元前 771 年，我国西北少数民族犬戎大军攻占镐都，杀周幽王，周平王继位。公元前 770 年，周平王为躲避外族入侵，东迁洛阳。历史上把此后的周朝称为东周(东周的前期历史上称为春秋时期,东周的后期历史上称为战国时期)。东迁之后的周朝开始衰落,一些诸侯国相继强大起来,不把周王室看在眼里,诸侯国之间为兼并土地不断发生争战,并陆续出现大诸侯国争霸的局面,如齐桓公小白、晋文公重耳,他们以维护周天子的名义,控制各诸侯国,实把周王室架空。孔子的一生(公元前 551 年~公元前 479 年)就处在春秋的末期,社会混乱程度已到极点。

因镐都被犬戎毁掉,周朝的文化典籍遭受重大损失,周平王东迁,交通不便,路途遥远,周朝的典籍(竹简)又遭受进一步损失。而周公的封地在鲁,鲁人对先王的训诫非常重视,因此各种政治事件、天文地理、文化活动、先人的训诫等等记载保留比较完整。春秋晚期各国文人公认:“周礼尽在鲁矣。”由此可以看出,鲁国当时的文化基础比较强。孔子出生于鲁国,十五岁志于学而又特别好学,在这种环境中,使孔子能够吸收先人的文化和经验教训,对当时的社会现象进行评判,并归纳出自己的治国大道。

俗话说:乱世出英雄。孔子就是成长于乱世中的圣人。

三、《论语》中出现的孔子弟子简介

据《史记·孔子世家》记载,孔子有弟子三千多,其中精通六艺的七十二人。德行最好的如颜回、闵子骞、冉耕、冉雍,富有行政才能的如冉求、子路,善于游说言谈的如子贡、宰予,精通文献典籍的如言偃和后来的卜商等。这些弟子来自鲁、齐、卫、秦、郑、陈、蔡等诸侯国。年龄最大的颜路小孔子五岁,最小的公孙龙小孔子五十三岁,有父子如颜路和颜回、曾点与曾参同窗的,还有兄弟、亲朋同窗的。本书所介绍的仅是《论语》中出现的三十一位弟子,下面依照在书中出现的先后次序进行介绍,弟子的名字是按在书中第一次出现时的称呼而定。每一位弟子简介后面均附有在书中出现的篇章,以便于读者查找。以下目录后面括弧所示是在书中第一次出现的篇章。

1. 有子(1)
2. 曾子(1)
3. 子夏(1)
4. 子贡(1)
5. 子禽(1)
6. 孟懿子(2)
7. 樊迟(2)
8. 子游 (2)
9. 回(颜渊)(2)
10. 由(子路)(2)
11. 子张(2)
12. 冉有(3)
13. 宰我(宰予)(3)
14. 公冶长(5)
15. 南容(5)
16. 子贱(宓不齐)(5)
17. 雍(仲弓)(5)
18. 漆雕开(5)
19. 赤(公西华)(5)
20. 申枨(5)
21. 原思(6)
22. 闵子骞(6)
23. 伯牛(6)
24. 澹台灭明(6)
25. 巫马期(7)
26. 牢(9)
27. 颜路(11)
28. 柴(11)
29. 曾皙(11)
30. 司马牛(12)
31. 公伯寮(14)

1. **有子(公元前** 518~? **)**:鲁人,姓有,名若,字子有。小孔子三十三岁。是后期弟子中年龄较长者。

他提出"礼之用,和为贵"等思想理论。

孔子去世后,有若为孔门弟子所推服,共立为师,有若避之。(见《论语》1、12)

2. **曾子(公元前** 505~**前** 436**)**:鲁人,姓曾,名参,字子舆。小孔子四十六岁。

以孝著称。提出"吾日三省吾身"的修养方法。

孔子去世后,曾参在鲁讲学,特别强调在"内心"上下工夫,后世诸儒推重为儒家"心学"门派。

曾参最著名的弟子是孔子的孙子孔伋,字子思(公元前 483~公元前 402)。传称曾参及其弟子著《大学》，后世称曾参为“宗圣”。孔伋著《中庸》，后世称孔伋为“述圣”。孔伋门人的弟子孟轲（公元前372~公元前289）著《孟子》。此一学派成为后世儒学的主流。（见《论语》1、4、8、11、12、14、19）

3. 子夏（公元前507~公元前400）：卫人，姓卜（bǔ），名商，字子夏。小孔子四十四岁。曾任莒父宰。在孔子的学生中擅长文学。

孔子去世后，子夏在卫国河西（壶口附近）传授儒学，他强调道在日用中，应从洒扫、应对中求道。成为儒学中的“礼学”门派。子夏提出“仕而优则学，学而优则仕”和“大德不逾闲，小德出入可也”等观点。

子夏曾为魏文侯之师，同时田子方、段干木、吴起、禽滑釐、曾森、公羊高、谷梁赤皆受业于子夏。相传《诗》、《春秋》等儒家经典是由他传授下来的。（见《论语》1、2、3、6、11、12、13、19）

4. 子贡（公元前520~？）：卫人，姓端木，名赐，字子贡。小孔子三十一岁。

子贡性情温和，举止文明，能言善辩，长于外交，经常在各国之间做使臣，协调各国的政治和军事。他对孔子及其思想坚贞不移的忠诚，使他成为中国史上对孔子有最高的评价的第一人。子贡也是当时最杰出的商业家，并从经济上支持了孔子及其弟子所从事的政治宣传活动，在同学中有崇高的威望。

孔子去世后，子贡在孔子坟上守孝六年（其他弟子守孝三年）。（见《论语》1、2、3、5、6、7、9、11、12、13、14、15、19）

5.子禽：陈人，姓陈，名亢，字子亢，又字子禽。小孔子四十岁。子贡少年时的朋友，后随子贡向孔子求学。（见《论语》1、16、19）

6. 孟懿子：鲁大夫，姓仲孙，名何忌。他的父亲孟僖子在去世前叫孟懿子和他的胞弟南宫敬叔一定要向孔子学“礼”。当时孔子三十五岁。孟懿子和南宫敬叔都是十三岁。他是孔子早期的学生，也是孔子的朋友。在孔子为鲁司寇时提出“堕三都”令时，他首先抗令，因此，孔子的弟子们把他从弟子的行列中排除。他的儿子孟武伯和孔子的关系也很密切。武伯的儿子孟敬子和曾子的关系也很密切。（见《论语》2）

7. 樊迟：齐人，姓樊，名须，字子迟。小孔子三十六岁。少年时为季氏当差，在冉

有手下工作。才智中等,作战神勇。虽常提出问题,但多不了了之。(见《论语》2、6、12、13)

8. **子游(公元前** 506~? **)**:吴人,姓言,名偃,字子游。小孔子四十五岁。性格耿直,在孔子的学生中擅长文学。他做过鲁国武城宰,他让当地民众习雅乐,并转述了孔子关于"君子学道则爱人,小人学道则易使也"的论点,得到孔子的赞许。

孔子去世后,子游开办学堂,对继承发扬孔学起了很大作用。(见《论语》2、4、6、11、17、19)

9. **回(公元前** 521~ **公元前** 481**)**:鲁人,姓颜,名回,字子渊。小孔子三十岁。卒年四十一岁。

孔子赞颜渊"用之则行,舍之则藏,惟我与尔有是夫"。孔子对其他弟子都没有"用之则行"的评价,颜渊一生没有出仕做官,也没有聚徒施教,孔子独喜颜渊,必因颜渊在"用之则行"方面有独到之处。颜渊问为邦、问政、问仁等等,孔子的回答与对其他弟子的回答完全不同,孔子详述为政要端,斟酌历史演进,损益前代,分辨正确与否,其主要在礼乐上求能文质兼进,对政事的分析如同一番道义教育。孔子赞颜渊好学,能在内心深处用功。颜渊对孔子给予的教导体验为:"仰之弥高,钻之弥坚,瞻之在前,忽焉在后。夫子循循然善诱,博我以文,约我以礼,欲罢不能。"颜渊以极大的兴趣与乐趣学习,研究孔子的学说,不顾穷困与病痛。孔子赞颜回素不违仁,痛惜颜回之早死。颜回死,孔子不同意厚葬,同门同学违抗师命,集资为颜回举行厚葬,同学们视颜回如至亲,焉能熟视其贫无以葬?既出群力经营,其事亦自不宜过于从薄。颜回成为后世知识分子的典范,并有"复圣"之称。(见《论语》2、5、6、7、9、11、12、15)

10. **由(公元前** 542~ **公元前** 480**)**:鲁卞邑人,姓仲,名由,字子路,也称季路。小孔子九岁。

子路具有坦率、正直、忠诚、豪爽、勇敢的品质,同时又是性情温和、仁慈的人,但又经常表现出鲁莽和急躁的性格。子路的君子风范为他赢得了崇高的声誉。当时有人认为,他所做的承诺比一般外交协定还可靠。

子路曾任季氏宰,后在卫国任孔悝的家宰。在卫乱中,他因忠于职责而献出生命,死前整理衣冠从容就义。当年孔子已七十二岁。(见《论语》2、5、6、7、9、10、11、12、13、14、15、16、17、18)

11. 子张(公元前 503~?):陈人,姓颛(zhuān)孙,名师,字子张。

子张仪表堂堂,行止高岸,人品、学问都很强,但难以合作。他提出“士见危致命,见得思义”,“君子尊贤而容众,嘉善而矜不能”的理论观点。

孔子去世后,他设立私塾,聚徒讲学,为宣传孔学作出贡献。

子张于四贤(曾子、子夏、子游、子张)中年最幼,又最早卒。而儒分为八派,有子张氏之儒,已能自成一派,可惜未能高寿,以大成其学。(见《论语》2、5、11、12、14、15、17、19、20)

12. 冉有(公元前 522 ~ 公元前 489):鲁人,姓冉,名求,字子有。小孔子二十九岁。是鲁国大贵族季氏的家臣,在孔门诸生中,冉求是才智颇高的一位。孔子认为让冉求治理一个中等偏上程度的邦国,那是毫无问题的。但是由于冉求为季氏敛财,孔子很生气地说:“非吾徒也,小子鸣鼓而攻之可也。”(见《论语》3、5、6、7、11、13、14、16)

13. 宰我(公元前 522~ 公元前 459):鲁人,姓宰,名予,字子我,也称宰我。擅长言语。孔子在弟子中把宰予列为言语能力的首位。但对宰予有明显的贬义倾向。如:(1)宰予提出为父母守孝三年太长。孔子听后批评说宰予真够不“仁”了。(2)宰予白天睡觉,孔子批评以“朽木不可雕也”。(3)宰予问五帝之德,孔子不回答他,给他吃个钉子。但孔子不因其人而废其言,仍肯定宰予在言语方面的长处。

宰予曾任齐临淄大夫。他认为“君子三年不为礼,礼必坏”。(见《论语》3、5、6、11、17)

14. 公冶长:齐人,姓公冶,名长,字子长。老实忠厚,能解鸟语。曾无故下狱,后奔鲁求学。孔子以其女嫁给他。(见《论语》5)

15. 南容:对南容的介绍有两种:(1)姓南容,名适,字子容(《史记·仲尼弟子列传》),也就是书中所出现的南宫适。(2)姓南宫,名縚,“縚”字也作“韬”(《孔子家语》)。现代学者程石泉认为:南容与南宫适不是一个人。

南容是一个小心谨慎的人,孔子把其兄孟皮之女嫁给他。孔子认为,南容能谨其言,必能谨其行,是个可靠的人。(见《论语》5、11)

16. **子贱**:鲁人,姓宓(fú),名不齐,字子贱。

子贱曾为单父(鲁西南地名)宰,颇著政绩,民心归附。当时有人说:"宓子贱治单父,弹鸣琴,身不下堂而单父治……"孔子谓子贱曰:"君子哉!若人!鲁无君子者,斯焉取斯。"(见《论语》5)

17. **雍**:鲁人,伯牛之宗族,姓冉,名雍,字仲弓,也称子弓。小孔子二十九岁。

仲弓为人厚重。孔子曾评价他说:"雍也可使南面。"

《论语》中对仲弓的称呼有:雍、仲弓、冉子、冉雍。(见《论语》5、6、11、12、13)

18. **漆雕开**:蔡人,姓漆雕,名开,字子若,或字子开。又称漆雕启。比孔子小十一岁。漆雕开的谦逊美德使孔子心悦。(见《论语》5)

19. **赤**:鲁人,姓公西,名赤,字子华,书中也称公西华。小孔子四十二岁。公西华志在为外交、宗庙之事。孔子曾嘱弟子们向公西华学宾客之礼,但孔子未许其仁者,因公西华在齐做官时,习尚浮华。(见《论语》5、6、7、11)

20. **申枨**(chéng):鲁人,姓申,名枨,字周。

孔子对其评价为:"枨也欲,焉得刚?"(见《论语》5)

21. **原思**(公元前515~?):鲁人,一说宋人,姓原,名宪,字子思,亦称原思或原宪。小孔子三十六岁。据说,孔子为鲁司寇时,以原思为家宰。

孔子去世后,原思隐居在卫,不畏贫寒,始终坚持孔子的思想。(见《论语》6、14)

22. **闵子骞**:鲁人,姓闵,名损,字子骞。小孔子十五岁。

少时后母虐之,冬天给自己的儿子用棉花做冬衣,给子骞用芦花做冬衣。父知之,欲去后母,子骞曰:"母在一子单,母去四子寒。"遂止,后母悔,待诸子如一。闵子骞有孝名。

在孔子的弟子中以德而著称。季氏想利用他的声誉,让他做费城宰,他拒绝与季氏合作,不食僭君之禄。(见《论语》6、11)

23. **伯牛**:鲁人,姓冉,名耕,字伯牛。小孔子七岁。伯牛有恶疾,临终前孔子去看他时,不能入室探视,只能在窗户上拉拉手,与之永诀。孔子赞伯牛以德性与颜回、闵子骞、仲弓并列。(见《论语》6、11)

24. **澹台灭明(公元前 512~?)**:鲁武城人(今山东费县),姓澹台,名灭明,字子羽。小孔子三十九岁。

子羽貌丑但品行端正:“行不由径”,非公事不见卿大夫。孔子发现他的优点后感叹自己“以貌取人,失之子羽”。(见《论语》6)

25. **巫马期**:鲁人,姓巫马,名施,字期(或子期)。小孔子三十岁。(见《论语》7)

26. **牢**:卫人,姓琴,名张,又名牢,字子开。是孔子早期的弟子。(见《论语》9)

27. **颜路**:姓颜,名无繇,字路。小孔子六岁。是颜回的父亲。是孔子在阙里始教时的弟子。(见《论语》11)

28. **柴**:齐人,少居鲁,姓高,名柴,字子羔,也称季高。小孔子四十岁。知识掌握不很全面,但为人厚道。曾与子路同任孔悝宰。(见《论语》11)

29. **曾皙**:鲁人,姓曾,名点,字子皙。曾参之父。孔子早期学生。(见《论语》11)

30. **司马牛**:宋人,姓司马,名耕(又一名犁),字子牛。原名向耕。向乃族氏,向耕之兄向魋任宋国司马,故取司马为姓氏,改名司马耕,字子牛。

司马牛乃宋之豪族,兄弟多贵,但其兄向魋叛逆,败亡入狱,以致族败、家亡。司马牛奔鲁求学于孔子,因为心情忧郁,孔子劝他:“内省不疚,夫何忧何惧?”司马牛无家可归,忧曰:“人皆有兄弟,我独亡。”子夏劝曰:“君子敬而无失,与人恭而有礼。四海之内皆兄弟也。”最终,司马牛因忧而死于鲁城城门外。(见《论语》12)

31. **公伯寮**:鲁人,姓公伯,名寮,字子周。曾为季氏家臣。后人谓其是孔门之蟊螣(专吃苗根的害兽)。(见《论语》14)

说明:

1. 伯鱼是孔子的儿子,名孔鲤,虽在书中出现,但没归入弟子列。

2.《论语》之书,成于有子和曾子的门人,因此书中此二人在直接引其语言时以子称呼。在《论语》中，其他弟子被称子者还有闵子、冉子，但没有直接引其语言。

3. 孔子五十五岁离开鲁国之前收的弟子称前期弟子，孔子六十八岁返鲁之后收的弟子称后期弟子。前期弟子如：颜渊、闵子骞、仲弓、子路、子贡等，后期弟子如：有子、曾子、子游、子夏等。前期弟子更富用世精神，后期弟子更富传道精神。

4. 在孔子去世前，有些弟子已有自己的门人，在孔子去世后，孔子的弟子中从教者有曾参、子夏、子张、子游四人，他们各自虽然门派不同，但是对传播孔子思想，发展儒学起了很大的作用。

5. 书中出现的阳肤是曾子的弟子，也没归入孔子弟子列。

图书在版编目(CIP)数据

读《论语》/ 文净 田地编著.—济南:齐鲁书社,2011.11
ISBN 978-7-5333-2540-4

Ⅰ.①读… Ⅱ.①文… ②田… Ⅲ.①儒家 ②《论语》—通俗读物 Ⅳ.①B222.2-49

中国版本图书馆 CIP 数据核字(2011)第 213271 号

读《论语》

文净 田地编著

出版发行 齐鲁书社
社　　址 济南市英雄山路 189 号
邮　　编 250002
网　　址 www.qlss.com.cn
电子邮箱 qlss@sdpress.com.cn
印　　刷 日照报业印刷有限公司
开　　本 720mm×1020mm　1/16
印　　张 14.25
插　　页 3
字　　数 225 千字
版　　次 2011 年 11 月第 1 版
印　　次 2011 年 11 月第 1 次印刷
标准书号 ISBN 978-7-5333-2540-4
定　　价 28.00 元